Katharina Ostermann
11

Incontri

Italienisches Lesebuch
für die Oberstufe

C.C.BUCHNER VERLAG • BAMBERG

Incontri

Italienisches Lesebuch für die Oberstufe

Erarbeitet von Dorothee Fenner-Leeb, Anne-Rose Fischer,
Andreas Jäger und Isabella Maurer

Sprachliche Beratung: Alessandra Bianchi

Dieses Werk folgt der reformierten Rechtschreibung und Zeichensetzung. Ausnahmen bilden Texte, bei denen künstlerische, philologische oder lizenzrechtliche Gründe einer Änderung entgegenstehen.

1. Auflage 1 5 4 3 2016 15 14
Die letzte Zahl bedeutet das Jahr dieses Druckes.
Alle Drucke dieser Auflage sind, weil untereinander unverändert, nebeneinander benutzbar.

www.ccbuchner.de

Gestaltung: ideen.manufaktur Dortmund
Illustrationen: Maria Sebald, Bamberg
Druck und Bindearbeiten: Stürtz GmbH, Würzburg

ISBN 978-3-7661-**4950**-3

Vorwort

Cari studenti,

ihr lernt schon seit einigen Jahren Italienisch, und ***Incontri*** soll euch nun auf dem Weg durch die Oberstufe hin zum Abitur begleiten.

Das Lese- und Arbeitsbuch ***Incontri*** versteht sich als ein Angebot, aus dem eure Lehrerinnen und Lehrer die Dossiers, Themen, Texte und Übungen auswählen, die ihren Unterrichtsabsichten und dem Kenntnisstand eures Kurses entsprechen. Da die verschiedenen Kapitel nicht aufeinander aufbauen, können sie in beliebiger Reihenfolge behandelt werden.

Ein klarer Aufbau der Kapitel erleichtert euch die Arbeit mit ***Incontri***. Jedes der zehn Dossiers setzt sich aus mehreren Themen zusammen, und diese wiederum aus einer Reihe von aktuellen, authentischen Texten und anderen Materialien, die jeweils mit Aufgaben verknüpft sind. ***Incontri*** bietet euch die Gelegenheit, ganz unterschiedliche Texte zu lesen. Jedes Dossier enthält fiktionale Texte wie Auszüge aus Romanen und Theaterstücken, Gedichte, Lieder und Kurzgeschichten und nicht fiktionale Texte wie Zeitungsartikel, Internetdokumente und Statistiken. Außerdem enthält jedes Dossier mindestens eine Aufgabe zur Sprachmittlung und zum Hörverstehen. Zahlreiche Zitate und abwechslungsreiches Bildmaterial wie Karten, Karikaturen, Gemälde und Fotografien ergänzen das Angebot und geben euch die Möglichkeit, miteinander zu sprechen. In Einzel-, Partner- und Gruppenarbeit könnt ihr alle kommunikativen Fähigkeiten, die ihr im realen Leben und für das Abitur braucht – also Sprechen, Hören, Lesen und Schreiben – trainieren.

Bei der Textauswahl haben wir auf einen unterschiedlichen Schwierigkeitsgrad geachtet. Im Inhaltsverzeichnis wurden deshalb die Texte nach Schwierigkeitsgrad mit *(leicht) über **(mittel) bis ***(anspruchsvoll) gekennzeichnet.

Die Aufgaben von ***Incontri*** haben wir folgendermaßen klassifiziert:

- Pre-Reading-Activities
- **Lavoro sul testo** (Aufgaben zum Globalverständnis und zu punktuellen Aspekten des Textes sowie Aufgaben, die ein vertieftes Verständnis des Textes voraussetzen)
- **Commento personale** (Aufgaben, die über den Text hinausgehen und persönliche Stellungnahmen beinhalten)
- **Compito di grammatica** Übungen zur Wiederholung/Auffrischung der Grammatik

- **Attività creativa/Attività creative** Kreative Aufgabe/n/Rollenspiele
- **Ricerc@** Rechercheaufträge
- **In italiano** Sprachmittlung Deutsch – Italienisch
- **Auf Deutsch** Sprachmittlung Italienisch – Deutsch
- Hörverstehensaufgaben

Die ausführlichen Vokabelangaben in der Randspalte helfen euch beim Lesen und Verstehen der Texte. Die Unterscheidung zwischen Lern- und Verstehenswortschatz – den Lernwortschatz haben wir durch farbige Unterlegung gekennzeichnet – soll euch bei der Vokabelarbeit unterstützen. Diese Angaben ersetzen jedoch nicht euer eigenständiges Nachschlagen und Arbeiten mit dem einsprachigen und zweisprachigen Wörterbuch.

Die Strategieseiten im Anhang helfen euch bei der Arbeit mit Texten, Bildern und Filmen und bei eurer eigenen Textproduktion, so dass ihr optimal auf die Anforderungen des Abiturs vorbereitet seid.

Wir wünschen euch viel Spaß mit der schönsten Sprache der Welt!

Euer *Incontri*-Team

L'indice

8 Un paese – mille lingue

9 Grandi della letteratura

10 Il piacere di leggere

Strategie

Emozioni

1

1. Usate la lista delle emozioni primarie come punto di partenza per creare una mappa concettuale con altre emozioni più complesse (per esempio la vergogna, la gelosia o la nostalgia) e le vostre associazioni personali.
2. Che cosa vi rende felici e tristi? Che cosa vi fa paura/arrabbiare?
3. Emozioni "inquadrate"… Descrivete le foto e il famoso dipinto e spiegate quali emozioni evocano in voi. Motivate la vostra risposta.

Le emozioni primarie

- la gioia
- la tristezza
- la paura
- la rabbia

4. Scegliete un quadro o una foto e inventate una storia, un dialogo o un monologo.
5. Scegliete una delle emozioni della vostra mappa concettuale usandola come titolo per una poesia.

1. Pura emozione: la musica
1.1 Jovanotti, *Per te*

1. Abbinate le parole ai disegni.

l'albero – il fiocco – la colomba – la campanella – il sorriso – la foglia – la nuvola – la mela – la fragola – il profumo – la stella – il miele – la matita – la maglietta a righe – la chiave – la farina

4

1

2

3

8

5

6

7

11

9

10

16

13

12

14

15

2. Prima di leggere il testo e ascoltare la canzone "Per te" provate a immaginare quale possa essere il tema della canzone in cui il cantante Jovanotti usa tutte queste parole e per chi possa essere stata scritta.

È per te che sono verdi gli alberi
e rosa i fiocchi in maternità
è per te che il sole brucia a luglio
è per te tutta questa città
è per te che sono bianchi i muri
e la colomba vola
è per te il 13 dicembre
è per te la campanella a scuola
è per te ogni cosa che c'è – ninna na ninna e …

È per te che a volte piove a giugno
è per te il sorriso degli umani
è per te un'aranciata fresca
è per te lo scodinzolo dei cani
è per te il colore delle foglie
la forma strana delle nuvole
è per te il succo delle mele
è per te il rosso delle fragole
è per te ogni cosa che c'è – ninna na ninna e …

È per te il profumo delle stelle
è per te il miele e la farina
è per te il sabato nel centro
le otto di mattina
è per te la voce dei cantanti
la penna dei poeti
è per te una maglietta a righe
è per te la chiave dei segreti
è per te ogni cosa che c'è – ninna na ninna e …

È per te il dubbio e la certezza
la forza e la dolcezza
è per te che il mare sa di sale
è per te la notte di natale
è per te ogni cosa che c'è – ninna na ninna e …

---

2 **la maternità:** nel reparto maternità di un ospedale nascono i bambini 3 **bruciare:** il fuoco brucia 13 **lo scodinzolo:** il movimento che fa il cane con la coda 30 **sapere di qc:** avere il sapore di qc

Lavoro sul testo

1. Individuate le emozioni che esprime la canzone.
2. Dopo aver letto il testo e ascoltato la canzone, siete in grado di dire per chi è stata scritta la canzone e con quale scopo? Spiegate in che modo la struttura e il ritmo delle strofe sottolineano lo scopo della canzone.

Attività creativa

3. Scrivete una poesia/una canzone per una persona amata o ammirata usando la struttura della canzone proposta "Per te …".

1.2 L'opera lirica: amore, gelosia, odio ...

Quanto a me e ai miei fratelli, condotti per prova a qualche concerto, ci eravamo sempre addormentati; e condotti all'opera, ci eravamo poi lamentati "di tutta quella musica che non lasciava sentir le parole". Una volta, mia madre mi portò a sentire *La Butterfly*. Avevo con me il "Corriere dei Piccoli": e lessi tutto il tempo, cercando di decifrar le parole alla fioca luce del proscenio, e tappandomi con le mani le orecchie per non sentire il frastuono.

da: Natalia Ginzburg, *Lessico famigliare*, Torino: Einaudi 1963, p. 40

2 **condotti:** portati

4 ***La Butterfly:*** opera lirica di Giacomo Puccini

6 **fioco:** debole

7 **il frastuono:** *Lärm*

1. Descrivete le esperienze dell'io narrante.
2. Secondo voi, perché la gente va all'opera?
3. Siete già stati all'opera? Quali emozioni avete provato?
4. Con l'aiuto di un dizionario spiegate i seguenti termini tecnici e cercate altri vocaboli che si riferiscono all'opera lirica.

il compositore – il libretto – la prima – il palcoscenico – il tenore – il soprano – il mezzosoprano – l'aria – la cavatina – lo scenario – il melodramma

L'interno del Teatro alla Scala, Milano

1.3 Un mare di emozioni: Giacomo Puccini, *Tosca*

1. Guardate questa foto e descrivete il famoso compositore Giacomo Puccini.
2. Descrivete il manifesto dell'opera lirica *Tosca* di Giacomo Puccini. Che cosa vi aspettate di vedere andando all'opera?
3. Leggete le informazioni su *Tosca* raccolte nel Nota Bene alla pagina seguente e ascoltate senza leggere la registrazione di tre brani dell'opera di Puccini. Di che si tratta?

Giacomo Puccini

NOTA BENE

Puccini, Giacomo (Lucca, 22.12.1858 – Bruxelles, 29.11.1924), compositore italiano.
Giacomo Puccini nasce a Lucca il 22 dicembre 1858 da una famiglia di musicisti da cinque generazioni. Fin da piccolo dimostra di possedere un grande talento musicale.

http://biografieonline.it/
(testo abbreviato)

NOTA BENE

Tosca

- Libretto di Giuseppe Giacosa e Luigi Illica
- Melodramma in tre atti
- Prima rappresentazione: Roma, Teatro Costanzi, 14 genanio 1900
- Personaggi
  - Floria Tosca, celebre cantante (soprano)
  - Mario Cavaradossi, pittore (tenore)
  - Il Barone Scarpia, capo della polizia (baritono)
  - Cesare Angelotti, ex-console della Repubblica Romana (basso)
  - Il Sagrestano (basso)
  - Spoletta, agente di polizia (tenore)
  - Sciarrone, gendarme (basso)
  - Un carceriere (baritono)
  - Un pastore (soprano)

Lavoro sul testo

1. Adesso leggete i brani seguenti e individuate le emozioni provate da Tosca nei tre brani.
2. Analizzate che cosa rivela la famosa aria "Vissi d'arte" del carattere di Tosca.
3. Come trasmette la musica i forti sentimenti di Tosca?

Tosca: Mario! Mario! Mario!
Cavaradossi: Son qui.

[Fingendosi calmo apre a Tosca. La cantante entra con una specie di violenza, guardando intorno sospettosa. Cavaradossi si appressa a Tosca per abbracciarla ma lei lo respinge bruscamente.]

Tosca: Perché chiuso?
Cavaradossi: Lo vuole il sagrestano.
Tosca: A chi parlavi?
Cavaradossi: A te.
Tosca: Altre parole bisbigliavi. Ov'è?
Cavaradossi: Chi?
Tosca: Colei! Quella donna. Ho udito i lesti passi e un fruscio di vesti.

4 **appressarsi:** avvicinarsi

10 **bisbigliare:** parlare a voce molto bassa; **ove:** dove

12 **colei:** lei; **lesto:** veloce; **il fruscio:** *Rascheln*

Tosca: Vissi d'arte, vissi d'amore,
non feci mai male ad anima viva.
Con man furtiva
quante miserie conobbi, aiutai ...
Sempre con fe' sincera,
la mia preghiera ai santi tabernacoli salì.
Sempre con fe' sincera
diedi fiori agli altar.
[alzandosi]
Nell'ora del dolore
perché, perché Signore,
perché me ne rimuneri così?
Diedi gioielli della Madonna al manto,
e diedi il canto agli astri,
al ciel, che ne ridean più belli.
Nell'ora del dolore,
perché, perché Signore,
perché me ne rimuneri così?

[singhiozzando]

[Mentre Scarpia scrive, Tosca si è avvicinata alla tavola e con la mano tremante prende il bicchiere di vino di Spagna versato da Scarpia, ma nel portare il bicchiere alle labbra, scorge sulla tavola un coltello affilato ed a punta; dà un'occhiata a Scarpia che in quel momento è occupato a scrivere – e con infinite precauzioni cerca d'impossessarsi del coltello, rispondendo alle domande di Scarpia ch'essa sorveglia attentamente.] [...]
[Finalmente ha potuto prendere il coltello, che dissimula dietro di sé appoggiandosi alla tavola e sempre sorvegliando Scarpia. Questi ha finito di scrivere il salvacondotto, vi mette il sigillo, ripiega il foglio: quindi aprendo le braccia si avvicina a Tosca per avvincerla a sé.]

Scarpia: Tosca, finalmente mia!

[Ma l'accento voluttuoso si cambia in un grido terribile – Tosca lo ha colpito in pieno petto.]

Scarpia: *[gridando]* Maledetta!
Tosca: *[gridando]* Questo è il bacio di Tosca!
Scarpia: *[con voce strozza]* Aiuto! muoio!

[Scarpia stende il braccio verso Tosca avvicinandosi barcollante in atto di aiuto. Tosca lo sfugge ma ad un tratto si trova presa fra Scarpia e la tavola e, vedendo che sta per essere toccata da lui, lo respinge inorridita. Scarpia cade.]

16 **furtivo:** segreto
18 **la fe':** la fede
25 **rimunerare:** *belohnen*
26 **il manto:** *Umhang, Mantel*
27 **gli astri:** le stelle
28 **ridean:** ridevano
32 **singhiozzare:** *seufzen*
35 **scorgere:** vedere, notare; **affilato:** *scharf*
37 **la precauzione:** attenzione
39 **dissimulare:** nascondere
40 **questi:** lui
41 **il salvacondotto:** *Geleitbrief*; **il sigillo:** *Siegel* 42 **avvincere:** *heranziehen*
44 **voluttuoso:** *sinnlich*
48 **con voce strozza:** *mit erstickter Stimme* 49 **barcollare:** ondeggiare, traballare

Scarpia: Soccorso! Muoio!
Tosca: *[con odio a Scarpia]* Ti soffoca il sangue?

[Scarpia si dibatte inutilmente e cerca di rialzarsi, aggrappandosi al canapè.]

Tosca: E ucciso da una donna!
M'hai assai torturata!
Odi tu ancora? Parla! Guardami!
Son Tosca! O Scarpia!

[Scarpia fa un ultimo sforzo, poi cade riverso]

Scarpia: *[soffocato]* Soccorso, aiuto!
[rantolando] Muoio!

[piegandosi sul viso di Scarpia]

Tosca: Muori dannato! Muori, Muori!
[Scarpia rimane rigido] È morto! Or gli perdono!

61 **rantolare:** *röcheln*

Perchè lo è successo?

Ricerc@

1. Vero o falso? Fate una ricerca in Internet sulla trama dell'opera. Potete usare siti italiani e tedeschi. Riferite, quindi, se queste affermazioni sono vere o false. Correggete quelle false.

Atto I

1. La storia si svolge a Firenze nell'anno 1800.
2. Tosca e Cavaradossi si amano.
3. Angelotti (che condivide le idee della rivoluzione francese) è un prigioniero politico ed è fuggito dalla prigione di Castel Sant'Angelo.
4. Il suo amico Scarpia lo aiuta a nascondersi.
5. Scarpia è innamorato di Tosca.
6. Scarpia vuole uccidere Cavaradossi.

Atto II

7. Tosca e Cavaradossi sono stati arrestati.
8. Cavaradossi viene torturato e rivela il nascondiglio di Angelotti.
9. Cavaradossi viene condannato a morte.
10. Tosca decide di cedere alle lusinghe di Scarpia a patto che lui conceda la grazia a Cavaradossi e che i due possano lasciare la città con un salvacondotto di Scarpia.
11. Cavaradossi ringrazia Tosca.
12. Scarpia promette a Tosca che la fucilazione di Cavaradossi sarà solo simulata. Ma non dice le verità.

torturare: *foltern*; **il nascondiglio:** luogo in cui ci si nasconde; **cedere alle lusinghe di qn:** *jds. Schmeicheleien nachgeben*; **concedere la grazia a qn:** *jemanden begnadigen*; **il salvacondotto:** *Schutzbrief*; **la fucilazione:** *Erschießung*

Atto III

13. Il terzo atto si svolge davanti alla chiesa di Sant'Andrea della Valle.
14. Cavaradossi è pronto a morire e vuole scrivere una lettera d'amore a Tosca.
15. Tosca gli spiega che ha ucciso Scarpia.
16. Grazie al salvacondotto Tosca e Cavaradossi possono fuggire dalla città.

Attività creativa

2. Immaginate di essere un/una giornalista. Con le vostre ricerche avete svelato le vicende che hanno portato alla tragica morte di Tosca. Scrivete un articolo per il vostro giornale.

Compito di grammatica

3. Sostituite con un pronome, un pronome combinato o una particella le parole sottolineate.

1. Le opere di Puccini piacciono molto agli italiani.
2. Mi sono sempre interessato dell'opera lirica.
3. Alla mia amica piace andare all'opera.
4. Sei andato all'opera per vedere l'ultima messa in scena di Tosca?
5. Ho regalato una registrazione di Tosca a mia madre.
6. Avete già sentito cantare la nuova cantante della Scala?
7. Il sovrintendente della Scala ha offerto il ruolo di Cavaradossi a un tenore ancora poco conosciuto.
8. Raccontate della vostra serata all'opera!
9. Ieri abbiamo comprato i biglietti per l'inaugurazione della stagione lirica del Teatro alla Scala.
10. Sei vuoi, ti posso prestare il libretto di Tosca.
11. Da' il programma a Cecilia!
12. Dico a voi che la Bartoli ha una voce bellissima.
13. Di' a Carla e Paola che *Tosca* è un'opera meravigliosa.
14. Dovete andare assolutamente a Milano per vedere la Scala.

2. Emozioni a fumetto

1. Basandovi sulla vostra esperienza di lettori, descrivete in quale modo sono espresse le emozioni dei personaggi nei fumetti.
2. Leggete la citazione e spiegate la differenza tra le tre forme di emozioni presenti nei fumetti.

"Potremmo distinguere, nel fumetto come in ogni genere narrativo, le emozioni provate dai personaggi, di cui la storia dà conto, dalle emozioni che la storia stessa manifesta (emozioni del narratore, o comunque dell'enunciatore) e infine dalle emozioni che la storia cerca di produrre sul suo lettore – prima tra tutte la curiosità di sapere come andrà a finire, con i suoi correlati di timore e speranza per le sorti dei personaggi in gioco."

Università degli Studi di Bologna:
La linea inquieta.Emozione e ironia nel fumetto
Convegno internazionale. Bologna,
8–9 maggio 2004 (Abstract degli interventi)
http://www.sssub.unibo.it/fondogregotti/LineaInquietaAbstract.pdf

2.1 Mafalda

Lavoro sul testo

1. Descrivete l'espressione facciale di Mafalda nella striscia a fumetti e riassumete la storia raccontata.
2. Chi è Mafalda? Basandovi sulle informazioni contenute nella striscia, caratterizzatela.

2.2 Silver (Guido Silvestri), *Lupo Alberto*

NOTA BENE

Personaggi

Lupo Alberto
Eroe principale della fattoria (anche se vive nel bosco). È innamorato della gallina **Marta**.

Marta
La fidanzata di **Alberto**. È ossessionata dal matrimonio (cosa che **Alberto** non vuol neanche sentir nominare) e dalle telenovelas.

Enrico La Talpa
Amico e "spalla" di **Alberto**. È sposato con **Cesira**, ma da brava talpa non vede niente e crea sempre molta confusione.

http://www.ehilabeppe.com/benvenuti.html (testi abbreviati)

Lupo Alberto N.158 Agosto 1998 (p.18/19)

Lavoro sul testo

1. Guardate la striscia e individuate gli stati d'animo di Alberto, Marta, Enrico e del coniglio.
2. Immaginate un possibile dialogo tra i personaggi. Poi confrontatela con la storia ideata da Silver.

3. Si alza il sipario: il teatro

1. Vi piace il teatro? Perché sì/Perché no? Raccontate di un'opera teatrale che vi ha colpito molto. Quali emozioni avete provato durante lo spettacolo?
2. Quale funzione ha il teatro per l'individuo e la società di un paese secondo voi?
3. Con l'aiuto di un dizionario spiegate questi termini tecnici e cercate altri vocaboli che si riferiscono al teatro e create una mappa concettuale:

- il palcoscenico
- il sipario
- gli attrezzi
- la prima
- recitare a soggetto
- commedia a canovaccio

3.1 Carlo Goldoni: *La Locandiera* (1752) – La trama

Guardate la "trama dipinta" della *Locandiera* e cercate di capire chi sono i personaggi e che cosa succede. Scambiate le vostre idee in classe.

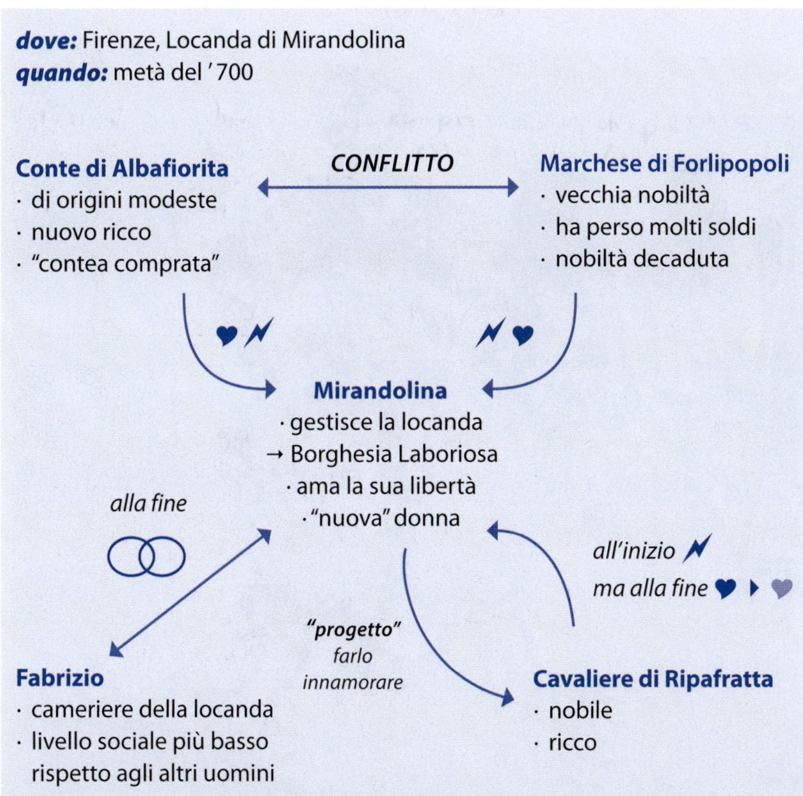

la locandiera: proprietaria di una locanda (un albergo di categoria modesta)
la contea: territorio di un conte

NOTA BENE

Carlo Goldoni (Venezia, 1707 – Parigi, 1793)

Goldoni, inizialmente impegnato come avvocato, si dedica al teatro in un secondo tempo, iniziando a collaborare prima con la compagnia di Medebac e poi con il teatro San Luca a Venezia, città che abbandonerà solo negli ultimi anni della sua vita, trasferendosi a Parigi. La sua carriera da commediografo vanta, oltre a 200 opere teatrali scritte nei dialetti e in italiano, la responsabilità di una gran riforma del teatro. Infatti, dalla commedia dell'arte, caratterizzata da improvvisazione e da maschere, passa progressivamente a una commedia basata su testi interamente scritti e su personaggi che cominciano a sviluppare una loro individualità, all'interno di un ambiente sempre più verosimile. Questa riforma si realizza pienamente solo con le sedici commedie scritte nel 1750, soprattutto nel *La locandiera*. [...]

http://www.letteratura.it/goldoni/

3.2 Mirandolina e il Cavaliere

All'inizio della scena il Conte e il Marchese litigano perché sono tutti e due innamorati di Mirandolina. Sono affascinati dalla sua bellezza, dalla sua gentilezza e dal suo decoro. Il Cavaliere commenta le loro battute.

Cavaliere di Ripafratta dalla sua camera, e detti.

Cavaliere: Amici, che cos'è questo romore? Vi è qualche dissensione fra di voi altri?

Conte: Si disputava sopra un bellissimo punto.

Marchese: Il Conte disputa meco sul merito della nobiltà *[ironico]*.

Conte: Io non levo il merito alla nobiltà; ma sostengo, che per cavarsi dei capricci, vogliono esser denari.

Cavaliere: Veramente, Marchese mio …

Marchese: Orsù, parliamo d'altro.

Cavaliere: Perché siete venuti a simil contesa?

Conte: Per un motivo il più ridicolo della terra.

Marchese: Sì, bravo! il Conte mette tutto in ridicolo.

Conte: Il signor Marchese ama la nostra locandiera. Io l'amo ancor più di lui. Egli pretende corrispondenza, come un tributo alla sua nobiltà. Io la spero, come una ricompensa alle mie attenzioni. Pare a voi che la questione non sia ridicola?

Marchese: Bisogna sapere con quanto impegno io la proteggo.

Conte: Egli la protegge, ed io spendo *[al Cavaliere]*.

Cavaliere: In verità non si può contendere per ragione alcuna che lo meriti meno. Una donna vi altera? vi scompone? Una donna? che cosa mai mi convien sentire! Una donna? Io certamente non vi è pericolo che per le donne abbia che dir con nessuno. Non le ho mai amate, non le ho mai stimate, e ho sempre creduto che sia la donna per l'uomo una infermità insopportabile.

Marchese: In quanto a questo poi, Mirandolina ha un merito estraordinario.

Conte: Sin qua il signor Marchese ha ragione. La nostra padroncina della locanda è veramente amabile.

Marchese: Quando l'amo io, potete credere che in lei vi sia qualche cosa di grande.

Cavaliere: In verità mi fate ridere. Che mai può avere di stravagante costei, che non sia comune all'altre donne?

Marchese: Ha un tratto nobile, che incatena.

Conte: È bella, parla bene, veste con pulizia, è di un ottimo gusto.

Cavaliere: Tutte cose che non vagliono un fico. Sono tre giorni ch'io sono in questa locanda, e non mi ha fatto specie veruna.

Conte: Guardatela, e forse ci troverete del buono.

Cavaliere: Eh, pazzia! L'ho veduta benissimo. È una donna come l'altre.

Marchese: Non è come l'altre, ha qualche cosa di più. Io che ho praticate le prime dame, non ho trovato una donna che sappia unire, come questa, la gentilezza e il decoro.

2 **dissensione:** dissenso, contrasto

5 **meco:** con me

14 **corrispondenza:** d'esser corrisposto

20 **alterare:** *verändern*; **scomporre:** *aus der Ruhe/Fassung bringen* 22 **abbia che dir:** abbia di che disputare

23 **stimare:** *schätzen*

24 **l'infermità:** *Krankheit*

32 **stravagante:** singolare, fuor del consueto 33 **costei:** lei

34 **incatenare:** *fesseln*

36 **vagliono:** valgono

37 **non … veruna:** non mi ha fatto alcuna particolare impressione

Conte: Cospetto di bacco! Io son sempre stato solito trattar donne: ne conosco li difetti ed il loro debole. Pure con costei, non ostante il mio lungo corteggio e le tante spese per essa fatte, non ho potuto toccarle un dito.

Cavaliere: Arte, arte sopraffina. Poveri gonzi! Le credete, eh? A me non la farebbe. Donne? Alla larga tutte quante elle sono.

Conte: Non siete mai stato innamorato?

Cavaliere: Mai, né mai lo sarò. Hanno fatto il diavolo per darmi moglie, né mai l'ho voluta.

Marchese: Ma siete unico della vostra casa: non volete pensare alla successione?

Cavaliere: Ci ho pensato più volte, ma quando considero che per aver figliuoli mi converebbe soffrire una donna, mi passa subito la volontà.

Conte: Che volete voi fare delle vostre ricchezze?

Cavaliere: Godermi quel poco che ho con i miei amici.

Marchese: Bravo, cavaliere, bravo; ci goderemo.

Conte: E alle donne non volete dar nulla?

Cavaliere: Niente affatto. A me non ne mangiano sicuramente.

Conte: Ecco la nostra padrona. Guardatela, se non è adorabile.

Cavaliere: Oh la bella cosa! Per me stimo più di lei quattro volte un bravo cane da caccia.

Marchese: Se non la stimate voi, la stimo io.

Cavaliere: Ve la lascio, se fosse più bella di Venere.

Atto I, scena quarta

Mirandolina *[sola]*: Uh, che mai ha detto! L'eccellentissimo signor Marchese Arsura mi sposerebbe? Eppure, se mi volesse sposare, vi sarebbe una piccola difficoltà. Io non lo vorrei. Mi piace l'arrosto, e del fumo non so che farne. Se avessi sposati tutti quelli che hanno detto volermi, oh, avrei pure tanti mariti! Quanti arrivano a questa locanda, tutti di me s'innamorano, tutti mi fanno i cascamorti; e tanti e tanti mi esibiscono di sposarmi a dirittura. E questo signor Cavaliere, rustico come un orso, mi tratta sì bruscamente? Questi è il primo forestiere capitato alla mia locanda, il quale non abbia avuto piacere di trattare con me. Non dico che tutti in un salto s'abbiano a innamorare: ma disprezzarmi così? È una cosa che mi muove la bile terribilmente. È nemico delle donne? Non le può vedere? Povero pazzo! Non avrà ancora trovato quella che sappia fare. Ma la troverà. La troverà. E chi sa che non l'abbia trovata? Con questi per l'appunto mi ci metto di picca. Quei che mi corrono dietro, presto presto mi annoiano. La nobiltà non fa per me. La ricchezza la stimo e non la stimo. Tutto il mio piacere consiste in vedermi servita, vagheggiata, adorata. Questa è la mia debolezza, e questa è la

43 **Cospetto di bacco!**: *Donnerwetter!*

47 **sopraffina:** *außergewöhnlich/hervorragend*; **il gonzo:** *Einfaltspinsel* 48 **alla larga:** *vom Leib!*

68 **Arsura:** *qui*: taccagno *(Geizhals)* 69 **Tanto fumo e poco arrosto.** *(proverbio)*

72 **il cascamorto:** *Süßholzraspler*; **esibire:** *anbieten* 73 **rustico:** *scontroso/sgarbato*

77 **la bile:** *Galle*

80 **di picca:** di puntiglio / *mit Starrsinn = ganzer Entschlossenheit*

83 **vagheggiare:** *anhimmeln*

debolezza di quasi tutte le donne. A maritarmi non ci penso nemmeno; non ho bisogno di nessuno; vivo onestamente, e godo la mia libertà. Tratto con tutti, ma non m'innamoro mai di nessuno. Voglio burlarmi di tante caricature di amanti spasimati; e voglio usar tutta l'arte per vincere, abbattere e conquassare quei cuori barbari e duri che son nemici di noi, che siamo la miglior cosa che abbia prodotto al mondo la bella madre natura.

Atto I, scena nona

86 burlarsi di qn: *sich über jdn lustig machen* 87 spasimante: *schmachtend* 88 abbattere: *qui: zu Fall bringen;* conquassare: *zerstören*

Lavoro sul testo

1. Quali emozioni prova il Cavaliere di Ripafratta nei confronti delle donne in generale e particolarmente nei confronti di Mirandolina? Confrontate il suo atteggiamento con quello del Marchese e del Conte.
2. Caratterizzate Mirandolina e individuate le emozioni più forti in lei.
3. A chi o a che cosa si riferisce Mirandolina quando dice "Mi piace l'arrosto, e del fumo non so che farne" (r. 69/70)? Spiegate in che senso il suo linguaggio rispecchia il suo stato sociale.
4. Secondo voi, Mirandolina è capace di amare? Motivate la vostra risposta.

Attività creative

5. Come riesce Mirandolina a far innamorare il Cavaliere? Continuate la commedia e mettetela in scena.
6. Pettegolezzi e burle … Mirandolina e la sua amica parlano degli uomini. Inventate il colloquio fra le due donne.

Cavaliere: Gran finezze, signora, al suo cameriere!
Mirandolina: E per questo, che cosa vorrebbe dire?
Cavaliere: Si vede che ne siete invaghita.
Mirandolina: Io innamorata di un cameriere? Mi fa un bel complimento, signore; non sono di sì cattivo gusto io. Quando volessi amare, non getterei il mio tempo sì malamente. *[Stirando.]*
Cavaliere: Voi meritereste l'amore di un re.
Mirandolina: Del re di spade, o del re di coppe? *[Stirando.]*
Cavaliere: Parliamo sul serio, Mirandolina, e lasciamo gli scherzi.
Mirandolina: Parli pure, che io l'ascolto. *[Stirando.]*
Cavaliere: Non potreste per un poco lasciar di stirare?
Mirandolina: Oh perdoni! Mi preme allestire questa biancheria per domani.
Cavaliere: Vi preme dunque quella biancheria più di me?
Mirandolina: Sicuro. *[Stirando.]*
Cavaliere: E ancora lo confermate?
Mirandolina: Certo. Perché di questa biancheria me ne ho da servire, e di lei non posso far capitale di niente. *[Stirando.]*

8 meritare: *verdienen*
9 il re di spada: *Tarockkarte (Schwert);* il re di coppe: *Tarockkarte (Kelche)*
14 mi preme: *es ist mir wichtig / es eilt mir;* allestire: *herrichten*

Cavaliere: Anzi potete dispor di me con autorità.

Mirandolina: Eh, che ella non può vedere le donne.

Cavaliere: Non mi tormentate più. Vi siete vendicata abbastanza. Stimo voi, stimo le donne che sono della vostra sorte, se pur ve ne sono. Vi stimo, vi amo, e vi domando pietà.

Mirandolina: Sì signore, glielo diremo.
[Stirando in fretta, si fa cadere un manicotto.]

Cavaliere *[leva di terra il manicotto, e glielo dà]*: Credetemi ...

Mirandolina: Non s'incomodi.

Cavaliere: Voi meritate di esser servita.

Mirandolina: Ah, ah, ah. *[Ride forte.]*

Cavaliere: Ridete?

Mirandolina: Rido, perché mi burla.

Cavaliere: Mirandolina, non posso più.

Mirandolina: Le vien male?

Cavaliere: Sì, mi sento mancare.

Mirandolina: Tenga il suo spirito di melissa.
[Gli getta con disprezzo la boccetta.]

Cavaliere: Non mi trattate con tanta asprezza. Credetemi, vi amo, ve lo giuro.
[Vuol prenderle la mano, ed ella col ferro lo scotta.] Aimè!

Mirandolina: Perdoni: non l'ho fatto apposta.

23 **vendicarsi:** *sich rächen*

27 il manicotto: *Manschette*

36 mancare: *schwinden*

39 l'asprezza: *Härte*

41 **scottare:** *verbrennen*

Cavaliere: Pazienza! Questo è niente. Mi avete fatto una scottatura più grande.

Mirandolina: Dove, signore?

Cavaliere: Nel cuore.

Mirandolina: Fabrizio. *[Chiama ridendo.]*

Cavaliere: Per carità, non chiamate colui.

Mirandolina: Ma se ho bisogno dell'altro ferro.

Cavaliere: Aspettate ... (ma no ...) chiamerò il mio servitore.

Mirandolina: Eh! Fabrizio ... *[Vuol chiamare Fabrizio.]*

Cavaliere: Giuro al cielo, se viene colui, gli spacco la testa.

Mirandolina: Oh, questa è bella! Non mi potrò servire della mia gente?

Cavaliere: Chiamate un altro; colui non lo posso vedere.

Mirandolina: Mi pare ch'ella si avanzi un poco troppo, signor Cavaliere. *[Si scosta dal tavolino col ferro in mano.]*

Cavaliere: Compatitemi ... son fuori di me.

Mirandolina: Anderò io in cucina, e sarà contento.

Cavaliere: No, cara, fermatevi.

Mirandolina: È una cosa curiosa questa. *[Passeggiando.]*

Cavaliere: Compatitemi. *[Le va dietro.]*

Mirandolina: Non posso chiamar chi voglio? *[Passeggia.]*

Cavaliere: Lo confesso. Ho gelosia di colui. *[Le va dietro.]*

Mirandolina: (Mi vien dietro come un cagnolino). *[Da sé, passeggiando.]*

Cavaliere: Questa è la prima volta ch'io provo che cosa sia amore.

Mirandolina: Nessuno mi ha mai comandato. *[Camminando.]*

Cavaliere: Non intendo di comandarvi: vi prego. *[La segue.]*

Mirandolina: Ma che cosa vuole da me? *[Voltandosi con alterezza.]*

Cavaliere: Amore, compassione, pietà.

Mirandolina: Un uomo che stamattina non poteva vedere le donne, oggi chiede amore e pietà? Non gli abbado, non può essere, non gli credo. (Crepa, schiatta, impara a disprezzar le donne). *[Da sé, parte.]*

Atto III, scena sesta

da: Carlo Goldoni, *La Locandiera*, Torino: Einaudi 1991, p. 17, 22–23, 78–80

43 **la scottatura:** *Verbrennung*

52 **spaccare:** *einschlagen/zerhacken*

57 **scostarsi:** *zur Seite gehen*

58 **compatire:** *bemitleiden/bedauern/nachsehen*

65 **il cagnolino:** *Hündchen*

73 **abbadare:** *sich kümmern um*

74 **crepare:** *krepieren;* **schiattare:** *platzen*

Lavoro sul testo

1. Commentate la battuta di Mirandolina "[...] di lei non posso far capitale di niente" (r. 20). Che cosa rivelano queste parole del suo carattere?
2. Per il Cavaliere questa scena è un bagno di emozioni. Spiegate perché. Confrontate le sue emozioni con quelle che prova all'inizio della commedia.

4. Che paura!

Come sarà la vostra vita nelle ultime settimane prima dell'esame di maturità?

4.1 'Maturità, che panico'

"SCHIFO. Umido e caldo. Incapace e pigra. Incubo. Sfiducia. Manca poco. Ho paura di impazzire. Non mi sento in grado. È il panico panico. Per fortuna tutto il resto, la vita vera, va bene". Questa è Alice. Il diario di Alice. Miss agitation. La signorina panico panico. Diciannove anni alla vigilia della maturità. Seimila come lei a Firenze, mezzo milione come lei in Italia. Lei che oggi, tra i banchi del corridoio del liceo Michelangelo, cercherà di scrivere qualcosa di lucido e sensato nel tema d'italiano. Potesse mettere a fuoco un solo pensiero, sceglierebbe questo: è l'ultima volta che mi giudicate. "Ci saranno altri esami, altre prove nella vita: ma le avrò scelte io. Questa qua io la subisco". Il resto è nebbia, è delirio, è fifa, è sudore, mani fredde, noccioli di ciliegie sparsi per la camera, letto sfatto, piatto con bucce, fotocopie per terra, appunti di latino, scrivania sepolta di libri, storia inglese filosofia, la foto delle vacanze in Grecia con l'amica Gilda "i bei tempi", *il Sole 24 ore* aperto "che non lo leggo mai, ma se dovesse uscire un tema sulla costituzione europea", una scarpa da ginnastica sotto il letto l'altra chissà dove, la camicia da notte schiacciata in fretta nell'armadio ancora calda "ci sono giorni che neanche mi vesto", il gatto Micio che cova le fotocopie, il poster dei Radiohead e il flauto di Severino Gazzelloni "mi rilassa", la borsa sfatta della palestra "mi sfogo col tapis roulant", il solco tra la stanza e la cucina, la cucina e la stanza, "non riesco a stare fissa in un posto, mi devo spostare, non mi concentro", venticinquemila pause al giorno, "un

5 **alla vigilia di:** giorno che precede un fatto di particolare rilievo 7 **lucido:** chiaro; **sensato:** di buon senso
8 **mettere a fuoco:** (fig.) analizzare con chiarezza un problema 10 **subire:** essere costretto a sopportare qualcosa
11 **la fifa:** la paura 12 **la buccia:** la parte esterna dei frutti
13 **sepolto (seppellire):** i morti vengono sepolti in una tomba; *qui:* ricoperta di
17 **schiacciato:** *qui:* messa senza attenzione 18 **covare:** le galline covano le uova per tenerle calde 20 **sfogarsi:** *sich Luft machen, abreagieren*; **il tapis roulant:** un nastro per fare lo jogging in una palestra; **il solco:** un buco lungo nella terra

continuo mangiare, piluccare", il telefono che suona, gli amici, che si fa stasera si esce, "se dico no poi sto qui a vivermi la nevrosi da sola, ma se dico sì poi ho i sensi di colpa perché non ho studiato", ma i sensi di colpa ci sono lo stesso, le giratine, il caffè, "questo mio ciondolare, questo mio essere sovrastata dalle mille cose da fare e non cominciare mai", il diario che diventa lettino di psicanalisi, "vorrei capire perché mi autodemolisco, autodeprimo, autodisoriento, vorrei essere umile, capace di sacrificio e di tenacia". In realtà, Alice lo è: umile tenace e votata al sacrificio. A scuola, poi, va pure bene. Otto a italiano, 18/20 voto finale. Solo che, come capita a tutti i maturandi, oggi si sente di schifo: non mi sono preparata abbastanza, sono indietro, farò brutta figura. Per fortuna non si sente brutta, perché non lo è. Occhi verdi, capelli castani biondi, piccolina carina vispa, però si vede bianca, non ha fatto mare. Soprattutto c'è un pensiero che la fa imbestialire: "Se non ci fosse questa cosa nel mezzo, sarebbe il periodo più bello della mia vita". Questa cosa, l'esame. Un blocco, una zavorra, una parentesi in quella che lei chiama la vita vera. "Mi impedisce di vivere completamente le mie energie, valorizzare le cose cui io tengo davvero, gli amici, i rapporti umani, le letture, i viaggi. È come se mi fosse impedito di usare le mie facoltà e dirigerle dove voglio io. Un pensiero che mi rende felice è sapere che dopo questo esame certe cose le potrò abbandonare: matematica, fisica, chimica. È frustrante dover dedicare tempo a materie che non ti smuovono niente". Alice la smuove la filosofia, vero amore e scoperta di questi anni di liceo. Non vede l'ora di buttarsi su Simone Weil. Però prima, c'è il blocco. "Sapere che in commissione ci sono i tuoi professori aiuta e non aiuta: c'è più conoscenza, ma può anche scattare il distacco. Continuo a dirmi che prima di me l'hanno fatto miliardi di persone, ma non mi convinco: continuo irrazionalmente a vivere questo esame come un affronto personale. Uno sgarbo che la vita fa a me e a me sola". Un esame che è un rischio, una roulette russa: "Ci arriviamo stanchi e a quaranta gradi può capitare di scivolare. Una distrazione, una domanda troppo tecnica. Non è giusto. Io ho studiato in questi cinque anni, vorrei essere valutata per quello". La terza prova, poi, una jattura. "Le domande sulle cinque materie. Una sventolata di schiaffi. Dove ti giri, ne prendi uno in faccia". Il tema e la versione, in fondo, si controllano. "Però, insomma. Anche il tema di attualità è un terno al lotto. Su che ti prepari, su tutto e su niente. Guerra in Iraq, allargamento dell'Europa a est. Ci sono certi amici che in queste ore si stanno scaricando da Internet tutto lo scaricabile. Io non ho neanche il computer". Foglietti e contro foglietti, roba vecchia. "Non porto niente. Ci vado pulita. Mi hanno già beccato durante l'anno. Avevo i foglietti nelle scarpe". La vita vera, scalpita oltre la collina dei vocabolari. "La libertà e l'autonomia. Fare quello che scelgo io, dedicarmi agli studi che preferisco, l'iscrizione a Filosofia, e prima

23 **piluccare:** mangiare a pezzettini 24 **la nevrosi:** un disturbo psichico

26 **ciondolare:** perdere tempo, non fare nulla 27 **essere sovrastato:** *bedroht sein*

30 **la tenacia:** la costanza, la fermezza

35 **vispo:** vivace, svelto
36 **imbestialire:** arrabbiare
38 **la zavorra:** una cosa ingombrante, che crea problemi

41 **la facoltà:** la capacità di fare o sentire qualcosa

45 **smuovere:** *qui:* interessare

48 **scattare:** iniziare; **il distacco:** allontanamento

51 **lo sgarbo:** la scortesia

53 **scivolare:** perdere l'equilibrio

55 **la jattura:** la sfortuna
56 **la sventolata:** un colpo di vento
58 **il terno al lotto:** la fortuna improvvisa e inaspettata

60 **scaricare:** copiare da Internet
61 **il foglietto:** un foglio con notizie (vietato durante un esame scritto) 62 **beccare:** sorprendere, cogliere

le vacanze, un viaggio in Grecia o Spagna, non per sbracarmi ma per conoscere". Il ciclo che si chiude, andrà come andrà. Ma prima l'ultima notte, quella che è già passata, che è già ieri: "Andrò in palestra, mi farò una bella doccia, cenerò verso le nove con mia madre, che la sto facendo nera anche lei in questo periodo, aspetterò mezzanotte come sempre al telefono con le amiche, preparerò il vocabolario, la pesca, la bottiglia d'acqua, i pantaloni a righe e la maglietta, e cercherò di dormire. Poi, conterò su di me". –

CLAUDIA RICONDA Repubblica, 18.06.2003
http://ricerca.repubblica.it/repubblica/archivio/repubblica/2003/06/18/maturita-che-panico.html(11.10.2009)

66 **sbracarsi:** lasciarsi andare

Lavoro sul testo

1. Chi è Alice? Spiegate perché l'autrice dell'articolo la soprannomina "Miss agitation".
2. Descrivete la vita quotidiana di Alice e i suoi sentimenti prima dell'esame di maturità.
3. Spiegate il suo atteggiamento verso l'esame di maturità.
4. Caratterizzate il tono dell'autrice dell'articolo e analizzate tre mezzi stilistici con cui cerca di attirare l'attenzione del lettore.

Attività creative

5. Come cambierà la vostra vita dopo la maturità? Scambiate le vostre idee in classe.
6. Mettete in scena:
   - Alice telefona a Gilda, la sua migliore amica. Anche lei fra una settimana ha l'esame di maturità. Mettete in scena il colloquio tra le due.
   - Un amore in crisi: il ragazzo di Alice si lamenta perché lei ha poco tempo per lui. Preparate un dialogo e presentatelo in classe.

In italiano

Volete partecipare al concorso "Italiani e tedeschi – stereotipi e realtà", lanciato da una rivista italo-tedesca. Su Internet avete trovato un testo che parla di una (presunta) caratteristica tedesca: lamentarsi di continuo. Scrivete il vostro articolo includendo i seguenti aspetti del testo:

- il quadro che emerge dall'indagine dell'UE
- i motivi per cui la gente si lamenta
- le caratteristiche dei piagnoni
- gli effetti negativi/positivi del lamentarsi
- i "rimedi" per "guarire" i piagnoni

4.2 Deutsche jammern viel zu leise

Kein anderes Volk in Europa jammert so sehr wie die Deutschen. Das bestätigt sogar eine Studie der EU. Doch warum jammern Menschen eigentlich? Und vor allem: Hilft es etwas?

Immer ich. Draußen ist es zu heiß, drinnen zu kalt. Mein Chef versteht mich nicht. Mein Partner erst recht nicht. Niemand liebt mich. Ich verdiene zu wenig. Nie habe ich Glück. Schuld an allem sind meine Eltern. Undsoweiterundsoweiter. Gejammert werden kann immer.

Und wir Deutschen sind laut einer europaweiten Studie der EU-Kommission darin sogar Europameister. In einer Umfrage mit 25.000 EU-Bürgern kam heraus, dass in keinem anderen europäischen Land die Bürger ihre Zukunft so pessimistisch sehen wie in Deutschland. Fast 70 Prozent der Deutschen sind danach der Annahme, dass sie in 20 Jahren schlechter gestellt sein werden als heute. Esten und Iren sind dagegen viel optimistischer gestimmt. In beiden Ländern sehen mehr als zwei Drittel der Befragten die Zukunft rosig.

Altbundeskanzler Helmut Schmidt hat es schon vor langer Zeit gewusst. 2003 warf er den Deutschen vor, verwöhnt zu sein und zu viel zu jammern. Die Deutschen seien nach dem erstaunlichen Wiederaufbau nach dem Krieg und dem Ausbau des Wohlfahrtstaates verwöhnt worden und hätten nach der Wiedervereinigung geglaubt, das ginge immer so weiter, sagte Schmidt.

Im angelsächsischen Raum macht man sich sogar lustig über die Deutschen und ihre „German Angst". Es gibt ein Buch darüber und [...] Wissenschaftler beschäftigen sich mit dieser „Macke" der Deutschen. [...]

Manche Menschen jammern wegen der kleinsten Kleinigkeit. Damit wollen sie eigentlich sagen: „Ich brauche Zuwendung", „Tröste mich" oder „Ich bin schwach, deshalb musst du stark sein". Manche Menschen benutzen das Jammern wegen des schönen Gemeinschaftsgefühls, für andere ist es reiner Selbstschutz. Wer zum Beispiel um sein gutes Gehalt beneidet wird, erzählt vorsichtshalber gleich von der vielen Arbeit. So sollen der Neid des Anderen in Grenzen gehalten und unangenehme Reaktionen vermieden werden.

Deutsche jammern leise, Südeuropäer klagen theatralisch

In Deutschland wird zwar gerne gejammert, jedoch meist nicht laut geklagt. Denn das ist nicht gut angesehen. In Südeuropa etwa ist das anders. „Wenn zum Beispiel in der Türkei jemand stirbt, ist das Klagen laut und theatralisch", erzählt der Psychologe Michael Schellberg aus Hamburg. Dieses laute Klagen hat durchaus seine Vorteile, denn es entlastet.

Dagegen hat das leise Herumjammern in der Regel nur Nachteile. Das Problem wird nicht gelöst, der Jammerer zieht sich selbst mit seinen düsteren Gedanken immer weiter nach unten. So wirkt er nicht sehr anziehend auf seine Umgebung – das ist noch ein weiterer Grund, um frustriert zu sein. Wer ständig nur jammert, aber nichts ändert, bekommt auf längere Sicht auch nicht mehr die gewünschte Zusatzportion Zuwendung, sondern gar keine mehr. Denn Jammerer frustrieren auch ihre Mitmenschen – diese ziehen sich zurück.

[...]

Der richtige Umgang mit Dauer-Jammerern

Wenn das Jammern nicht uferlos wird, kann es sogar nützlich sein. Es kann Wünsche aufdecken und Grenzen bewusst machen. Schellberg rät zum Beispiel, sich einen festen Zeitrahmen für das Klagen zu setzen und sein Gegenüber etwa mit dem Satz „Ich muss jetzt mal jammern" vorzubereiten. Dann wird sich alles von der Seele geredet und schließlich überlegt, ob und wie sich das Problem lösen lässt. So kann Jammern auch ein Weg zur Selbsterkenntnis sein.

[...]

Menschen, die viel jammern, haben oft kein ausgeprägtes Selbstbewusstsein. Sie haben sich in einer Opferrolle eingerichtet und neigen Psychologen zufolge zu einem passiv-aggressiven Verhalten. So sabotieren sie zum Beispiel bei der Arbeit oder zu Hause ihre Mitmenschen, indem sie etwa das Einkaufen „vergessen" oder der gewünschte Anruf „heute leider nicht geklappt hat". Dauer-Jammerern begegnet man daher am besten mit konkreten Nachfragen. „Woran hat es denn gelegen, dass es nicht geklappt hat?" gehört zum Beispiel dazu oder „Was würdest du denn tun, wenn es genau so wäre, wie du es dir wünschst?"

02.01.2010
http://www.news.de/gesundheit/855038605/deutsche-jammern-viel-zu-leise/1/

5. Emozioni su carta: la poesia

Giacomo Leopardi

1. Secondo voi, perché si scrivono poesie?
2. E perché ci sono persone che amano leggere poesie?
3. Guardate questo ritratto di Giacomo Leopardi, un grande poeta dell'Ottocento. Che tipo di uomo vi sembra?
4. Leggete l'inizio della poesia.

5.1 Giacomo Leopardi, *Il Passero Solitario*

D'in su la vetta della torre antica,
Passero solitario, alla campagna
Cantando vai finchè non more il giorno;
Ed erra l'armonia per questa valle.
Primavera dintorno
Brilla nell'aria, e per li campi esulta,
Sì ch'a mirarla intenerisce il core.
Odi greggi belar, muggire armenti;
Gli altri augelli contenti, a gara insieme
Per lo libero ciel fan mille giri,
Pur festeggiando il lor tempo migliore:
Tu pensoso in disparte il tutto miri;
Non compagni, non voli,
Non ti cal d'allegria, schivi gli spassi;
Canti, e così trapassi
Dell'anno e di tua vita il più bel fiore.
Oimè, quanto somiglia
Al tuo costume il mio! Sollazzo e riso,
Della novella età dolce famiglia,
E te german di giovinezza, amore,
Sospiro acerbo de' provetti giorni,
Non curo, io non so come; anzi da loro
Quasi fuggo lontano;
Quasi romito, e strano
Al mio loco natio,
Passo del viver mio la primavera.
[...]

1 **la vetta:** il punto più alto 3 **more:** muore 4 **errare:** *qui: irren, umherschweifen* 6 **brillare:** risplendere di luce; **esultare:** *frohlocken, jauchzen* 7 **mirare:** guardare; **intenerire:** rendere tenero; **il core:** il cuore 8 **odi:** senti; **il gregge:** un gruppo di pecore, mucche; **belare:** il suono che fanno le pecore; **muggire:** il suono che fanno le mucche; **gli armenti:** i greggi 9 **l'augello:** l'uccello 10 **lo:** il; **il ciel:** il cielo; **fan:** fanno 12 **in disparte:** lontano e solo 14 **non ti cal:** non ti importa; **schivare:** evitare; **lo spasso:** il divertimento 17 **oimè:** *oh weh!* 18 **il costume:** il comportamento; **il sollazzo:** il divertimento 19 **la novella età:** la giovinezza 20 **german:** *leiblich, eigen* 21 **acerbo:** *bitter*; **provetto:** *erfahren* 24 **romito:** *einsam, verlassen* 25 **il loco natio:** il luogo di nascita

Lavoro sul testo

1. Individuate l'emozione fondamentale che Leopardi esprime in questi versi. Corrisponde a quanto immaginato sul carattere del poeta?
2. Analizzate come descrive Leopardi
   - la natura
   - il comportamento dell'uccello
   - se stesso.
3. Sulla base di qualche dato biografico spiegate perché tali informazioni possono risultare utili a capire meglio la poesia.

Attività creative

4. Rileggete l'inizio della poesia e, ispirandovi ad esso, fate un disegno.
5. E voi, che cosa fate quando siete tristi? Scambiate le vostre esperienze in classe.

NOTA BENE

Giacomo Leopardi – Fatti biografici

Nato a Recanati nelle Marche nel 1798 da una famiglia nobile, la sua giovinezza non è felice a causa di problemi economici, dell'ambiente in cui cresce e della salute. Fin da giovane studia molto e si dedica soprattutto alla poesia, ma ha delle crisi interiori che lo portano a cercare nuove forme di espressione.

Nel 1819 ha una grande crisi che lo avvicina alle idee del Romanticismo e lo porta a scrivere le sue opere migliori. Cerca un lavoro a Roma nel 1822, poi negli anni successivi va a Milano e a Firenze dove frequenta il gruppo dell'Antologia e conosce Manzoni. Nel 1829 torna a Recanati per una malattia agli occhi che gli impediva di leggere, ma è molto infelice ed elabora una concezione negativa della natura, molto pessimistica. Nel 1834 va a Napoli, ospite di un amico, e trascorre gli ultimi anni in modo indifferente e ostile alla vita. Muore a 39 anni a Napoli, nel 1837.

da: Paolo E. Balboni, Mario Cardona, *Storia e testi di letteratura italiana per stranieri*, Perugia: Guerra Edizioni 2002 (119, testo abbreviato)

5.2 Stefano Benni, *Io ti amo*

1. Quali sono gli "ingredienti" per una bella storia d'amore, secondo voi?
2. Una storia d'amore in cinque frasi. Lavorate a coppie e scrivete una storia d'amore in solo cinque frasi. La vostra storia può essere romantica, tragica, comica o ironica …
3. Che cosa fate voi per esprimere il vostro amore per una persona? Scambiate le vostre idee in piccoli gruppi.

Stefano Benni

Io ti amo
e se non ti basta
ruberò le stelle al cielo
per farne ghirlanda
e il cielo vuoto
non si lamenterà di ciò che ha
perso
che la tua bellezza sola
riempirà l'universo
Io ti amo
e se non ti basta
vuoterò il mare
e tutte le perle verrò a portare
davanti a te
e il mare non piangerà
di questo sgarbo
che onde a mille, e sirene
non hanno l'incanto
di un tuo solo sguardo

8 **riempire:** far pieno
15 **lo sgarbo:** la scortesia
17 **l'incanto:** la magia

Io ti amo
e se non ti basta
solleverò i vulcani
e il loro fuoco metterò
nelle tue mani, e sarà ghiaccio
per il bruciare delle mie passioni

Io ti amo
e se non ti basta
anche le nuvole catturerò
e te le porterò domate
e su te piover dovranno
quando d'estate
per il caldo non dormi
E se non ti basta
perché il tempo si fermi
fermerò i pianeti in volo
e se non ti basta
vaffanculo

da: Stefano Benni, *Ballate*, Milano: Feltrinelli 1999, p. 93

21 **sollevare:** alzare
27 **catturare:** *einfangen*
28 **domato:** *gezähmt*

Lavoro sul testo

1. Secondo voi, "Io ti amo" è una poesia d'amore? Motivate la vostra risposta.
2. Analizzate i mezzi strutturali e linguistici usati da Benni.

Commento personale

3. "In amore bisogna sempre scendere a compromessi e rinunciare ai propri bisogni per non perdere la persona amata." Condividete quest'opinione?

NOTA BENE

Stefano Benni

è nato a Bologna il 12 agosto 1947. Giornalista, scrittore e poeta, ha collaborato e collabora con numerose testate, come Manifesto, Cuore e Panorama, Repubblica e MicroMega. Il suo primo libro, *Bar Sport*, è uscito da Mondadori nel 1976. Da allora la sua produzione ha spaziato dai romanzi, ai racconti, alle raccolte di poesie, al teatro, e perfino al cinema. […]

Lo stile di Benni si caratterizza per l'uso originale ed innovativo del linguaggio, l'acutezza nel cogliere gli aspetti più aberranti della società moderna, la sua comicità stralunata e l'inesauribile fantasia, nella creazione di mondi immaginari e straordinari. *(Carlo Santulli)*

http://www.progettobabele.it/Consiglilettura/sbenni.php (testo abbreviato)

Il mondo dei giovani

2

1. Descrivete le foto e la vignetta e dite cosa ne pensate.
2. Secondo voi, sono questi i temi che riguardano i giovani di oggi? Quali temi mancano?

1. Gli adolescenti

1.1 Le tribù degli adolescenti

Rispondete al questionario. Potete scegliere solo una risposta. Dopo valutate in classe i risultati ottenuti e discutetene.

1. Quale dei seguenti mezzi di comunicazione preferisci?

a. La televisione
b. La radio
c. I quotidiani
d. Le riviste
e. I fumetti
f. Il computer

2. Chi contribuisce più alla tua formazione?

a. La famiglia
b. La scuola
c. La televisione
d. La chiesa
e. Altro: ▬

3. Come giudichi la scuola?

a. Fondamentale
b. Utile
c. Arretrata
d. Inutile
e. Spreco di tempo

4. Quante ore al giorno passi davanti a tv e computer?

a. Fino a 2 ore
b. 2–5 ore
c. Più di 5 ore

5. Come definiresti i rapporti con i tuoi genitori?

a. Ottimi
b. Amichevoli
c. Abbastanza buoni
d. Turbolenti
e. Pessimi

6. Di chi ti fidi di più?

a. Degli amici
b. Dei fratelli
c. Dei genitori
d. Degli insegnanti
e. Del partner
f. Di Dio
g. Altro: ▬

7. Ti interessa la politica?

a. Molto
b. Abbastanza
c. Poco
d. Per nulla

8. Quali sono i tuoi miti?

a. Fotomodelle
b. Personaggi storici
c. Personaggi della tv o del cinema
d. Campioni dello sport
e. Star della musica
f. Politici
g. Rivoluzionari/lottatori
h. Famiglia o amici
i. Altro: ▬
l. Nessuno

9. Quali delle seguenti voci consideri più importanti? (Qui puoi dare anche fino a tre risposte.)

a. L'amicizia
b. L'amore
c. La cultura
d. Il denaro
e. La famiglia
f. Il lavoro
g. La pace
h. La patria
i. La religione
l. Il sesso
m. La solidarietà
n. Altro: ▬

10. Che cosa ti fa più paura?
(Qui puoi dare anche fino a tre risposte.)

a. La disoccupazione
b. Il futuro
c. La guerra
d. L'insuccesso scolastico
e. Le malattie
f. La sessualità
g. La solitudine
h. La violenza
i. La morte
l. I disastri ecologici
m. L'immigrazione
n. La disparità tra ricchi e poveri
o. L'esaurimento delle fonti energetiche
p. Il menefreghismo della gente
q. Altro: ▬

11. A quale intervento estetico ricorreresti?

a. Piercing
b. Tatuaggio
c. Chirurgia estetica
d. Cambio del taglio / colore dei capelli
e. Trucco
f. Altro: ▬
g. Non cambierei niente

12. Di quanto denaro disponi alla settimana?

a. Fino a 20 euro
b. Da 20 a 50 euro
c. Oltre 50 euro

13. Il tuo tempo libero lo impieghi per:
(Qui puoi dare anche fino a tre risposte.)

a. Andare al cinema
b. Andare a teatro
c. Andare a mangiare
d. Ascoltare musica
e. Ascoltare la radio
f. Fare sport
g. Fare lo shopping
h. Giocare al computer
i. Guardare la tv
l. Incontrare degli amici
m. Leggere
n. Uscire con il fidanzato/la fidanzata
o. Altro: —

14. L'oggetto cult a cui non potresti rinunciare

a. Il cellulare
b. L'I-pod
c. Il computer
d. I vestiti firmati
e. Tatuaggi o piercing
f. Accessori (gioielli, scarpe, borse …)
g. Altro: —

15. Come spendi la tua paghetta?
(Qui puoi dare anche fino a tre risposte.)

a. Vestiti
b. Cene
c. Cinema/concerti
d. CD/DVD/Computergiochi
e. Libri/giornali/riviste
f. Sport
g. Regali
h. Ricariche del cellulare
i. Sigarette/alcol
l. Altro: —

16. Un tuo sogno nel cassetto?

a. Fare un viaggio lontanissimo
b. Fare del volontariato
c. Andare a vivere all'estero
d. Diventare ricco e famoso
e. Studiare e trovare un buon lavoro
f. Sposarmi e avere dei figli
g. Altro: —

Attività creativa

1. Scambiate le vostre idee: — è importante per me perché...

Commento personale

2. Il cellulare: un amico-nemico?

1.2 Inchiesta: gli adolescenti italiani

Né caffè né giornale radio. Quella è roba da adulti. Il primo contatto della giornata è con il telefonino, anzi con il messaggino. Sedicenni: non più bambini, col trucco marcato e quell'aria da vita vissuta, saputelli e smaliziati. Ma neppure adulti, un po' persi, un po' spauriti davanti a domande più grandi di loro. Valori, politica, futuro? Si stringono nelle spalle. E si immergono nel gruppo.
Portano sciarpe lunghissime e colorate che li strozzano, tre giri attorno al collo, ma l'ombelico scoperto anche col freddo. I jeans a stento si aggrappano ai fianchi: vita bassa, bassissima, e gli slip colorati da mostrare. Leggono poco, giornali neanche l'ombra. "Siamo un po' menefreghisti. Ci interessa solo quello che ci capita attorno" spiegano Dado e Pietro, studenti di uno dei licei più "impegnati" di Milano. Con i genitori non litigano quasi mai, anzi si confidano, alla faccia del conflitto generazionale. Anche perché i no son ben pochi. Se tornano tardi, o prendono un brutto voto, si discute un po', ma neppure troppo. Casomai bisogna evitare la iattura dei fratelli trentenni: quelli lì ancora in casa. I sedicenni proprio non ci pensano a finire in quel modo, da eterni Peter Pan [...]. Poi però a lavorare non ci vogliono andare: meglio il successo veloce, come le veline, come i calciatori o come quelli del Grande fratello, "che non fai niente, esci e sei famoso."

Sono disillusi: tutto è già stato fatto, tutto è già stato detto. E se si manifesta, a scuola, se si sciopera e ci si allinea ai cortei, [...] è per schivare il compito in classe, il più delle volte. Tanto i politici fanno tutti schifo e la scuola è "quella cosa ammuffita che non insegna niente", verso cui ci si trascina la mattina. Una generazione che alla politica si interessa poco, come rivela il sondaggio di *Panorama*: solo 19,4, la percentuale di "impegnati", per otto sedicenni su dieci la politica, insomma, non "prende" come dicono loro. [...] Gioventù bruciata? Luigi Galella, professore di un istituto commerciale di Fiumicino [...] la pensa diversamente: "I ragazzi sono la vera forza vitale della scuola". E non se la sente di colpevolizzarli, [...] neanche Angelo Bernardini, il preside del liceo Vitruvio di Avezzano [...]: "Hanno tante risorse, ma devono combattere contro la superficialità di un mondo che gli concede sempre tutto e subito." La pensano così anche parecchi genitori: "Se non gli dai tutto, cioè motorino, soldi e vestiti ti fanno sentire in colpa" si sfoga Susanna Novaro, impiegata all'Università La Sapienza di Roma. E allora i genitori scuciono una paghetta media di 25 euro a settimana, secondo il sondaggio Panorama, anche se c'è un 7,6% che ai figli sedicenni dà più di 400 euro al mese. Insieme al mantenimento in vita del telefonino servono a pagare pizza, sigarette e parecchia "erba".

3 **il trucco marcato:** truccato molto; **saputello:** *besserwisserisch* 4 **smaliziato:** furbo
5 **il valore:** *Wert*; **stringersi nelle spalle:** *die Achseln zucken*
7 **strozzare:** *erwürgen*
8 **l'ombelico:** *Bauchnabel*; **a stento:** con fatica 9 **il fianco:** *Hüfte*; **la vita:** *Taille* 10 **il menefreghista:** persona indifferente
11 **capitare:** succedere
12 **impegnato:** *anspruchsvoll*
13 **confidarsi:** *sich anvertrauen*
16 **la iattura:** la sfortuna
19 **la velina:** *Showgirl*
22 **il corteo:** *Demonstration* **schivare:** evitare
24 **lo schifo:** *Ekel*; **ammuffito:** *vermodert*
31 **colpevolizzare qn:** dare la colpa a qn
33 **concedere:** dare
37 **scucire:** dare; **la paghetta:** *Taschengeld*
40 **l'erba:** *Gras, qui:* droghe

I teenager italiani vedono il proprio domani con gli occhiali rosa, ma sono pessimisti sul destino dell'Italia e del mondo. Le speranze maggiori sono nel progresso della medicina, nella diffusione delle energie alternative e nella maggiore partecipazione civile attraverso Internet. La paura più diffusa, per il futuro, è che l'effetto serra provochi disastri ecologici. Al secondo posto c'è l'esaurimento delle fonti energetiche, al terzo la crescita demografica e la crescente immigrazione e al quarto la disparità tra ricchi e poveri.

45 **l'effetto serra:** *Treibhauseffekt* 46 **l'esaurimento:** *Versiegen*; **la fonte:** *Quelle* 47 **la disparità:** la disuguaglianza

Certo, però cambiare il mondo non è cosa semplice. Men che meno quando non si hanno più modelli. Un punto di riferimento universale però c'è: il cellulare. Sono tutti d'accordo: "È un'esigenza. Morirei senza". Gli sms sono il cordone ombelicale che lega al gruppo. Si danno appuntamenti, si fidanzano e si lasciano premendo "invia". E spendono, solo in sms, 600 euro l'anno. "Così i ragazzi si abituano a collegare le relazioni sociali a un costo", spiega Antonio Marziale, sociologo e presidente dell'Osservatorio dei diritti sui minori. "E imparano un disvalore: i soldi gli servono per affermarsi. Per i vestiti, il telefonino, le serate in discoteca. E si ottengono diventando famosi in poco tempo, come insegna la tv." Nove ragazzi su dieci si piazzano davanti al piccolo schermo ogni giorno e si succhiano i reality. Da schermo a schermo il pomeriggio e la sera trascorrono in chat e poi un clic al sito superfighetto.it che permette di crearsi un personaggio ideale e quindi vestirlo, accessoriarlo come un Tamagotchi umano, insomma, proiezione elettronica di sé.

51 **l'esigenza:** cosa necessaria
52 **il cordone ombelicale:** *Nabelschnur* 53 **premere:** *drücken*

57 **affermarsi:** fare bella figura
58 **ottenere:** ricevere
59 **lo schermo:** *Bildschirm*
60 **succhiare:** *qui:* guardare

Scarpe, zainetti, lettori mp3: ecco i gadget culto dei 16enni: Se l'oggetto di culto è il cellulare, è culto anche tutto ciò che l'addobba: dalle suonerie scaricate da Internet, che cambiano praticamente ogni giorno in base alle hit del momento. L'abbigliamento parte dalle scarpe: [che devono essere griffate]. Sotto il cappellino, griffatissimo, spuntano le cuffie dell'I-pod o del lettore mp3, inseparabile durante gli spostamenti. [...]

Sfuggono alle classificazioni i sedicenni come Angelo, studente di Roma che ha intrapreso un cammino religioso o come Isabella di Milano: suo nonno è il suo modello di vita. O come Manuel, indeciso tra la carriera di medico e il sogno di entrare in un reality show. Già, i sogni. Quelli enormi, a occhi aperti, che si fanno a 16 anni. "Ma questa è una generazione cresciuta senza fiabe, senza magia" sostiene Raffaele Morelli, psichiatra e psicoterapeuta. "Forse i loro silenzi sono un modo di comunicare". Non per niente sulle porte delle loro stanze, tanti sedicenni silenziosi hanno scritto chiaro e tondo: "Keep out". Restate fuori.

64 **il gadget:** l'oggetto
65 **addobbare:** *ausstatten*
66 **scaricare:** *herunterladen*
68 **spuntare:** *herausschauen*; **griffato:** *Marken-*
69 **la cuffia:** *Kopfhörer*

70 **sfuggire:** *entgehen*

Di Anna Boiardo e Antonella Piperno (19.11.2004)
http://archivio.panorama.it/home/articolo/idA020001027915

Lavoro sul testo

1. Come sono gli adolescenti italiani secondo l'inchiesta? Elaborate una mappa concettuale.

2. Poi confrontate quanto elaborato con i risultati del vostro questionario. Vi riconoscete nel ritratto dei giovani italiani?

3. Completate le frasi con l'aiuto del testo.

   1. Succede spesso che gli studenti scioperino perché —
   2. Per molti studenti la scuola è —
   3. Secondo gli autori del testo, i giovani —
   4. Secondo Luigi Galella e Angelo Bernardini però —
   5. Molti genitori pensano che —
   6. Secondo Antonio Marziale, i giovani imparano presto che i soldi —
   7. È difficile generalizzare perché —
   8. Raffaelle Morelli sostiene che —

4. Parafrasate le seguenti citazioni, analizzate i mezzi stilistici usati e commentatele.

   1. "I sedicenni proprio non ci pensano a finire in quel modo, da eterni Peter Pan." (r. 17)
   2. "Per otto su dieci la politica, insomma, non 'prende'." (r. 28)
   3. "I teenager italiani vedono il proprio domani con gli occhiali rosa." (r. 41)
   4. "Gli sms sono il cordone ombelicale." (r. 52)
   5. "Questa è una generazione cresciuta senza fiabe." (r. 74)
   6. "Forse i loro silenzi sono un modo di comunicare." (r. 76/77)

1.3 Gli italiani e il tempo libero

Attività creativa

Qui trovate i risultati di una statistica dell'Istituto di ricerca Istat, pubblicati sul sito de *la Repubblica,* su come gli italiani passano il loro tempo libero. Usate le cifre della statistica per scrivere un articolo per un giornale.

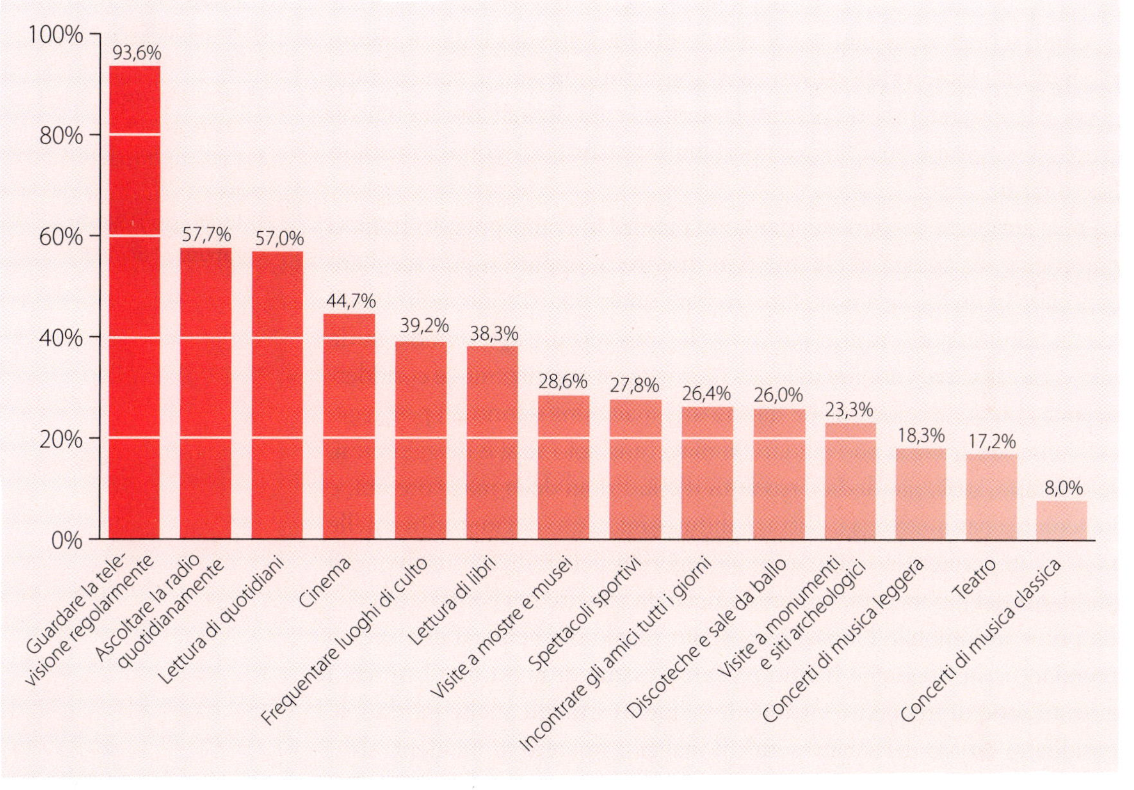

Statistica tratta dal testo "Italiani e tempo libero, tanta tv pochi libri", www.repubblica.it/online/societa/istatfigli/libero/libero.html, 01.02.2011

Espressioni utili:

- Secondo una ricerca Istat / il sondaggio dimostra che … secondo un'indagine
- Le quote più elevate … il fanalino di coda /al primo posto / all'ultimo posto della statistica
- La maggioranza / la minoranza
- Il 10% degli italiani + verbo al singolare / 10 persone su cento / un terzo / un quarto / la metà degli intervistati
- La percentuale cala / aumenta / cresce / diminuisce / sale
- In salita / in crescita / in aumento – in discesa / in calo
- Attirare pochi / molti visitatori / spettatori / essere frequentato da molti / pochi

Potete cominciare così:

Ecco cosa fanno gli italiani nel loro tempo libero secondo una recente indagine Istat.

Le risposte di un campione di 21.718 famiglie (per un totale di 58.653 individui) non lasciano dubbi …

1.4 I giovani e il tempo libero

Il tempo libero per i giovani italiani è quello che non trascorrono a studiare. Ci sono molti modi per impiegarlo. I giovani fanno sport, frequentano corsi di lingue straniere o imparano a suonare uno strumento. Queste attività sono spesso indotte dai genitori, che le considerano parte importante dell'educazione dei figli, prima dell'università.

Accanto a questi impegni per il tempo libero, i giovani italiani amano ritrovarsi fra loro, a casa o fuori casa, soprattutto la sera, a cena o dopo cena. Alcuni preferiscono passare la serata a casa di qualcuno in piccoli gruppi per giocare, guardare un film, ma soprattutto discutere o parlare fino a tardi.

La maggior parte dei giovani, però, ama uscire in compagnia. In Italia si può uscire per andare al cinema o in discoteca, oppure si può scegliere di andare in un locale a mangiare o a bere qualcosa. Ci sono molti tipi di locali: pizzerie, pub, birrerie, paninoteche, che restano aperti fino a tarda notte. Se si esce per andare in locali fuori città si organizzano le cosiddette "macchinate": i giovani che hanno una macchina danno un passaggio agli amici. In Italia si può guidare la macchina solo se si è maggiorenni, se si hanno, cioè, più di diciotto anni d'età. Prima della maggiore età, e in generale per muoversi in città, è diffusissimo l'uso dei motorini e delle moto, che permettono di evitare gli ingorghi del traffico e risolvono il problema del parcheggio, sempre difficile da trovare nei centri storici.

La prima automobile è quasi sempre un regalo dei genitori che spesso premiano così i figli che hanno passato l'esame di maturità. Tuttavia i giovani sono di frequente vittime di incidenti stradali anche mortali, le cosiddette "stragi del sabato sera". Il maggior numero di incidenti stradali che coinvolgono giovani si registra, infatti, durante le notti di sabato, quando molti gruppi di ragazzi e ragazze escono dalle discoteche o dai locali notturni a tarda notte o alle prime luci dell'alba e, pur essendo sotto l'influsso di alcool o droga o comunque troppo stanchi per essere lucidi, si mettono stupidamente alla guida delle loro macchine e finiscono per avere incidenti.

Il fenomeno delle stragi del sabato sera è piuttosto recente anche perché l'abuso di alcool tra i giovani è un problema nuovo in Italia, meno diffuso che nei paesi anglosassoni, e le campagne di sensibilizzazione sono appena cominciate.

http://www.italica.rai.it/principali/lingua/culture/giovani/5_tempolib.htm

4 indurre: richiedere
17 maggiorenne: 18 anni
20 l'ingorgo: file causate da traffico intenso
23 premiare: fare un regalo
25 la strage: *Blutbad*
30 l'alba: molto presto la mattina
32 lucido: sveglio e sobrio
35 l'abuso: *Missbrauch*

Lavoro sul testo

1. Confrontate i risultati della statistica sul tempo libero degli italiani con quello che dice il testo sull'impiego del tempo libero dei giovani italiani.
2. Spiegate con vostre parole cosa sono le cosiddette "stragi del sabato sera"! Informatevi sulla situazione in Germania.
3. Nella foto vedete una campagna di sensibilizzazione. Descrivete la foto e commentatela. Secondo voi, è utile? Avreste un'idea migliore?
4. Elencate i vostri passatempo/hobby preferiti, descrivendo una vostra settimana tipica.
5. Paragonate il vostro modo di passare il tempo libero con quello dei giovani italiani.

Attività creativa

6. Un vostro amico italiano vi viene a trovare in Germania per una settimana. Discutete cosa fare nei pomeriggi o nelle serate. Mettete in scena il vostro dialogo.

Compito di grammatica – Congiunzioni

7. Leggete questo testo e inserite le congiunzioni mancanti:

> affinché – benché – da quando – mentre
> sebbene – siccome

Adolescenti, è Facebook mania; genitori in crisi di ruolo

___ più del 50% dei giovani italiani fra i 12 e i 14 anni ha un profilo su Facebook e usa chat e sistemi di messaggistica i giovani si espongono così sempre di più a "comportamenti a rischio." Se nel 2000 solo il 35% dei giovani possedeva un computer, oggi siamo già al 97%. ___ esiste Youtube l'80% dei ragazzi sostiene di usarlo regolarmente. Ma non è solo Internet ad essere apprezzato dalle giovani generazioni: il 23% degli adolescenti starebbe davanti alla TV per più di tre ore al giorno, ___ i pediatri confermino le influenze negative del consumo TV. Infine crollerebbe la percentuale di adolescenti che si consulta con genitori e insegnanti per prendere decisioni, ___ aumenta il coinvolgimento dei coetanei.
La maggior parte degli adolescenti ha la TV in camera, anche se il picco di ascolti televisivi si registra durante i pasti: questo la dice lunga sul dialogo esistente fra genitori e figli in famiglia.
Molti genitori hanno rinunciato al proprio ruolo genitoriale per poter svolgere un ruolo da amici. Maurizio Tucci della Società italiana di pediatria ha sostenuto al contrario che i figli vogliono le regole ___ possano contrastarle.

testo adattato da http://brainfactor.it/index.php?option=com_content&view=article&id=297:adolescenti-e-facebook-mania-genitori-in-crisi-di-ruolo&catid=23:psicologia-sociale&Itemid=3

1.5 Tutti pazzi per amore

Raccogliete informazioni sull'usanza dei lucchetti d'amore in Italia. Da dove viene originariamente l'usanza?

In italiano

1. Un tuo amico romano ti ha raccontato dell'usanza dei lucchetti a Roma, sul Ponte Milvio e ti chiede se anche in Germania esiste quest'usanza. Riassumigli in italiano l'articolo del *Kölner Stadtanzeiger*.

PAARE

Liebesgrüße auf der Brücke

Von MICHAEL MANN, 08.01.09, 10:38h, aktualisiert 08.01.09, 11:07h

Die Hohenzollernbrücke entwickelt sich zum Wallfahrtsort für junge Paare. Entlang des Brückenzauns hängen Schlösser, auf denen die Namen des Paares eingraviert sind – und es werden täglich mehr. Ein Brauch, den verliebte Pärchen in Rom abgeguckt haben.

INNENSTADT – Köln ist eine Stadt voller Überraschungen. Und wer denkt, hier schon alles gesehen zu haben, wird sich ganz schön wundern, wenn er mal über die Hohenzollernbrücke flaniert. Unsere gute alte Zugbrücke – fast 100 Jahre ist sie alt – hat schon viel miterlebt, aber das was sie jetzt zu sehen bekommt, ist auch für sie neu.

Entlang des Brückenzauns hängen Schlösser. Auf diesen Schlössern stehen Namen mit Datum. Manche sind dazu verziert mit Grüßen oder einfach nur mit Initialen. Ein neuer Trend? Es könnte der Nachfolger des Graffiti-Tags sein, oder der Nachkomme des „Ich war hier"-Satzes, der gerne mit dem Edding auf alle erdenklichen Oberflächen gekritzelt wird – vom Eifelturm bis zu den Gondeln in Venedig.

Beides trifft nicht zu. Bei dem Schlösser-Trend handelt es sich um einen Brauch aus Italien. In Rom befindet sich eine alte Brücke, die Milvische Brücke, die über den Tiber führt. Diese Brücke ist ein regelrechter Wallfahrtsort für verliebte Paare. Dort werden Schlösser, auf denen die Namen des Paares eingraviert sind, an der Brücke fest gekettet und der Schlüssel wird in den Tiber geworfen. Dieser Brauch soll die Haltbarkeit der Liebe unterstützen, frei nach dem Motto „unsere Liebe hält ewig".

Genau diesem Zweck soll auch die Hohenzollernbrücke dienen, und mit jedem Tag mehren sie die Liebeserklärungen. Ein schönes Zeichen sind diese Schlösser, jedoch müssen wir leider auch darüber nachdenken, wie viel Liebe so eine Brücke aushält. In Rom sind es mittlerweile so viele, dass schon eine Lampe unter dem Gewicht der Liebe dran glauben musste.

Es könnte es sich zu einem regelrechten Kult entwickeln, seinen Namen in ein Schloss eingravieren zu lassen um sich damit in Köln zu verewigen. Aus einem Zeichen der Liebe würde somit auch ein Statement für die Zugehörigkeit: Wir binden uns an diese Stadt. Was wäre, wenn es so viele Schlösser werden, dass daraus eine neue Touristenattraktion entsteht? „Besuchen

Sie Köln mit der weniger schönen aber vollbehängten Verewigungsbrücke … und ganz nebenbei dem Kölner Dom", könnte es dann in den Touristenführern heißen. Das wäre eine schöne neue Bereicherung für Köln.
Der Schlösserkult ist zudem allemal interessanter und sieht besser aus als die Edding-Schmiereien. Und noch müssen wir uns keine Gedanken um die Statik der Brücke machen. Sollte es mal zu viel werden, könnten wir sie zusätzlich stützen oder an beiden Seiten Drehkreuze installieren, damit nur eine Gewisse Anzahl von Menschen die Brücke gleichzeitig betritt. Brauchtum fordert eben manchmal Opfer.

Besser noch, wir könnten die Kölner Wirtschaft damit ankurbeln, zumindest ein wenig, indem wir an beiden Zugangsseiten hochoffizielle Gravier-Häuschen errichten. Dort könnte man sich dann sein Schloss kaufen, beschriften lassen und an der Brücke befestigen – gegen Aufpreis vielleicht sogar befestigen lassen. Das schafft direkt noch Arbeitsplätze.
Die Schlösser an der Kölner Brücke sind also ein unterstützenswerter Trend. Und selbst, wenn sie nicht so ausarten, wie wir es uns ausmalen, sind sie auf jedenfall ein Hingucker.

http://www.ksta.de/html/artikel/1231173621519.shtml
Kölner Stadtanzeiger

Attività creativa

2. Secondo un vostro amico italiano, il sindaco di Roma ha ragione a voler togliere tutti i lucchetti sul Ponte Milvio. Secondo voi, invece, è una cosa romantica e credete che ognuno debba avere il diritto di farlo. Discutete i pro e contro dei lucchetti d'amore!

Commento personale

3. I lucchetti d'amore – danno o promozione turistica per una città?

Lucchetti sul ponte di "Hohenzollern" a Colonia

Diventa "virtuale" il ponte dei lucchetti

Lavoro sul testo

4. **Primo ascolto:** riassumete di che cosa si tratta.
5. **Secondo ascolto:** prendete degli appunti per rispondere alle seguenti domade:

   1. Di chi è l'idea?
   2. Quando è venuta l'idea?
   3. Quali sentimenti si possono provare quando si entra nel sito?
   4. Qual è lo scopo di questo portale?
   5. Cosa chiedono a tutti gli innamorati?
   6. Cosa si trova sul "registro ufficiale"?

6. Commentate l'idea scrivendo un breve articolo nel blog.

Commento personale

7. Il mondo virtuale può sostituire il mondo reale? Prendete in considerazione anche social network come Facebook o la lettura di e-books ecc.

2. Problemi dei giovani

2.1 Generazione Mille Euro

Di seguito vi proponiamo un brano dal libro *Generazione Mille Euro*, pubblicato nel dicembre 2005 su Internet dagli italiani Alessandro Rimassa e Antonio Incorvaia. Il romanzo è diventato un libro culto per un'intera generazione di fine ventenni e ha coniato una nuova espressione per un fenomeno non solo italiano ma europeo.

coniare: *prägen*

"Buongiorno Daniele, ci sei solo tu stamattina?"

"Gloria è a prendere il caffè alla macchinetta, mentre Stefania oggi non viene. Ha mandato una mail; è fuori Milano con Mark per una riunione. Credo siano a Roma per quel meeting con le consociate dell'Est."

"Hai visto che casino di sotto?" chiedo a Daniele per vedere che pensa dello sciopero degli stagisti. "Non solo di sotto, ma anche qui in MRW: nel settore commerciale c'è la metà delle persone rispetto al solito, in ufficio comunicazione ci sono solo il manager e l'account: lì tutte e sei le ragazze che fanno pr e press office sono in stage" ci spiega a voce alta Gloria, che nel frattempo cammina verso di noi sorseggiando il suo caffè. "Da noi mancano Marcello e Kim, quindi mi sa che oggi di impaginare presentazioni non se ne parla proprio."

Marcello è il sostituto di Paolo, Kim è una bizzarra giapponesina che lo affianca. Sono entrambi in stage, da cinque mesi: lui, si sa già, non verrà confermato, mentre per Kim si parla al massimo di un possibile contratto in co.co.pro. di altri sei mesi.

"Questa faccenda degli stagisti deve finire: non si può prendere gente che non sa fare niente, spremerla per sei mesi a pieno regime e poi lasciarla a casa e trovare qualcun altro. Ai giovani bisogna insegnarlo, il mestiere" attacca Gloria.

"Guarda che gli stage funzionano così dappertutto! Sei mesi gratis, se ti va di culo altri sei con rimborsi da 3/400 euro e poi ti attacchi. In questo modo, l'azienda ti tiene per un anno praticamente a costo zero, ti fa lavorare come un impiegato normale e alla fine ti sostituisce con il primo che capita..." incalza Daniele, che sembra sapere il fatto suo. "Io di stage ne ho fatti tre: due volte per sei mesi gratis e arrivederci e grazie; la terza, invece, per un anno, con la formula "Prima non ti pago, poi ti do giusto i soldi per prendere il tram e mangiarti un panino". Beh, alla fine dell'anno, quando mancavano dieci giorni alla scadenza dello stage, ho parlato col direttore che mi ha detto che era molto soddisfatto del mio lavoro e che per lui sarei dovuto rimanere. Tempo altri tre giorni e m'ha richiamato raccontandomi che gli dispiaceva tanto ma che l'azienda aveva deciso di prendere, al posto mio e degli altri tre stagisti... quattro nuovi stagisti! Capito com'è la mossa?"

4 **la consociata**: il membro di una società
6 **lo stagista:** *Praktikant*
9 **lo stage:** *Praktikum*; **pr:** pubbliche relazioni
10 **sorseggiare:** bere in piccoli sorsi 11 **impaginare:** *Seite umbrechen*
13 **il sostituto**: *Stellvertreter*
15 **confermare:** *bestätigen*
16 **co.co.pro:** contratto di collaborazione a progetto
17 **la faccenda:** la cosa
18 **spremere**: *auspressen, ausquetschen*
22 **di culo:** di fare tutto quello che è possibile; **il rimborso:** *Aufwandsentschädigung*; **attaccarsi:** restare 24 **sostituire:** *vertreten*
29 **la scadenza:** la fine
34 **la mossa:** *Schachzug*

Sembra un film dell'orrore, ma chi esce dall'università oggi sa bene che è la realtà. La cruda realtà. Ti prospettano lo stage come fosse l'opportunità di una vita ("Il tuo primo contatto col mondo del lavoro"), poi però ti accorgi che nessuno ha la voglia, e magari neanche la capacità, di insegnarti una sega, e che tutti ti trattano come un lavoratore fatto e finito. Salvo non darti un cazzo di niente e accompagnarti alla porta, a fine stage, tra strette di mano e pacche sulle spalle: "Complimenti, sei un ottimo elemento. Siamo davvero soddisfatti del tuo lavoro!" Sì, però chissà perché poi il posto non te lo danno. E anche se te lo danno, per una pura fatalità, è precario.

Precario, precario, precario.

Nessuna garanzia, terrorismo psicologico, ricatti, minacce. Contratti a tempo che si schiantano contro binari morti o, nella migliore delle ipotesi, altri contratti a tempo. Senza poter programmare né il futuro né il presente.

Questo non è precariato di lavoro, questo è precariato sociale. Una spada di Damocle che pende costantemente sulla tua testa, sulle tue ambizioni, sui tuoi progetti.

"I problemi comunque sono parecchi anche per noi, non solo per gli stagisti. Guardate la pensione: non crederete sul serio che lo Stato ci darà mai qualcosa?" riprende Daniele.

"Devi farti una pensione privata, le varie previdenze complementari", risponde Gloria. "Io con la formula Valore al Futuro pago 200 euro al mese e dopo trentacinque anni ho una rendita mensile di 640 euro. Certo, non sarà il massimo, ma ...

da: Antonio Incorvaia e Alessandro Rimassa, *Generazione Mille Euro*
Milano: BUR 2009, (p. 143–145)

NOTA BENE
Nel 2009 è uscito il film *Generazione Mille Euro* diretto da Massimo Venier che è stato tratto dal romanzo di Antonio Incorvaia e Alessandro Rimassa.

39 **una sega:** *qui (volg.):* niente 41 **la stretta di mano:** *Händedruck*; **la pacca sulla spalla:** *Schulterklopfen* 44 **precario:** a tempo determinato 46 **il ricatto:** *Erpressung*; **la minaccia:** *Drohung* 47 **schiantarsi:** rompersi; **il binario morto:** *Abstellgleis*

51 **la spada di Damocle:** *Damoklesschwert*; **pendere:** *hängen*

56 **la previdenza complementare:** *Zusatzversicherung*
58 **la rendita:** *Rente, Rendite, Ertrag*

Lavoro sul testo

1. Di quale problema parla il testo? Riassumetelo in poche frasi.
2. Analizzate la lingua per quanto riguarda
   - la lingua colloquiale
   - la lingua gergale appartenente al mondo del lavoro
   - la lingua figurativa

   Potete citare anche degli esempi.
3. Descrivete il tono che i due autori usano. Che effetto fa sul lettore?
4. Informatevi sulla situazione in Germania e in Europa e confrontatela con la situazione in Italia.

Ricerc@

5. Ultimamente è stata coniata l'espressione "Fuga dei cervelli". Informatevi su questo fenomeno e spiegate che cos'è.

In italiano

6. Un tuo amico italiano deve fare una presentazione sul fenomeno della "Generazione Mille Euro" in altri paesi europei. Ti chiede aiuto e vuole sapere se anche in Germania esiste la "Generazione Mille Euro". Tu gli spieghi che in Germania questo fenomeno si chiama "Generation Praktikum" e gli riassumi un articolo apparso sul giornale tedesco *Die Zeit*.

Generation Praktikum

Es war im Frühling 1998, wir saßen in einem Café in Lyon, alle Erasmus-Studenten, und wir sprachen darüber, was sein würde, wenn unser Studium zu Ende ginge. Wir waren uns sicher, gebraucht zu werden. Wir machten ja alles richtig. Wir studierten rasch, wir lernten Sprachen, wir gingen ins Ausland. Als Letzte der Runde erzählte Letizia aus Padua, was sie von ihrem Leben nach dem Studium erwartete: In Italien, berichtete sie, sei es keinesfalls üblich, gleich einen Job zu bekommen. Stattdessen nehmen die Absolventen dort viele schlecht oder gar nicht bezahlte Praktika an, um, nach ein paar Jahren vielleicht, eine richtige Stelle zu bekommen. Das um einen Bistrotisch versammelte restliche Europa war überrascht und empört. Ich war froh, in ein paar Monaten nach Deutschland zurückzukehren.

Als ich drei Jahre später fertig war mit Studieren, hatte sich auch Deutschland ein wenig italienisiert. Ich habe nachgezählt: Es waren genau 66 Wochen – ein Jahr, drei Monate und zwei Wochen –, die ich nach dem Studium als Praktikant zugebracht habe (und etwa die gleiche Zeit während des Studiums). Nahezu meinem gesamten Bekanntenkreis ging es so, nicht nur den Geisteswissenschaftlern und Architekten, auch denen, die vergleichsweise marktkonforme Studienfächer gewählt hatten: Ingenieuren und Juristen, Wirtschaftswissenschaftlern und Sozialarbeitern.

An und für sich sind Praktika etwas Gutes. Früher hießen sie oft Schnupperpraktika, weil es darum ging, einmal hineinzuriechen in eine Zementfabrik oder eine Werbeagentur, um herauszufinden, ob der Beruf zu einem passt oder nicht. Die Praktikanten heute haben sich längst für einen Beruf entschieden.

Je mehr arbeitslose junge Akademiker es jedoch gibt, desto lieber stellen die Unternehmen Praktikanten ein, die für wenig Geld professionelle Arbeiten verrichten. So ist zwischen Ausbildung und Beruf eine häufig mehrere Jahre währende Dauerpraktikantenschaft getreten. Die Wissenschaft hat diesen Jahren bereits einen Namen gegeben: die *floundering period*. Eine Phase, in der man zappelt wie eine Flunder.

Vor zwei, drei Jahren war in den Zeitungen viel über die „Generation arbeitslos“ zu lesen, von jungen, gut ausgebildeten Menschen, die früh ihren Job verloren. Die Flundermenschen sind anders: Sie wurden nie arbeitslos, weil sie nie einen festen Job hatten. Sie haben daher auch keinen Anspruch auf Arbeitslosengeld oder auf Startgeld für eine Ich-AG.

Wer heute im Internet nach Jobangeboten für Berufsanfänger sucht, der findet dort vor allem Praktikantenstellen. Alleine in den vergangenen vier Wochen wurden auf der Seite Jobpilot 3.320 neue Praktikantenstellen angeboten – und nur 1.560 feste Stellen für Berufsanfänger. In der Praktikantenbörse der Berliner Stadtzeitschrift *zitty* suchen in der aktuellen Ausgabe 24 Firmen einen Praktikanten. Nur vier davon versprechen ein Honorar. Eine Magix AG bot dort vor ein paar Wochen, fast schon gönnerhaft, „mindestens 250 Euro“ – für einen Praktikanten, der gleich ein halbes Jahr bleibt und fähig ist, „selbstständig“ zu arbeiten, er soll die „Online-Präsenz optimieren“. Solche Praktika klingen nicht mehr sehr nach Schnuppern, eher nach Ausbeuten. Aber das gibt natürlich keiner gerne zu.

Matthias Stolz, www.zeit.de/2005/14/Titel_2fPraktikant_14, (31.03.05)

2.2 Storie di precariato in Italia

Lavoro sul testo

1. Ascoltate il testo e provate a capire le idee principali.

il tetto: *Dach*; **la tendopoli:** una città di tende; **incatenarsi:** *sich anketten*; **il provveditorato:** *Oberschulamt*; **la graduatoria:** la lista; **la supplenza:** *Vertretung*; **di ruolo:** avere il posto fisso; **le stime:** *Schätzungen*; **l'incarico:** il compito, il lavoro

2. Decidete a chi si riferiscono le seguenti affermazioni: A Tiziana Gallo (T) o Francesca Pandolci (F) o a nessuna delle due (N).

   a. È sposata.
   b. Ha due figli.
   c. Il marito è poliziotto.
   d. Ha vissuto in Inghilterra.
   e. Guadagna un po' più di 1.000 euro al mese.
   f. Si è separata dal marito e abita adesso con delle amiche.
   g. È insegnante d'inglese delle superiori.
   h. Insegna alle elementari.
   i. Ha una laurea in filosofia.
   l. È contenta di vivere in Italia.
   m. Ha paura del futuro.
   n. È disoccupata.
   o. Ha un lavoro, ma è precario.

Attività creativa

3. Molti giovani laureati decidono di abbandonare l'Italia non trovando un lavoro, la cosiddetta "fuga dei cervelli". Mettete in scena un dialogo fra genitori e figli.

2.3 Mammoni – vivere con i genitori fino a 40 anni

1. Descrivete e commentate la vignetta.
2. Spiegate i motivi per cui una persona adulta decide di abitare con i genitori.
3. Immaginate gli svantaggi di una tale decisione.

"Mamma, ho 38 anni, posso andare da solo."

Vivere con i genitori fino a 40 anni

Secondo l'Istat quasi l'80% degli italiani tra i 18 e i 39 anni vive ancora a casa con i genitori. Alcuni per necessità, altri per pura comodità. Riflettiamo sulla questione.

Vivere in casa coi genitori ben oltre i vent'anni, anche se si ha già un lavoro? È in assoluto la tendenza più diffusa tra i giovani italiani tra i 20 e i 40 anni. Un fenomeno decisamente macroscopico e che ora trova conferma in una accurata

4 **la conferma:** *Bestätigung*

ricerca realizzata dall'Istat in due riprese, nel 2003 e nel 2007, e riportata ieri dal *Corriere della Sera*.

Il campione della ricerca era costituito da 10.000 persone tra i 18 e i 39 anni. Di questi ben oltre la metà, il 72,8% vive ancora con i genitori. Si tratta di una cifra impressionante: vuole dire che un'intera generazione di persone non sta costruendo una propria vita al di fuori della famiglia. O meglio, sta costruendosi una vita appoggiandosi in maniera molto ampia alla famiglia. Cosa che, a ben vedere, non può essere condannata. La maggior parte delle persone che scelgono di restare a vivere con i genitori lo fanno perché non hanno una reale alternativa. Le motivazioni sono principalmente economiche: basti pensare ai prezzi degli affitti e delle case, per non parlare del costo della vita (spesa, bollette ecc.) che aumenta vertiginosamente di anno in anno. A ciò si contrappone la precarietà della situazione lavorativa di molti giovani: stipendi bassi, poche garanzie, lavoro non fisso, sono tutti fattori che sicuramente non lasciano spazio alle condizioni per metter su casa da soli.

Ma queste non sono le uniche motivazioni che spingono molti a restare in casa dei genitori. La realtà è che molti che avrebbero teoricamente la possibilità economica di andar via di casa, in realtà ci restano perché si trovano bene. La realtà è che stanno bene così e non vedono perché dovrebbero cambiare. La famiglia del resto non fa loro pressione perché se ne vadano e tutti vivono felici sotto lo stesso tetto. Al massimo ci si sposta in caso di matrimonio, per metter su una famiglia propria. Ma anche questo al giorno d'oggi avviene sempre più tardi rispetto al passato. Sicuramente la vicinanza dei genitori fa comodo, e le famiglie italiane sono generalmente molto unite, il che non può che essere positivo. Eppure allo stesso tempo dobbiamo fermarci a riflettere sul fatto che restare in famiglia dopo una certa età denota, in alcuni casi, una certa immaturità. È come se non si camminasse mai del tutto con le proprie gambe, se non si prendessero mai del tutto le proprie responsabilità. Questo vale soprattutto per i tanti che restano a casa pur avendo le possibilità economiche per trovare una sistemazione per conto proprio. Insomma, è come se si fosse adulti a metà. C'è chi approfitta di questa situazione e vi si trova a proprio agio, e chi magari invece la subisce non avendo le possibilità materiali per uscirne fuori. Insomma i giovani (e meno giovani) italiani sembrano dibattersi in una condizione di scarsa indipendenza ed emancipazione, alcuni per comodità ed altri per necessità. E vista la crisi economica, un'inversione di tendenza non sembra affatto prossima.

Cosa ne pensate? Anche voi vivete ancora con i vostri genitori, o pensate di andarvene appena ne avrete la possibilità? Dite la vostra nei commenti.

da: Blogmamma.it, www.girlpower.it, di Redazione GirlPower 30.12.2009

5 **riportato:** pubblicato

11 **appoggiarsi:** *sich anlehnen, stützen*

15 **l'affitto:** *Miete*

16 **la bolletta:** *Rechnung*

17 **vertiginosamente** *schwindelerregend*

18 **lo stipendio:** *Gehalt*

26 **spostarsi:** muoversi

28 **avvenire:** succedere

32 **denotare:** significare

33 **l'immaturità:** *Unreife*

36 **la sistemazione:** un posto per vivere 38 **trovarsi all'agio:** trovarsi bene; **subire:** sopportare, accettare

41 **scarso:** poco

Lavoro sul testo

1. Inserite nella tabella i motivi elencati nel testo per cui le persone decidono di abitare con i genitori.

Gesto di necessità	Gesto di comodità
–	–
–	–

2. Aggiungete altri motivi che vi vengono in mente, non menzionati nel testo.

Attività creative

3. Dite la vostra opinione nel blog descrivendo come vedete la situazione in Germania.
4. Mettete in scena:
   a. Tu vuoi trasferirti ma i tuoi genitori non vogliono che tu te ne vada.
   b. Tu non vuoi trasferirti ma i tuoi genitori vogliono che tu te ne vada.

3. Giovani impegnati

3.1 Il giovane esercito dei volontari

Li hanno descritti come privi di passioni e di valori, vittime del consumismo e della solitudine, narcisisti e superficiali. Ma ogni volta che qualcuno tenta di catalogarli, i giovani d'oggi sono subito pronti a stupirci. Ecco un esempio.
Da una ricerca, realizzata da PeopleSWG per conto del Ministero degli Affari Sociali, emerge che il volontariato sta conquistando sempre più giovani. *Le porte del terzo millennio si sono aperte per accogliere un pacifico esercito di volontari che, dal 1998 ad oggi, è passato da 4 a 7 milioni di attivisti.* I giovani hanno imparato a considerare il volontariato come un "bene sociale" e le azioni di altruismo atti di rispetto per sé e per gli altri, capaci di supplire alle carenze dello Stato senza ostacolarne i progetti.
Oggi chi inizia a fare volontariato generalmente non si ferma quasi mai dopo il primo anno, ma continua a lungo: così almeno dichiara il 60% degli intervistati (tutti giovani tra i 15 e i 29 anni). Le ragioni invece che tengono lontani dal mondo organizzato della solidarietà sono soprattutto la mancanza di tempo e la pigrizia, insieme alla *limitata conoscenza delle cosiddette "associazioni no profit"*. Per una minoranza il fatto che il lavoro non è per niente o poco retribuito è un altro motivo per rinunciarci.
Il volontariato rimane comunque un'esperienza solo di *una parte minoritaria* di giovani: la pratica meno del 13% del campione, mentre il 20% l'ha esercitata in passato.

Un annuncio di Medici Senza Frontiere

1 **privo di:** *ohne* 2 **la vittima:** *Opfer* 4 **tentare di:** *versuchen;* 5 **stupire:** *erstaunen* 7 **emergere:** *hervorgehen* 8 **conquistare:** *erobern* 10 **pacifico:** *friedlich;* **l'esercito:** *Heer* 15 **supplire:** *ausgleichen;* **la carenza:** *Mangel* 16 **ostacolare:** *behindern* 21 **la pigrizia:** *Faulheit* 23 **retribuire:** *entlohnen, bezahlen* 24 **rinunciare:** *verzichten* 26 **il campione:** *Stichprobe, Muster* 27 **esercitare:** *ausüben*

La parrocchia è ancora oggi il luogo privilegiato per le esperienze giovanili di solidarietà (per il 32% degli intervistati), che si concentrano prevalentemente nel servizio socio-sanitario. Il 48,5% dei giovani intervistati s'impegna nell'assistenza sociale, il 31,8% in quella sanitaria, mentre il 16,7% pratica attività educative.

Abbastanza scarsa, e con un evidente squilibrio tra *domanda e offerta*, è la partecipazione in settori importanti come l'ambiente e la protezione civile (indicati *rispettivamente* dal 7,6% e dal 6%).

Ben *oltre la metà* dei giovani intervistati ritiene che chi decide di impegnarsi in attività di aiuto sociale lo faccia principalmente per altruismo, più che per curiosità o sotto la spinta della famiglia. Una piccola porzione di ragazzi, soprattutto del Sud e delle isole, ritiene poi che il volontariato sia anche un modo per entrare nel mondo del lavoro.

Annalisa Rossi (Italia&Italia, 4/5 2002)

28 la parrocchia: *Pfarrei*

31 impegnarsi: *sich engagieren*

33 scarso: *knapp, rar;*
lo squilibrio: *Ungleichgewicht*

34 l'ambiente: *Umwelt*

36 ritenere: *erachten*

38 la curiosità: *Neugierde;*
la spinta: *Drängen*

Lavoro sul testo

1. Elencate i motivi per cui molti giovani fanno il volontariato.
2. Spiegate perché non lo fanno.
3. Dove fanno il volontariato? Che tipi di lavoro fanno?
4. Vi piacerebbe fare del volontariato? In quale ambito?

Ricerc@

5. Fate una ricerca sulle possibilità di volontariato che ci sono.

Commento personale

6. Secondo voi, un anno sabbatico/un'esperienza lavorativa all'estero è uno spreco di tempo o un vantaggio per la vostra vita futura? Esponete le vostre idee.

Attività creativa

7. Siccome vi piacerebbe fare del volontariato dopo l'esame di maturità, volete raccogliere un po' di informazioni. Intervistate una persona che ha fatto un'esperienza simile e presentate le informazioni in classe. Se non conoscete nessuno, preparate un'intervista con le domande che vi interesserebbe fare.

3.2 Cinque esperienze di volontariato

Lavoro sul testo

Ascoltate quello che dicono le cinque persone e completate la tabella:

	Età	Città	Che lavoro fa?	Perché lo fa?
Anna	–	–	–	–
Valentina	–	–	–	–
Valerio	–	–	–	–
Carlo	–	–	–	–
Alberta	–	–	–	–

3.3 Padre Pio e i giovani

Informatevi su Padre Pio e San Giovanni Rotondo.

I giovani di padre Pio (parte I)

I mass media non ne parlano mai. Eppure sono proprio loro, i Gruppi di preghiera, che fanno sì che san Pio da Pietrelcina non sia solo un devoto ricordo. Tra loro ci sono moltissimi ragazzi.

Che strano: si apre il terzo millennio, un'era di clamorosi progressi scientifici e tecnologici e il santo che lo simboleggia è un povero fraticello che aveva una fede semplice. Una fede quasi banale nella sua semplicità. Già, perché indubitabilmente è lui, san Pio da Pietrelcina, il santo più significativo di questo nuovo millennio. Un santo che muove masse di fedeli mai viste nei secoli: per la sua beatificazione, il 2 maggio del 1999, Roma ha temuto di essere messa sotto assedio per l'invasione dei suoi devoti, tanto che il sindaco scrisse una lettera ai cittadini della Città eterna consigliando di non uscire da casa o di andare in vacanza così da non creare disagi. Per la canonizzazione sono 300mila le persone alle quali sarà consentito di assistere alla cerimonia – la più vista della storia – in piazza San Pietro. Milioni e milioni, in tutto il mondo, quelli che la seguiranno via radio e tv. Ogni sceneggiato, giornale, libro che parla di lui diventa un caso per i record di ascolti e di vendite. Basta mettere il suo volto in copertina per aumentare la tiratura di un giornale. "È semplice: se parliamo di lui, vendiamo", ci spiega Paolo Occhipinti, direttore del settimanale *Oggi*.
Su Internet, i siti che parlano del frate con le stimmate sono ben 40.500. Un santo per l'era del web? Eppure, la sua era una fede semplice, quasi di altri tempi, fatta di poche cose essenziali: preghiere, messe, rosari (aveva costantemente tra le mani la corona della Madonna). Ed ancora oggi, nel millennio delle scoperte e della "Grande Rete", la fede di questo frate affascina e commuove persone dei cinque continenti. A qualsiasi razza o cultura appartengano.

Il miracolo della preghiera
Ne è esempio una delle più grandi opere di padre Pio, i Gruppi di preghiera. Affascinati dalla fama di prodigi che circonda l'immagine del frate i mass media non ne parlano mai. Eppure, sono proprio loro, i Gruppi di preghiera, che rendono presente, in tutto il mondo, concretamente, padre Pio, e fanno sì che il suo non sia solo un devoto ricordo. E sono loro che hanno contribuito ad innalzarlo alla gloria degli altari.
Una vera task force spirituale. Che in questi anni si è sviluppata sorprendentemente, e continua a crescere. I Gruppi di preghiera voluti da

Fedeli al Santuario di San Giovanni Rotondo

pio: credente
6 **la fede:** *Glaube* 7 **indubitabilmente:** senza dubbi 9 **la beatificazione:** *Seligsprechung*
10 **sotto assedio:** *im Belagerungszustand* 11 **devoto:** credente 13 **il disagio:** il problema; **la canonizzazione:** *Heiligsprechung* 14 **consentito:** permesso 18 **la copertina:** la prima pagina; **la tiratura:** numero dei giornali venduti
21 **le stimmate:** *Stigmata, Wundmale* 23 **il rosario:** *Rosenkranz*

30 **la fama:** *Ruhm*; **il prodigio:** il miracolo

padre Pio erano qualche decina nel 1960, alcune centinaia nel 1980, sono migliaia e migliaia oggi. "Attualmente sono 2.739: 2.332 in Italia e 407 all'estero", dice Fabio Comparato, responsabile del Centro internazionale Gruppi di preghiera, l'organismo che li coordina.

di Stefano Maria Paci, www.30giorni.it

Lavoro sul testo

1. Decidete se le affermazioni sono vere o false. Correggete quelle false.

1. Padre Pio di Pietrelcina è il santo più importante del 21° secolo.
2. Durante la beatificazione di Padre Pio molti romani dovevano lasciare la città.
3. La canonizzazione di Padre Pio ha avuto luogo nel Vaticano.
4. La foto di Padre Pio su giornali e riviste promuove la vendita.
5. Padre Pio è conosciuto solo in Europa.
6. I mass media parlano regolarmente di Padre Pio e dei Gruppi di preghiera.
7. I Gruppi di preghiera sono stati istituiti da Padre Pio nel 1980.
8. Il numero di credenti che si organizzano nei Gruppi di preghiera è cresciuto fino a quasi 3.000 solo in Italia.

2. Analizzate tono e stile dell' autore del testo.

I giovani di padre Pio (parte II)

ebete: stupido; **generare:** sviluppare; **la confidenza:** la fiducia; **la tenerezza:** *Zärtlichkeit*; **scontroso:** *störrisch*; **rude:** duro e risoluto; **la parrocchia:** *Pfarrei*

3. Ascoltate il resto del testo e scegliete la risposta corretta.

1. Nei Gruppi di preghiera ci sono
   a. solo donne vecchie pie e devote.
   b. persone che recitano i rosari in chiesa.
   c. molti giovani da tutto il mondo.
2. Fabio pensa che i Gruppi di preghiera
   a. siano una cosa stupida.
   b. gli abbiano cambiato la vita.
   c. lo abbiano aiutato a trovare lavoro.
3. Per Caterina Padre Pio è
   a. una persona strana, fanatica, scontrosa e rude.
   b. un fenomeno creato dai mass media.
   c. una persona tenera semplicemente innamorato di Cristo.
4. Luca all'inizio non
   a. ci voleva andare perché era un po' scettico.
   b. si è divertito molto ai Gruppi di preghiera.
   c. si è trovato bene perché ci è andato da solo.

4. Spiegate cosa vi dà forza nella vita.

5. Secondo voi, i valori sono importanti oggigiorno? Quali?

6. Immaginate i motivi per cui tanti giovani si organizzano nei Gruppi di preghiera.

7. Come mai Padre Pio è tanto venerato in Italia e nel mondo, secondo voi?

Commento personale

8. Nella società di oggi c'è bisogno ancora della religione?

L'Italia attuale

3

OGGI MI ALZO E SCIOPERO

http://blogg.oggi-mi-alzo.it

BLOGG di protesto +

OGGI MI ALZO, E SCIOPERO

Descrivete le foto. Perché le persone protestano?
Per che cosa si protesta attualmente in Germania?
Contro che cosa protestereste?

1. Un po' di politica

1.1 Identikit ITALIA

Ricerc@

1. Cercate su Internet le seguenti informazioni sull'Italia:

A. Informazioni generali:
1. Nome ufficiale
2. Lingua ufficiale
3. Bandiera
4. Religione
5. Valuta
6. Festa nazionale

B. Geografia:
1. Posizione geografica
2. Paesi confinanti
3. Microstati compresi nel territorio italiano
4. Superficie
5. Ripartizione del territorio
6. Clima
7. Numero degli abitanti
8. Capitale
9. Città più grandi

C. Politica:
1. Forma di stato
2. Parlamento
3. Attuale Presidente della Repubblica
4. Attuale Presidente del Consiglio
5. Attuale Ministro degli Esteri
6. Partiti del governo
7. Partiti dell'opposizione
8. Membro in organizzazioni internazionali
9. Sindacati principali

D. Amministrazione:
1. Numero delle regioni
2. Regioni a statuto speciale
3. Numero di province e comuni

E. Mass Media:
1. Televisione statale
2. Numero di TV private
3. Giornali più grandi

Attività creativa

2. Un amico italiano deve fare una presentazione sulla Germania a scuola e vi chiede aiuto. Voi gli mandate un'e-mail con alcune informazioni di base sulla Germania.

1.2 Storia d'Italia dal 1968 al giorno d'oggi

A seguito del grande boom economico degli anni Cinquanta e Sessanta si assiste in Italia a un significativo processo di rinnovamento e di radicali trasformazioni sia sul piano economico sia su quello sociale; infatti non solo l'economia italiana compie importanti passi in avanti, offrendo alla popolazione condizioni di vita migliori, lavoro, sviluppo e progresso, ma anche la società si evolve e si emancipa, tanto che nel giro di poco tempo si delinea un cambiamento profondo, non sempre facile e condiviso da tutti, ad esempio del ruolo della donna, della famiglia e delle istituzioni in genere.
Sulla base di questi cambiamenti così importanti e anche sull'esempio di altri paesi europei come Francia o Germania, anche nel Bel Paese

scoppia il famoso movimento studentesco, diventato famoso con il nome dell'anno in cui tutto cominciò (1968), *Sessantotto* appunto, con le grandi proteste sociali contro il vecchio, l'antiquato, contro la generazione passata, contro la famiglia, contro lo studio, contro le istituzioni repressive a favore di un nuovo modo di vivere e di sentire più libero e moderno.

Da tanto fermento però può nascere anche l'eccesso e l'estremizzazione, cosa che accade soprattutto in politica, dominata, ad esempio, da forze estreme di destra, *Brigate nere*, come i NAR, o di sinistra, *Brigate rosse*. Il decennio che succede alla grande rivoluzione culturale del Sessantotto è caratterizzato da tanto "piombo", vale a dire dalle armi, dalle pistole, da gesti violenti, da morte e da episodi drammatici, tanto che viene definito proprio come "anni di piombo". La gente comune ha paura, le istituzioni si nascondono chiuse nei loro palazzi e la forza e la violenza hanno il sopravvento con l'intento di sconfiggere il vecchio e creare dalla morte un nuovo mondo e una nuova realtà.

La situazione non migliora nemmeno negli anni Ottanta, definiti "anni di fango" da un famoso giornalista, Indro Montanelli, che così riassume il senso di quel periodo fatto di stragi, quella alla stazione di Bologna per esempio, e azioni di terrorismo con il fine di indebolire la partecipazione politica e di causare il lento declino da parte dei sindacati.

Dopo la caduta del muro di Berlino (1989) qualcosa di nuovo circola nell'aria. Anche in Italia si avverte che la vecchia classe politica corrotta e antiquata sta per "crollare" e grazie al lavoro intenso e al coraggio di diversi uomini di legge c'è la forza di opporsi a *Cosa nostra*, pensiamo a Giovanni Falcone e a Paolo Borsellino, o di avvocati giovani e di bella speranza, come Antonio di Pietro, che fanno crollare le basi della Prima repubblica portando tutti i maggiori capi politici in tribunale con l'obiettivo di "ripulire" con le "Mani pulite" (1992) della legge e delle persone oneste la classe politica italiana. Nel caos politico in cui cade il Paese assumono forza nuovi partiti come Forza Italia con a capo un imprenditore, Silvio Berlusconi, che si pone come alternativa al vecchio sistema. In questa fase, definita *Seconda Repubblica*, si consolida il principio del *bipolarismo* (due partiti che si oppongono) e l'alternanza fra i governi di due schieramenti di destra e di sinistra. Su questa alternanza si basano i diversi governi di inizio secolo, con una chiara altalena fra l'uno e l'altro dopo una cadenza regolare di cinque anni. Lo stesso Berlusconi acquista sempre più potere fino ad assumere l'incarico di Presidente del Consiglio fino a novembre 2011, quando, dopo una serie di scandali e a seguito della profonda crisi economica che attraversa tutta l'Europa, si dimette e il governo del Paese viene affidato a un gruppo di "tecnici", con il compito difficilissimo di salvare l'Italia e gli italiani.

Alessandra Bianchi, Bamberg 20.03.2012

18 **il fermento:** l'agitazione

21 **succedere:** seguire

22 **il piombo:** *Blei*

26 **il sopravvento:** il predominio; **sconfiggere:** lottare contro

29 **il fango:** *Schlamm*

30 **la strage:** l'attentato

32 **il sindacato:** *Gewerkschaft*

35 **crollare:** cadere

46 **lo schieramento:** *Lagerbildung*

48 **l'altalena:** qui: l'alternarsi

52 **dimettersi:** qui: *zurücktreten*

Lavoro sul testo

Completate la linea del tempo con le informazioni tratte dal testo. Aggiungete anche eventi importanti della storia tedesca e confrontateli.

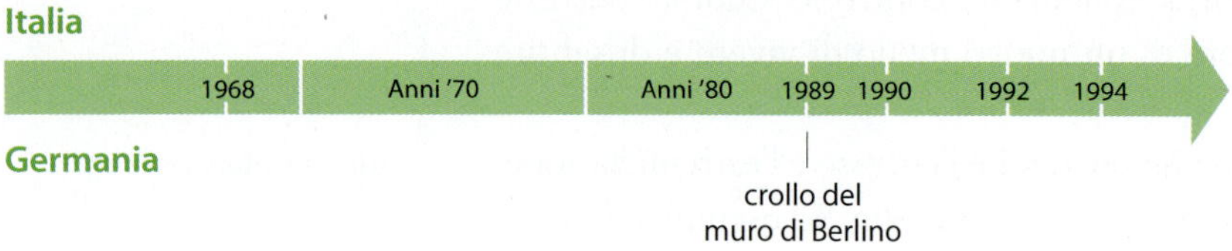

1.3 Il sistema politico italiano

Abbinate la traduzione tedesca alla parola italiana:

1.	il ministro	**a.**	die Partei
2.	il ministero	**b.**	der Ministerpräsident
3.	il referendum	**c.**	der Staatspräsident
4.	il partito	**d.**	das Parlament
5.	la maggioranza	**e.**	der Minister
6.	la minoranza	**f.**	die Mehrheit
7.	l'opposizione	**g.**	die vorgezogenen Wahlen
8.	il Presidente del Consiglio	**h.**	die Regierung
9.	il Presidente della Repubblica	**i.**	die Minderheit
10.	il Senato	**k.**	die Opposition
11.	la Camera dei Deputati	**l.**	das Verfassungsgericht
12.	il parlamento	**m.**	das Ministerium
13.	il governo	**n.**	das Außenministerium
14.	il seggio	**o.**	die Abgeordnetenkammer
15.	le elezioni anticipate	**p.**	die Verabschiedung eines Gesetzes
16.	il collegio elettorale	**q.**	der Senat
17.	l'approvazione di una legge	**r.**	das Innenministerium
18.	il Ministero degli Esteri	**s.**	der Sitz
19.	il Ministero dell'Interno	**t.**	der Wahlkreis
20.	la Corte Costituzionale	**u.**	der Volksentscheid

L'articolo 55 della Costituzione italiana statuisce che il Parlamento italiano si compone di due organi: la Camera dei Deputati ed il Senato della Repubblica, ai quali la Costituzione assegna identici poteri in virtù del principio del bicameralismo paritario.

In sintesi, le Camere hanno principalmente una funzione legislativa (vuol dire che le leggi devono essere approvate da entrambe le Camere) e controllano l'Esecutivo. […]

Il Parlamento, che viene presieduto dal Presidente della Camera dei Deputati, esercita le seguenti funzioni: elezione del Presidente della

2 **comporsi:** *sich zusammensetzen* 3 **assegnare:** distribuire

6 **approvare:** ratificare, accettare

Repubblica, messa in stato d'accusa dello stesso Presidente per i reati di alto tradimento o di attentato alla Costituzione, ricezione del giuramento di fedeltà alla Repubblica e di osservanza della Costituzione da parte del Capo dello Stato e l'elezione di un terzo dei giudici costituzionali.

Il Senato e la Camera, eletti a suffragio universale, diretto e segreto, durano in carica cinque anni, a meno che il Presidente della Repubblica non eserciti il potere di scioglimento anticipato conferitogli dalla Costituzione, per entrambe o anche per una sola delle due. La durata della legislatura è, quindi, identica per entrambe le Camere.

La Camera dei Deputati consiste di 630 deputati, la cui età non può essere inferiore ai 25 anni. Vengono eletti da tutti i cittadini maggiorenni. I 315 senatori elettivi, la cui età non può essere inferiore ai 40 anni, vengono invece eletti dai cittadini che abbiano compiuto il 25° anno di età. Oltre ai componenti elettivi, in Senato siedono gli ex Presidenti della Repubblica quali senatori di diritto e a vita, nonché i senatori a vita, nominati dal Presidente della Repubblica fra i cittadini che abbiano illustrato la Patria per altissimi meriti nel campo sociale, scientifico, artistico o letterario.

da: www.senato.it

10 **l'accusa:** *Anklage*
11 **l'alto tradimento:** *Hochverrat*; **il giuramento di fedeltà:** *Treuegelöbnis*
14 **il suffragio:** *Wahlrecht*
15 **in carica:** *im Amt*
16 **esercitare:** *ausüben*; **lo scioglimento:** *Auflösung*; **conferire:** dare
19 **consistere di:** *bestehen aus*
24 **nonché:** come anche
26 **il merito:** *Verdienst*

presenti: deputati che sono presenti; **votanti:** deputati che hanno votato; **astenuti:** deputati che non hanno votato **favorevoli:** deputati che hanno votato in favore della legge proposta; **contrari:** deputati che hanno votato contro la proposta di legge; **approvata:** la maggioranza dei deputati ha votato per la legge

Il Governo è l'espressione della maggioranza parlamentare, cioè della coalizione di partiti che hanno ottenuto il maggior numero di seggi in Parlamento. […] Il Governo ha il potere esecutivo ed esercita la funzione legislativa, cioè il Parlamento conferisce al Governo il compito di […] emanare le leggi. Al Presidente del Consiglio, che è il capo del governo, la Carta costituzionale conferisce un'autonoma rilevanza, facendone il centro nevralgico dell'intera attività del Governo: egli, infatti, ne dirige la politica generale e ne è il responsabile, mantiene l'unità di indirizzo politico e amministrativo, promuove e coordina l'attività dei Ministri. Il Consiglio dei Ministri riveste un ruolo di assoluto rilievo nell'ambito dell'organo complesso del Governo. Esso è presieduto dal Presidente del Consiglio ed è composto da tutti i Ministri con o senza portafoglio.

da: www.governo.it

29 **il seggio:** il posto
32 **emanare:** *erlassen*
37 **rivestire:** avere; **il rilievo:** l'importanza
39 **il portafoglio:** *qui:* avere soldi a disposizione

Il Presidente della Repubblica è il Capo dello Stato e delle Forze Armate. Lui viene eletto dal Parlamento ogni sette anni. Lui deve essere cittadino italiano e aver compiuto i 50 anni. Il Presidente della Repubblica ha i seguenti poteri: può sciogliere le Camere, nomina il Presidente del Consiglio e i ministri (su proposta del Presidente del Consiglio), promulga le leggi, nomina un terzo dei giudici della Corte Costituzionale e può nominare i senatori a vita. da: www.edscuola.it

40 le Forze Armate: *Heer*

45 promulgare: *erlassen*; la Corte Costituzionale: *Verfassungsgericht*

La Corte Costituzionale, composta da 15 giudici che sono in carica per 12 anni, ha il potere giudiziario. Cinque giudici vengono eletti dal Parlamento, cinque dal Presidente della Repubblica e cinque dalle alte magistrature. La Corte Costituzionale si riunisce nel Palazzo della Consulta, chiamato semplicemente la "Consulta" a Roma. da: www.cortecostituzionale.it

---

Anche gli altri organi politici vengono indicati con il nome del luogo dove hanno sede. Per esempio Palazzo Chigi è la sede del governo e Palazzo Madama è la sede del Senato. Alla Camera dei Deputati viene riferito spesso con il nome Montecitorio (Palazzo di Montecitorio) e il Colle è il Palazzo del Quirinale dove ha sede la Presidenza della Repubblica. La Farnesina indica il Ministero degli Esteri e il Ministero dell'Interno si trova al Viminale.

Lavoro sul testo

1. Conoscete le istituzioni italiane? Ci sono spesso delle crisi di governo in Italia, ma le istituzioni della Repubblica italiana a Roma non cambiano.

Palazzo Montecitorio: sede della — dei —.

Palazzo Madama: sede del —. Insieme formano il —.

Palazzo Chigi: sede del —.

Palazzo del Quirinale: detto anche il — è la —.

2. Copiate questa scheda e completatela con l'aiuto del testo.

Il sistema politico italiano

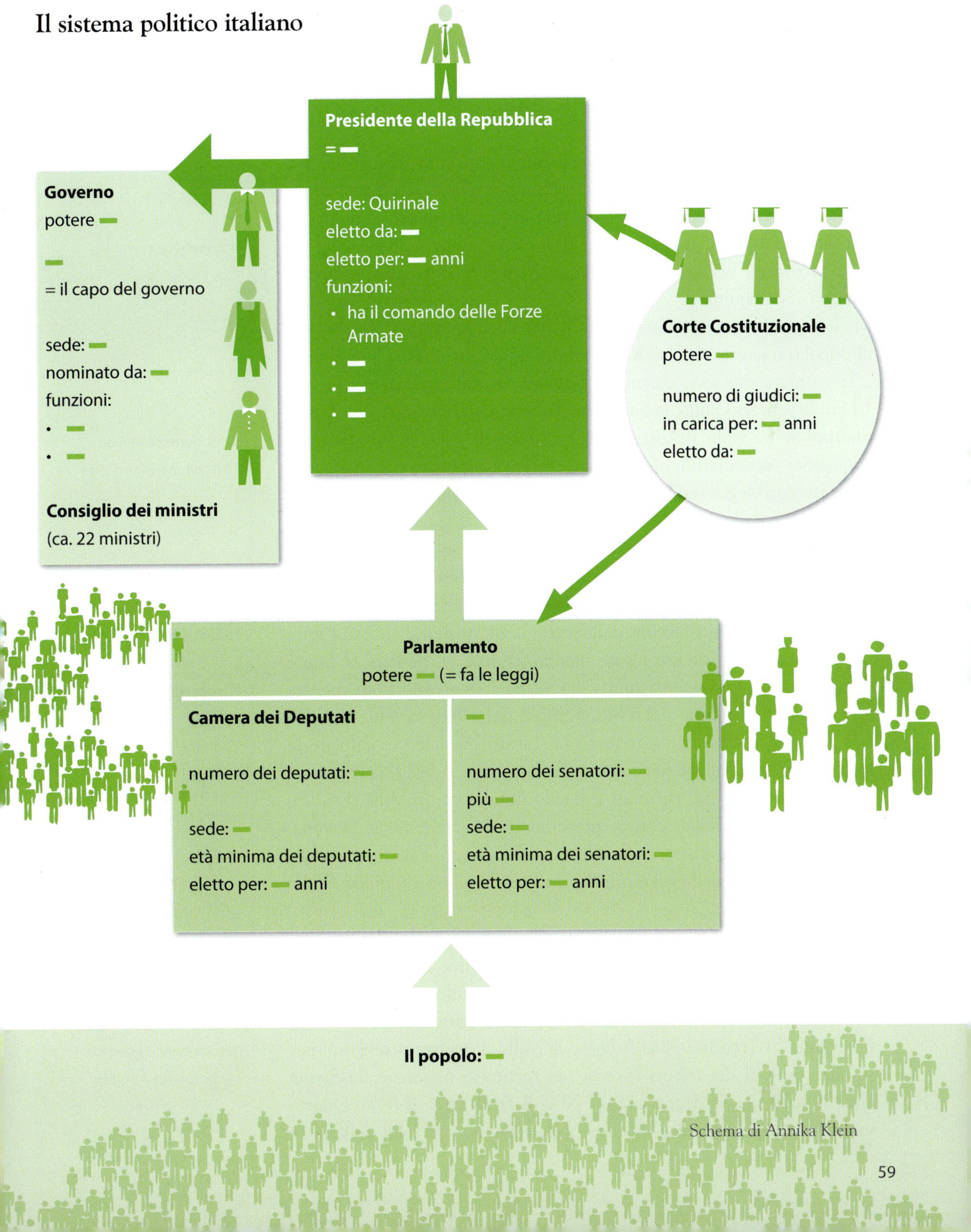

Schema di Annika Klein

Ricerc@

3. Spiegate a un amico italiano come funziona il sistema politico tedesco.

1.4 Le regioni a statuto speciale

L'Italia è uno stato centralizzato, ma l'amministrazione di oltre 300.000 chilometri quadrati e 57 milioni di cittadini non è facile. La Costituzione della Repubblica Italiana prevede una forma di decentramento. Il decentramento dell'amministrazione italiana avviene nelle regioni, nelle province e nei comuni. L'Italia ha 20 regioni, oltre 100 province e più di 8.000 comuni.

Ma le regioni non sono tutte uguali. Oltre alle differenze di territorio e di popolazione esistono anche differenze amministrative. Cinque delle 20 regioni italiane sono chiamate "Regioni a statuto speciale".

"Il Friuli-Venezia Giulia, la Sardegna, la Sicilia, il Trentino-Alto Adige/Südtirol e la Valle d'Aosta/Vallée d'Aoste dispongono di forme e condizioni particolari di autonomia secondo i rispettivi statuti speciali adottati con legge costituzionale." (articolo 116, comma 1 della Costituzione della Repubblica italiana).

Le ragioni del riconoscimento degli statuti speciali sono da ricercare nella storia, nella posizione geografica o nella presenza di minoranze linguistiche. Partiamo dalle due isole: in Sicilia e in Sardegna sono state le tendenze separatiste alla fine della seconda guerra mondiale a suggerire l'opportunità di attribuire forme amministrative particolari. Il primo statuto speciale fu concesso infatti alla Sicilia il 15 maggio 1946, mentre la Sardegna lo ottenne nel 1948. Sempre nel 1948, la Valle d'Aosta e il Trentino-Alto Adige ottennero lo statuto speciale per tutelare le loro minoranze linguistiche, quella tedesca in Alto Adige (la più grande d'Europa con 300.000 persone) e quella francofona in Valle d'Aosta. Il Friuli-Venezia Giulia, con la presenza di una minoranza slovena, ha ottenuto lo statuto speciale solo nel 1963, dopo il riconoscimento allo stato italiano della sovranità su Trieste, da allora capoluogo della regione.

Benché queste regioni si chiamino tutte "a statuto speciale", i livelli di autonomia sono diversi per ciascuna. Cosa vuol dire in pratica essere a statuto speciale? Cerchiamo di capirlo meglio facendo un paio di esempi concreti. Per prima cosa lo statuto speciale garantisce autonomia finanziaria. Il Trentino-Alto Adige e la Valle d'Aosta trattengono per sé circa il 90% dei tributi riscossi nel territorio regionale, la Sicilia circa il 100%, la Sardegna circa il 70%, il Friuli circa il 60%. Questo vuol dire che le regioni a statuto speciale hanno più soldi delle altre

4 **avvenire:** succedere

11 **disporre di:** *verfügen über*

13 **il comma:** *Absatz, Ziffer*

18 **suggerire:** proporre

20 **concedere:** dare

22 **ottenere:** ricevere; **tutelare:** proteggere

23 **la minoranza linguistica:** *sprachl. Minderheit*

33 **trattenere:** *zurückhalten*

34 **riscuotere:** *eintreiben*

15 regioni italiane, ma anche più ambiti da gestire con risorse proprie. La qualità della gestione, in mano alle regioni, dipende naturalmente dalle capacità e dall'onestà dell'amministrazione, per cui ci sono regioni dove il cittadino vive meglio, con servizi più numerosi e funzionanti, altre dove purtroppo la maggiore "ricchezza" viene sperperata e non porta alcun benificio ai cittadini. Nonostante questo, le regioni a statuto speciale sono spesso viste come il "paese del Bengodì", tanto che molti comuni delle regioni confinanti sperano con dei referendum di venire "adottati" dalle "zie ricche".

Non si può dar loro torto. Gli insegnanti a Bolzano hanno l'indennità di bilinguismo, che vuol dire il 30% in più rispetto allo stipendio italiano medio. In Valle d'Aosta tutti i dipendenti pubblici hanno un'indennità di bilinguismo. In Sicilia i dipendenti pubblici prendono un'indennità di presenza di 400 euro solo per andare al lavoro.

In Valle d'Aosta zucchero, birra e liquori sono venduti al netto delle tasse nazionali; inoltre ogni residente ha diritto a 800 litri di benzina all'anno senza tasse. A Trieste i prezzi sono agganciati alla Slovenia e i carburanti scontati. In tutte le regioni a statuto speciale il bollo dell'auto e della moto costa meno perché non c'è la tassa regionale.

Tutto questo sistema, spesso al centro di grosse polemiche, adesso vacilla a causa del disegno di legge sul federalismo fiscale, che al momento si trova ancora all'esame del parlamento. Secondo il ministro della Funzione pubblica, Renato Brunetta, "le ragioni storiche dell'autonomia sono finite. Nessuna regione può essere più speciale di altre". Se questo si rivelerà vero, le regioni a statuto speciale diventeranno solo un bel ricordo.

37 **l'ambito:** *Bereich*; **gestire:** amministrare; **la risorsa:** l'energia, la forza 39 **l'onestà:** *Ehrlichkeit*

41 **sperperare:** sprecare (*verschwenden*)

43 **il paese del Bengodì:** luogo immaginario descritto da Boccaccio nel *Decameron*

44 **confinante:** vicino

46 **dare torto:** *Unrecht geben*; **l'indennità:** *Zuschuss*

48 **il dipendente pubblico:** *Beamter*

52 **le tasse:** *Steuern*; **il residente:** l'abitante

53 **agganciare:** *ankoppeln*

54 **il carburante:** la benzina; **scontato:** a prezzo ridotto; **il bollo:** *Kraftfahrzeugsteuermarke* 56 **vacillare:** schwanken

57 **il disegno di legge:** *Gesetzesentwurf*

La Valle d'Aosta, una regione a statuto speciale

Lavoro sul testo

1. Copiate e completate la tabella.

Nome della regione	Anno in cui fu concesso lo statuto speciale	Motivo	Autonomia finanziaria
Sicilia	–	–	–
Sardegna	–	–	–
Valle d'Aosta	–	–	–
Trentino Alto-Adige	–	–	–
Friuli-Venezia Giulia	–	–	–

2. Spiegate perché queste regioni vengono spesso definite "Paese del Bengodì".
3. Vero o falso? Giustificate la vostra risposta citando il brano relativo dal testo.

   1. Le regioni a statuto speciale sono più ricche delle altre regioni.
   2. La qualità dei servizi e i benefici per gli abitanti delle cinque regioni a statuto speciale sono uguali.
   3. Gli insegnanti di Bolzano guadagnano più degli altri insegnanti perché devono parlare sia tedesco che italiano a scuola.
   4. In Valle d'Aosta ogni residente riceve 800 litri di benzina all'anno gratis.
   5. A Trieste paghi gli stessi prezzi come in Slovenia a causa della vicinanza.
   6. In Sicilia i dipendenti pubblici guadagnano 400 euro al mese di meno se non si presentano al lavoro.
   7. Nel Friuli Venezia-Giulia il bollo dell'auto e della moto costa meno che in Valle d'Aosta.
   8. Molti italiani sono scontenti di quel sistema e lo vogliono vedere cambiato.
   9. Il sistema dello statuto speciale non era mai stato messo in dubbio dalle altre regioni.
   10. È improbabile che il sistema dello statuto speciale sia abolito un giorno.

Attività creativa

4. Immaginate di essere un cittadino di una delle regioni a statuto speciale e siete contrari all'abolizione dello statuto speciale. Elaborate un discorso a tal proposito.

Ricerc@

5. Quiz di politica

   1. L'Italia è uno stato federale, una monarchia o una repubblica?
   2. Fino a quando l'Italia è stata una monarchia?
   3. A quale casa apparteneva l'ultimo Re d'Italia?
   4. Quando è entrata in vigore la costituzione italiana?
   5. In quante regioni è divisa l'Italia?
   6. Quali sono le regioni a statuto speciale?
   7. Cosa significa lo "statuto speciale" per queste regioni?
   8. Come si chiamano le due camere del Parlamento?
   9. Qual è la funzione delle due camere?
   10. Chi è il capo del governo e chi lo nomina?
   11. Chi ha il potere esecutivo in Italia?
   12. Cosa si intende quando si parla del Colle e di Palazzo Chigi?
   13. Quali partiti formano l'attuale governo italiano, chi è all'opposizione?
   14. Che tipo di partito è la Lega Nord?
   15. Quando ha avuto inizio la cosiddetta "Seconda Repubblica"?
   16. Quale scandalo è stato scoperto grazie a "Mani pulite"?

1.5 Lo spettro dei partiti italiani

Ricerc@

1. Cercate su Internet informazioni sui seguenti partiti. Esistono ancora? Quali partiti mancano?
2. Quali sono gli attuali partiti del governo / dell'opposizione?
3. Analizzate e commentate i manifesti riportati.

2. La riforma della scuola

2.1 W la scuola

Attività creativa

Ecco alcune note di un registro di classe di una scuola italiana. Che cosa potrebbero scrivere i vostri professori sul registro?

la nota: *Klassenbucheintrag*

L'alunno B. giustifica l'assenza del giorno precedente scrivendo: "Credevo fosse domenica".

La classe IV D si rifiuta di svolgere il compito di matematica a sorpresa perché non era stata avvisata.

L'alunno D. dopo l'ennesimo ritardo si giustifica dicendo che il tram ha bucato, esibendo inoltre un casco che smentisce l'impiego dei mezzi pubblici. Ritengo ciò un insulto alla mia intelligenza.

I motivi dell'assenza di F. (riordino e ristrutturazione della sua cameretta) sono alquanto discutibili.

Per non essere interrogato in geografia l'alunno B. si finge debilitato da febbre e nausea. È avvistato dal prof F. mentre con caffè e sigaretta scherza nell'atrio con una compagna.

L'alunno G. fa colazione in classe con latte e cereali mentre gli alunni V., S. e G. documentano l'accaduto con dei video telefonini.

L'alunno T. distribuisce vodka in classe a pagamento.

S. e N. belano in classe ogni volta che il professore si gira.

Al suono della campanella la classe fuoriesce dall'aula come una mandria di bufali imbizzariti, travolgendomi e procurandomi una fitta di dolore al costato.

La classe, in assenza del prof di religione, dà fuoco alla cattedra con dell'alcool e all'arrivo del prof l'alunno F. grida: "Benvenuto all'inferno!"

L'alunno C. lancia vermi da pesca vivi addosso alle compagne e ne libera alcuni dentro il cassetto della cattedra.

Non accetto in classe all'inizio della terza ora l'alunno B. perché si è presentato in accappatoio.

Il professore disturba con lo svolgimento della lezione gli alunni A., S., R. e O. mentre giocano a carte.

L'alunna A. rincorre N. con una sedia in mano.

3 a sorpresa: *unangekündigt*
4 avvisare: informare
6 avere bucato: *einen Platten haben*; il casco: *Helm*; smentire: *widerlegen*
7 l'insulto: *Beleidigung*
10 interrogare: *abfragen*; fingere: *vortäuschen*; debilitato: *geschwächt*
11 la nausea: *Übelkeit*; avvistato: visto
13 i cereali: *Müsli*
16 belare: *„Mäh" rufen*
17 la campanella: *Glocke*
18 la mandria di bufali imbizzarriti: *verrückte Büffelherde*; travolgere: *niederrennen*; procurare: causare
19 il costato: *Rippe*
20 la cattedra: *Pult*
22 il verme: *Wurm*
23 il cassetto: *Schublade*
25 l'accappatoio: *Morgenmantel*

da: John Beer (a cura di), *La classe fa la ola mentre spiego*, Milano: Rizzoli 2006

2.2 Le tappe dello studente italiano

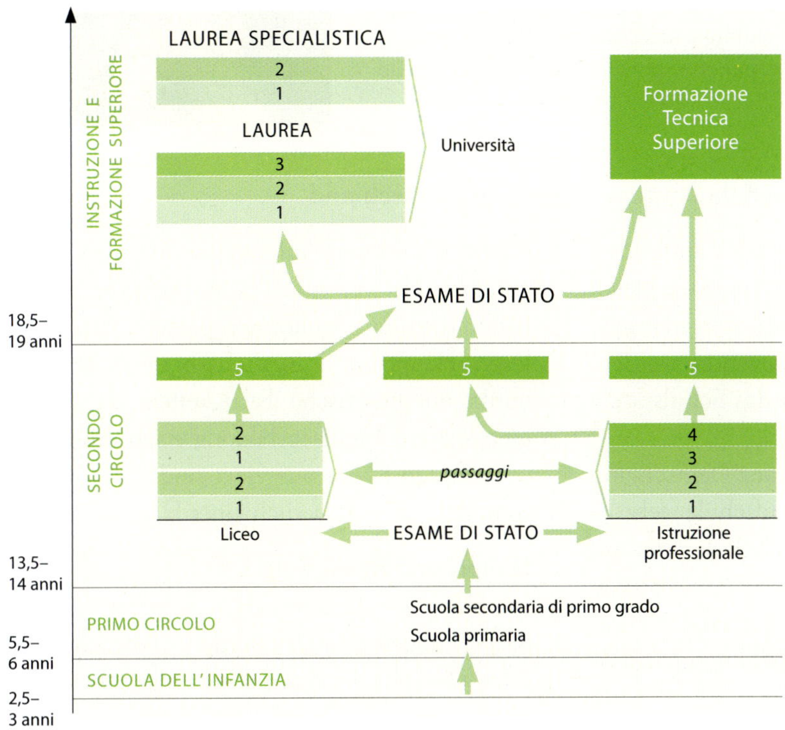

fonte: Ministero dell'Istruzione dell'Università e della Ricerca
http://transalp.lavorosenzafrontiere.org, 01.02.2012

NOTA BENE

Il sistema dei licei

Vengono valorizzati e rinnovati licei tradizionali, antecedenti alla riforma, e ne nascono nuovi.
Tra questi si trovano:

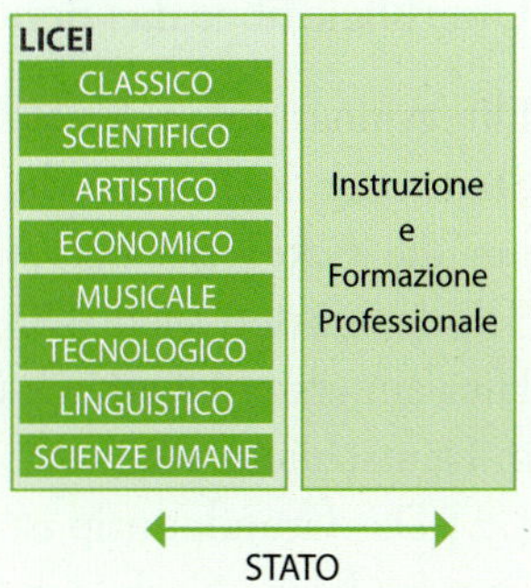

fonte APL –
Area Studi e Ricerche
http://transalp.lavorosenza-frontiere.org 01.04.2010

Lavoro sul testo

1. **Con l'aiuto della tabella cercate di riempire gli spazi vuoti.**

La scuola secondaria del ___ ciclo è articolata in due percorsi: ___ oppure percorso di ___. È possibile il ___ dal liceo all'istruzione professionale o vice versa. A partire dal compimento del quindicesimo anno di età c'è inoltre la possibilità di intraprendere il percorso alternanza scuola-lavoro. Fra i licei vengono valorizzati e rinnovati licei tradizionali, antecedenti alla riforma, e ne nascono nuovi. Tra questi si trovano: il liceo classico, scientifico, artistico, linguistico, economico, musicale, tecnologico, di scienze umane. I licei hanno una durata di ___ anni. L'attività didattica si sviluppa in ___ periodi biennali e un quinto anno che dovrebbe essere "orientativamente" propedeutico alle scelte successive. I licei si concludono con un ___ (corrisponde all'attuale esame di maturità), titolo necessario per l'accesso all'___ e all'Alta Formazione Artistica, Musicale e all'Istruzione e Formazione Tecnica Superiore.

http://transalp.lavorosenzafrontiere.org

1 **il percorso:** *qui:* la possibilità

3 **il compimento:** *Vollendung*

11 **concludersi:** finire/terminare; **l'esame di maturità:** *(attualmente chiamato "esame di stato") Abitur*

In italiano

2. Siete stati invitati a partecipare a una conferenza internazionale sull'educazione con il compito di illustrare il sistema scolastico in Germania. Il seguente testo vi può aiutare a raccogliere qualche spunto. Potete anche inserire le vostre esperienze personali. Correggete quelle false.

Überblick über das deutsche Schulsystem, Lernen in Deutschland

Elitegymnasium in der 50 Kilometer entfernten Stadt oder doch lieber die Gesamtschule gleich um die Ecke? Bei der Auswahl der richtigen Schule müssen viele Dinge beachtet werden. Hier ein erster Überblick über das Schulsystem in Deutschland.

[…] Das Grundprinzip ist in ganz Deutschland immer gleich. Nach der Grundschule geht es entweder zur Haupt- oder Realschule oder auf das Gymnasium. Letzteres zielt auf den späteren Besuch einer Hochschule ab, während Haupt- und Realschule für einen Ausbildungsplatz ausreichen. […]

Startschuss Grundschule

Ab dem sechsten Lebensjahr beginnt die Schulpflicht in Deutschland und der Besuch der Grundschule. Im Normalfall umfasst diese vier Jahre. In einigen Bundesländern schließt sie allerdings auch die fünfte und sechste Klasse ein. In der Grundschule werden erste grundlegende Dinge wie Lesen, Schreiben und die Grundrechenarten vermittelt. Zusätzliche Fächer wie Sachkunde und Musik runden das Programm ab. Im deutschen Schulsystem ist es üblich, in den ersten beiden Schuljahren die Leistungen in Beurteilungszeugnissen zu bewerten. Ab der dritten Klasse gibt es bis zur elften Klasse Noten von Eins bis Sechs, wobei Eins die beste zu erreichende Note ist.

Die richtige Schulform wählen

Ab der vierten bzw. sechsten Klasse sollten sich die Eltern dann einen guten Überblick verschaffen. Denn nun findet eine erste Aufteilung statt. Je nach Leistung werden die Schüler im deutschen Schulsystem auf Gymnasium, Real- oder Hauptschule verteilt. Bis zur zehnten Klasse laufen die drei Schulformen parallel. Allerdings legen Haupt- und Realschule ihren Schwerpunkt auf praktische Fertigkeiten, da sie auf eine spätere Berufsausbildung nach Abschluss der zehnten Klasse ausgelegt sind. Das Gymnasium zielt auf den Besuch einer Hochschule ab.

Haupt- und Realschule

Die Hauptschule kann schon nach der neunten Klasse abgeschlossen werden. Anschließend muss aber ein berufsvorbereitendes Jahr absolviert werden bevor eine Ausbildung begonnen werden kann. Da im deutschen Schulsystem alle Schüler bis 18 schulpflichtig sind, muss neben der Ausbildung eine Berufsschule besucht werden. Während ein guter Realschulabschluss viele Möglichkeiten bietet, einen Ausbildungsplatz zu finden oder sogar ein Fachabitur auf einer weiterführenden Schule zu machen, wird es für Schüler mit Hauptschulabschluss zunehmend schwerer, eine Stelle zu finden.

Vom Gymnasium zur Hochschule

Nach der zehnten Klasse kann im deutschen Schulsystem nach drei weiteren Jahren das Abitur abgelegt werden. Dieser Abschluss bietet die Möglichkeit, sowohl eine Ausbildung, als auch ein Studium an einer Hochschule zu beginnen. Die Leistungen werden in Punkten von Null bis 15 gemessen und es werden bereits hochschulähnliche Lernmethoden angewandt. Die Schüler können außerdem Schwerpunkte bei der Fächerwahl setzen. […]

www.schulratgeber.net

Raccontare la propria scuola

3. Agli alunni della classe II G del Liceo Statale "Democrito" di Roma è stato chiesto di raccontare come vedono la loro scuola. Ascoltate quello che racconta Andrea e decidete se le affermazioni seguenti sono vere o false. Correggete quelle false.

1. Per Andrea non ha senso studiare perché ci sono tanti laureati disoccupati in giro.
2. La mattina Andrea studia normalmente un po' prima di andare a scuola.
3. A scuola Andrea si sente abbastanza tranquillo e rilassato.
4. Secondo Andrea la prof di Latino è molto divertente.
5. Si lamenta che la prof d'Inglese impiega molto tempo per correggere i compiti.
6. Le lezioni durano normalmente tre quarti d'ora.
7. Per Andrea, l'unica cosa bella e importante della scuola sono le ragazze e gli amici.
8. Secondo lui, c'è molta solidarietà fra i compagni di scuola e ci si aiutano a vicenda.

Compito di grammatica – Imperfetto/passato prossimo

4. Ecco un'intervista con Alice, studentessa universitaria di Milano. Inserite le forme del passato prossimo o dell'imperfetto.

Interv.: Ciao Alice, dove ___ (andare) a scuola?

Alice: ___ (frequentare) il liceo classico a Milano. Nel 2009 ___ (dare) l'esame di maturità e adesso studio economia e matematica alla Bocconi di Milano.

Interv.: Se studi matematica immagino che ___ (essere) molto brava in matematica già a scuola.

Alice: No, ai tempi del liceo non ___ (essere) tanto brava, ma la materia mi ___ (interessare) molto. Perciò ___ (decidere) di studiarla. E devo dire che il prof di matematica ___ (sapere) spiegare bene, non ti ___ (fare) mai sentire stupida. Insomma ___ (essere) un tipo molto simpatico.
Mi ricordo una volta in estate, ___ (fare) molto molto caldo, ___ (uscire, noi) e ___ (fare, noi) lezione nel parco. Dopo il prof ci ___ (offrire) anche il gelato e ___ (tornare, noi) a scuola contentissimi. ___ (essere) una delle ultime lezioni prima dell'esame di maturità.

Interv.: Com'___ (essere) il periodo della scuola per te?

Alice: Anche se non ___ (essere) la più brava, mi ___ (piacere) molto andare a scuola. Anche perché ___ (potere) incontrare le mie amiche. Adesso mi mancano tanto perché ognuna ___ (scegliere) un'università diversa e siamo sparse per tutta l'Italia. La mia migliore amica ___ (andare) perfino in Inghilterra a studiare l'inglese. D'altronde devo dire che mi piace frequentare l'università per tutte le libertà e stimoli che ti dà.

Interv.: Grazie dell'intervista e auguri per il futuro.

Attività creative

5. Forse avete già avuto l'occasione di frequentare una scuola italiana durante uno scambio. Che impressioni avete avuto? Che cosa è simile fra la scuola italiana e quella tedesca e cosa è diverso? Scrivete un dialogo fra uno studente italiano e uno tedesco.
6. Un amico italiano vi ha chiesto un parere sulla vostra scuola. Come la giudichereste? Quali sono i lati positivi/negativi? Scrivete un commento nel suo blog.
7. Un vostro amico italiano ha deciso di abbandonare la scuola pochi mesi prima dell'esame di maturità. Voi non siete d'accordo con questa decisione. Cercate di capire i suoi motivi e di convincerlo a continuare. Mettete in scena il dialogo.

2.3 Tre maestri intorno al cor mi son venuti

Forse è bene che io dica perché son venuta su così, con queste idee balzane in testa sulla scuola, la letteratura, la cultura.
Sia chiaro, il perché non lo so. Però … ho avuto tre maestri. Dico nella mia vita scolastica. Tre maestri diversissimi, che hanno, come dire, segnato la mia vita.
Il primo maestro l'ho avuto in seconda e terza media. Era un uomo alto e grosso, pelato. Insegnava lettere. Avrà avuto una cinquantina d'anni. So che era sposato e aveva due figli. Abitava vicino a me e, siccome andava a scuola a piedi, qualche volta lo vedevo dal balcone; lo seguivo con lo sguardo fin che potevo.
Lui faceva così. Entrava in classe, faceva l'appello, compilava il registro, tutto normale, poi … spiegava! Si metteva seduto sulla cattedra, mai sulla sedia. Non aveva il testo davanti, ma lo declamava per aria, guardando in alto o fuori dalla finestra, mai noi. Noi non esistevamo per lui; secondo me non esisteva niente, per lui, al di fuori dei versi che declamava. Ogni tanto smetteva e ci parlava di quel che aveva declamato: faceva ciò che allora si chiamava "il commento". Gli piaceva soprattutto la poesia, in particolare Tasso e Leopardi. Quando spiegava questi due poeti, diventava tutto rosso.
Noi lo guardavamo rapiti. O almeno io. Gli altri non so, non li vedevo. Poi, l'ora finiva e lui si staccava dalla cattedra, raccoglieva le sue cose e usciva dall'aula. Basta. Finito.
Ancora oggi lo vedo così, seduto sulla cattedra, con una gamba penzolante, la giacca un po' scomposta, il viso illuminato.
È stato il mio maestro-emozione.

Il secondo maestro era una donna: la mia insegnante di francese in quarta e quinta ginnasio. Era una donna sui cinquant'anni anche lei, con i capelli con le mèches, lunghi a metà collo. Vestiva molto elegante, con dei tailleur di lana e dei grandi foulard. Si sedeva a un metro dalla cattedra, come se la cattedra non fosse cosa che la riguardasse. Si sedeva accavallando le gambe, e giocava con un lembo del foulard, mentre ci parlava. Non ricordo che abbia mai fatto lezione. Lei entrava, si sedeva, accavallava le gambe e parlava. Ci parlava di libri, di poeti, di Parigi …
Non ci ha mai detto: fate questo, studiate questo, leggete questo. Ma noi, appena lei finiva di parlarci e suonava la campana, correvamo a cercare quei libri e quei poeti di cui lei ci aveva parlato. Erano i libri di Sartre, di Camus, di Gide. Erano poeti come Rimbaud, Verlaine, Mallarmé.
Non ricordo altro di lei. So solo che in quei due anni lessi tutti i libri francesi che potevo. È stata il mio maestro-cultura.

il cor: il cuore
2 **balzano:** strano
5 **segnare:** lasciare un'impronta
7 **pelato:** senza cappelli
11 **fare l'appello:** controllare la presenza; **il registro:** *Klassenbuch* 12 **la cattedra:** *Pult*
13 **declamare:** recitare
20 **rapito:** stregato, catturato
24 **penzolante:** che dondola; **scomposto:** disordinato
28 **le mèches:** *Strähnchen*
29 **il tailleur:** *Kostüm*; **il foulard:** una sciarpa di seta
31 **accavallare le gambe:** incrociare le gambe; **il lembo:** una parte / un angolo

Il terzo maestro era un uomo sempre vestito di blu. È stato il mio insegnante di italiano nel triennio del liceo. Avrà avuto allora una trentina d'anni. Ma appariva senza tempo; non ho mai saputo dargli un'età. Era molto magro. Portava sempre un vestito blu-nero, la camicia bianca e un'esilissima cravatta anch'essa blu-nero. Sembrava avesse anche i capelli dallo stesso blu-nero.
Si sedeva alla cattedra composto. Apriva il libro davanti a sé e faceva lezione. Sorrideva molto quando parlava; aveva un sorriso luminoso, che sembrava venirgli direttamente dall'anima, esaltata per quel che diceva. Muoveva anche un po' le mani, parlando.
Amava soprattutto Dante. Lo aveva studiato una vita, e, da come ne parlava, era chiaro a tutti che avrebbe continuato a studiarlo tutta la vita. Anzi, era chiaro che ogni giorno, dopo la scuola, lui andava a casa e studiava il suo Dante. Ci ha trasmesso che la vita era quello: studiare le proprie passioni, nient'altro. Vivere di quelle passioni.
Non ricordo che svolgesse alcun programma. Né che interrogasse. Chi voleva, faceva, come diceva lui, un "intervento". Lui ascoltava, poi si chinava leggermente sul registro e scriveva, credo, un voto. Mai saputo nessun voto: non li diceva. E noi non ci pensavamo nemmeno di chiedergli che voto avevamo preso. I voti non facevano parte del suo mondo. Niente faceva parte del suo mondo, se non la poesia di cui si occupava.
Ci insegnò l'altezza, e la nobiltà, a cui può arrivare un uomo di studio.
È stato il mio maestro-studio.

da: Paola Mastracola, *La scuola spiegata al mio cane*, Parma: Ugo Guanda Ed.2004

42 il triennio: gli ultimi tre anni del liceo **45 esile:** delicato
47 composto: per bene

54 trasmettere: *nahebringen*

56 svolgere: fare **58 chinarsi:** *sich neigen*

Lavoro sul testo

1. Compilate la tabella con le informazioni tratte dal testo.
2. Analizzate i mezzi stilistici con cui l'autrice riesce a caratterizzare i suoi tre maestri.
3. Spiegate e commente quale dei tre professori (non) vi piacerebbe avere.

Attività creativa

4. Pensando ai vostri tempi di scuola di quali maestri vi ricorderete? Come dev'essere secondo voi il maestro ideale? Quali caratteristiche deve avere? Fate un ritratto.

	Maestro-emozione	Maestro-cultura	Maestro-studio
Età	—	—	—
Aspetto fisico	—	—	—
Comportamento in classe	—	—	—
Classe	—	—	—
Materia che insegnava	—	—	—
Cos'altro insegnava?/ Perché l'autrice si ricorda di questo maestro?	—	—	—

3. Gli italiani e l'ambiente

Descrivete e commentate le immagini.

"Collezione estate 2009/3009", una pubblicità del Ministerio dell'Ambiente e della tutela del territorio e del mare

3.1 Ambiente: i promossi e i bocciati

Lavoro sul testo

1. Abbinate i testi alle foto.

I PROMOSSI

a

b

c

d

e

I BOCCIATI

a

b

c

d

e

1 "Sono la soluzione ai problemi di traffico nelle città" spiega Mirko Laurenti di Legambiente. "Secondo i nostri dati, l'anno scorso la pagella migliore l'ha avuta Bari: qui i passeggeri sono cresciuti del 12% in un anno.

2 "Nell'ultimo anno, le corsie per le biciclette nelle nostre città sono cresciute del 18%" dice Mirko Laurenti. "La medaglia d'oro va al Comune di Modena, con 104 km di piste riservate alle due ruote."

3 Lo sapevate? L'Italia è il terzo produttore di energia eolica in Europa. "E vanta il primo impianto che dà energia a un intero paese", dice Maurizio Sebastiani dell'associazione Italia Nostra. "È Orune, in provincia di Nuoro, in Sardegna."

4 Rappresentano il 10% del territorio nazionale. "Sono il nostro vanto: tre milioni di ettari di parchi e riserve intoccabili dall'uomo dal Gran Paradiso al Parco dei Monti Sibillini" dice Stefano Ciafani di Legambiente.

5 Sono anni che tra gli italiani e il biologico è scoppiato l'amore. "E oggi raccogliamo i 'frutti': nessuno al mondo ci batte nella produzione di cibi naturali" dice Maurizio Sebastiani, "così come nell'offerta di agriturismi."

6 "Tra il 1999 e il 2001 sono bruciati 500 mila ettari di terreno in tutta l'Italia" dice Stefano Ciafani di Legambiente. "La scorsa estate abbiamo perso un territorio pari alla Sardegna. Bisogna fare di più e inasprire le pene contro i piromani.

7 "In questo campo abbiamo superato il primato negativo di 30mila costruzioni. In Campania una casa su quattro è abusiva" dice Stefano Ciafani. "Le cause? Troppi 'ecofurbi'. È la criminalità organizzata, che fa affari milionari."

8 Le emissioni di sostanze nocive in città sono salite in un anno del 20%. "La situazione è grave" dice Sebastiani di Italia Nostra. "Nessuna città rispetta i limiti fissati dal Protocollo di Kyoto, che regola l'emissione dei gas serra."

9 Ce ne sono cinque mila abusive. E non si contano le aziende senza depuratori. "Questi sono i reati denunciati, figuriamoci quelli non accertati" dice Stefano Ciafani. Servirebbe più collaborazione tra le forze dell'ordine e gli ambientalisti."

10 È un dato curioso: in Italia produciamo più rifiuti che ricchezza. La quantità degli scarti cresce più velocemente del Pil, il prodotto interno lordo. "Purtroppo la raccolta differenziata" dice Ciafani "è organizzata ancora da pochi Comuni". da: Donna Moderna 04/2009

3 **la pagella:** *Zeugnis*

5 **la corsia:** *Fahrstreifen, Spur*

9 **vantare:** *sich rühmen*; **l'impianto:** *Anlage*

17 **raccogliere:** *aufsammeln*

23 **inasprire:** rendere più duro; **la pena:** *Strafe*

24 **il primato:** il primo posto

26 **furbo:** *schlau*

32 **abusivo:** contro la legge

33 **il reato:** *Straftat*; **denunciare:** *anzeigen*

35 **le forze dell'ordine:** la polizia

37 **gli scarti:** le immondizie; **il Pil:** *Bruttoinlandsprodukt*

Lavoro sul testo

2. Analizzate il titolo: cosa vuol dire in questo contesto promosso o bocciato?
3. Cercate di aggiungere altri esempi che riguardano la vostra città o il vostro paese.
4. Abbinate la parafrasi alla parola italiana:

1. l'ambiente	a. energia prodotta dal vento
2. l'ambientalista	b. luogo dove si possono buttare i rifiuti
3. il mezzo pubblico	c. inquinamento dell'aria causato dal traffico
4. la pista ciclabile	d. luogo per trascorrere vacanze ecologiche
5. l'energia eolica	e. la natura che ci circonda
6. l'area protetta	f. macchina/filtro che elimina sostanze nocive
7. il coltivatore biologico	g. persona che dà fuoco nei boschi
8. l'agriturismo	h. una parco nazionale o una riserva marina
9. l'incendio	i. le corsie per le biciclette
10. il piromane	k. persona che vuole proteggere l'ambiente
11. l'abusivismo	l. quando si dà fuoco a qc che poi brucia
12. l'ecomostro	m. persona che coltiva cibo biologico
13. lo smog	n. cassonetti per carta, vetro e plastica
14. l'emissione di sostanze nocive	o. costruire case senza permesso
15. il gas serra / l'effetto serra	p. le immondizie, tutto quello che si butta via
16. la discarica	q. quando si sporca l'acqua, l'aria e il terreno
17. il depuratore	r. calore del sole provoca aumento di temperatura
18. i rifiuti	s. per esempio: bus, tram, treno
19. la raccolta differenziata	t. emissione di sostanze che danneggiano l'aria
20. l'inquinamento	u. costruzione di case in una zona protetta

Puliamo il Mondo

LEGAMBIENTE

NOTA BENE

Legambiente è l'associazione ambientalista più diffusa in Italia: dalle Alpi a Lampedusa sono oltre 1000 i circoli locali e 20 i comitati regionali che quotidianamente si occupano del proprio territorio. Legambiente lotta contro l'abusivismo edilizio con risultati concreti come l'abbattimento di ecomostri, svolge attività di denuncia nei confronti di progetti e problemi che costituiscono una minaccia per l'ambiente e ha smascherato per prima le azioni criminali delle ecomafie (coniando il termine) così contrastando tutte le forme di illegalità ambientale. Promuove la pace, la solidarietà e la cooperazione allo sviluppo, è attiva nella protezione civile, pubblica dossier e rapporti sullo stato dell'ambiente in Italia, denunciandone le incompatibilità, facendo classifiche e suggerendo azioni concrete.

www.legambiente.it

1 **Lampedusa:** isola siciliana;
3 **l'abusivismo edilizio:** *nicht genehmigte Bautätigkeit*
4 **l'abbattimento:** la distruzione; **la denuncia:** *Anzeige*
5 **la minaccia:** *Bedrohung*; **smascherare:** scoprire
6 **coniare:** *prägen*
7 **promuovere:** *fördern*

Ricerc@

5. Volete conoscere le iniziative "verdi" di Legambiente? Raccogliete informazioni su uno di questi progetti e presentatelo in classe.

Treno Verde · Imbrocchiamola · L'Italia non è in vendita · Operazione Mal'Aria · No Ecomafia Tour · Non scherzate col fuoco · Nontiscordardimé · Spiagge e Fondali Puliti · Ridurre si può · La Festa dell'Albero · Salvalarte · 100 strade per giocare

3.2 Iniziative pro-ambiente

Lavoro sul testo

1. Ecco alcune iniziative per far ricordare a tutti di rispettare l'ambiente. Spiegate quale vi piace di più. Qual è la più importante/effettiva, secondo voi? Qual è lo scopo?

Giornata mondiale dell'acqua – proclamata nel 1993 dall'Associazione delle Nazioni Unite, ogni anno il 22 marzo si celebra la Giornata Mondiale dell'Acqua: perché la carenza di acqua è una emergenza mondiale e in alcune aree del pianeta è una vera e propria catastrofe. (www.legambiente.eu)

BIODOMENICA – è la giornata nazionale dell'agricoltura e dell'alimentazione biologica organizzata da Legambiente. L'occasione per promuovere il consumo di prodotti sicuri e di qualità, legati al territorio, alla sua cultura e alle sue tradizioni. Verranno allestiti banchetti nelle piazze delle maggiori città italiane dove tutti i visitatori potranno assaggiare ed apprezzare i prodotti. (www.legambiente.eu)

Riciclonda – è una regata per barche costruite in materiale riciclato. È nata a Ravenna nel 2005 ed ha avuto un grande successo. (I come Italia)

DOMENICA SENZA AUTO – il 31 gennaio 2010 c'è stata la domenica senza auto a Milano. Alle ore 18 si è concluso il blocco totale del traffico deciso dal Comune di Milano per ridurre le emissioni di Pm10 con 700 multe in otto ore. Il vice sindaco ringrazia i cittadini milanesi che hanno rispettato il divieto di circolazione e si sono goduti la città a piedi o in bicicletta. (ilsole24ore.com)

Aperitivo verde – Si tratta di momenti conviviali a cui vengono associate dimostrazioni su argomenti ecologici. L'aperitivo verde in Italia è nato nel 2006 e lo scopo è di far crescere l'interesse per queste tematiche, contaminare le vite ordinarie con l'amore per l'ecologia. (www.stopthefever.org/adesso 3/2010)

3 **la carenza:** la mancanza
7 **l'alimentazione:** *Nahrung*
8 **promuovere:** *fördern*
11 **assaggiare:** *probieren, kosten*; **apprezzare:** valorizzare
13 **riciclato:** *recycelt*
16 **le emissioni:** *Ausstoß*
17 **la multa:** *Strafzettel*
18 **il divieto:** *Verbot*; **godersi:** *genießen*
21 **conviviale:** passato in compagnia
23 **lo scopo:** *Zweck*; **contaminare:** *anstecken*

Attività creativa

2. La vostra scuola vuole organizzare una giornata "Pro Ambiente". Volete partecipare anche voi e, a tal fine, elaborate una proposta adeguata. Inventate anche un logo e uno slogan per presentare la vostra idea.

3.3 Le cause del cambiamento climatico in Italia

La causa del paventato mutamento del clima in Italia è da attribuirsi all'effetto serra provocato dall'inquinamento antropico. I maggiori produttori di inquinanti sono soprattutto le grandi fabbriche, seguiti dalle emissioni dei mezzi di trasporto su gomma (autobus, automobili, motorini, mezzi agricoli ecc.). Dalle loro emissioni fuoriescono gas letali, responsabili della formazione di una cappa di smog sopra le grandi metropoli italiane situate in zone poco o scarsamente ventilate (la conca di Firenze, la Pianura Padana, soprattutto Torino, Milano, Bologna). In alcuni giorni con calme di vento la cappa di smog si forma anche sulle città rivierasche come Napoli, Bari e Palermo. Contribuiscono alla formazione delle cappe di inquinanti anche i fumi provenienti dai comignoli domestici, dalle caldaie.

Il Protocollo di Kyoto, firmato nel 1997, con scadenza nel 2012, a cui ha aderito anche l'Italia, sancisce che entro e non oltre il 2012 bisogna ridurre globalmente del 5,2% le emissioni di CO2 nell'atmosfera, rispetto ai valori del 1990. L'Italia non sta attuando le norme del Protocollo, infatti, dagli ultimi rilevamenti effettuati, sembra che le emissioni di CO2 siano triplicate anziché diminuite.

Fra le tante cause che stanno contribuendo ad incrementare l'effetto serra vi sono pure da annoverare la deforestazione e gli incendi boschivi dolosi (cioè che si sviluppano per mano umana). Quando si appiccano incendi nei boschi, il denso fumo nero che fuoriesce presenta grosse quantità di carbonio che si libera nell'atmosfera incrementando sempre di più il Global Warming. In Italia la situazione dal fronte dell'inquinamento è molto grave, sono aumentate le automobili, e di conseguenza è aumentato il livello delle polveri sottili e aerosol inquinanti.

Nelle grandi città del Centro Nord Italia molti comuni hanno istituito le domeniche ecologiche, ma il problema dello smog è ancora irrisolto, così si è dovuto ricorrere al blocco del traffico nei centri urbani (a Milano è stato istituito l'Ecopass, cioè un permesso speciale a pagamento che consente l'entrata di auto ecologiche nel centro della città), molte città hanno istituito le "isole pedonali", ma i livelli inquinanti sono ancora molto elevati.

L'inquinamento atmosferico è uno dei grandi dilemmi del nostro secolo, si può frenare il Global Warming, ma indietro non si può ritornare. A proposito dell'Italia, si sta riproponendo il ritorno del nucleare, poiché le centrali nucleari non emettono anidride carbonica. Ma il rovescio della medaglia: in caso di incidente (come avvenne a Chernobyl il 26/04/1985), le radiazioni quali conseguenze avranno sugli ecosistemi e sulla vita umana? Se da un lato verrebbero a crearsi nuovi posti di lavoro,

1 **paventare:** temere
2 **l'effetto serra:** *Treibhauseffekt;* **l'inquinamento:** *Umweltverschmutzung;* **antropico:** dell'uomo 4 **le emissioni:** *Abgase*
6 **letale:** mortale
7 **la conca:** *Mulde*
8 **la Pianura Padana:** *Poebene*

12 **il comignolo:** *Schornstein;* **la caldaia:** *Heizkessel*
13 **la scadenza:** la fine
14 **aderire:** accettare; **sancire:** confermare
16 **attuare:** eseguire

19 **incrementare:** aumentare
20 **la deforestazione:** *Abholzung;* **l'incendio boschivo doloso:** *Waldbrandstiftung*
21 **appiccarsi:** accendere
23 **il carbonio:** *Kohlenstoff*

28 **irrisolto:** *ungelöst*

33 **elevato:** alto

35 **frenare:** *bremsen*
36 **riproporre:** *wieder vorschlagen / ins Spiel bringen*
37 **emettere:** *ausstoßen;* **l'anidride carbonica:** *Kohlendioxyd*

quindi più guadagni e più profitti, in caso di guasto con fuoriuscita di nubi radioattive, cosa succederà?

10.11.2009 Dott. Marco Molinaro www.meteoscienze.it

41 **il guasto:** *Störfall*
42 **le nubi:** le nuvole

Lavoro sul testo

1. Completate le frasi.

1. Le grandi fabbriche e i mezzi di trasporto emettono ___ e formano così ___.
2. A volte anche nelle città vicino al mare c'è lo smog quando ___.
3. Nel 1997 l'Italia ha ___.
4. Entro il 2012 le ___ di CO2 devono ___.
5. In Italia però le emissioni ___.
6. Altre cause per l'aumento dell'effetto serra sono ___.
7. Il fumo nero degli incendi di bosco è responsabile del ___.
8. In Italia ci sono polveri sottili e aerosol nell'aria perché ___.
9. Istituendo le domeniche ecologiche molti comuni ___.
10. Milano ha introdotto un Ecopass il che significa ___.
11. In Italia si sta discutendo se ___.
12. Il lato positivo sarebbe ___, però il lato negativo ___.

2. Descrivete i problemi ambientali di cui si discute attualmente in Germania.

3.4 Ecomostri: una campagna di denuncia collettiva

Cos'è, secondo voi, un "ecomostro"? Informatevi.

Dall'inizio di ottobre Ecoradio, Repubblica.it e Legambiente hanno dato il via ad una campagna collettiva di denuncia dei cosiddetti "ecomostri". Si tratta di scempi edilizi costruiti in aree paesaggisticamente rilevanti, di abusi edilizi in corso oppure arrestati ed abbandonati, di cementificazioni dannose per l'uomo e per la natura!

Da notare il cambiamento di colore della chioma del pino secolare, ormai secco, come conseguenza della costruzione dei garage sotterranei. C'è da rilevare che la gente ha aderito molto attivamente a questa iniziativa, chiamata "Hai visto un ecomostro?", pronta e motivata nel voler "fare qualcosa" per il proprio territorio, agire nei confronti di situazioni in stallo da anni o decenni, ma anche di abusivismi che stanno nascendo ora. È questa una piaga che affligge da molto tempo il nostro "bel paese".

Sono tanti i casi in cui le compagnie edilizie, protette da forze politiche di rilievo, danno vita in modo rapido e silente a questi mostri di ferro e cemento. Riuscire a tirarli giù non è affatto facile, perché bisogna

2 **la denuncia:** *Anzeige*
3 **lo scempio:** *Verunstaltung*; **edilizio:** *Bau-, baulich*
4 **l'abuso:** *Missbrauch*
5 **dannoso:** *schädlich*
6 **la chioma:** *Baumkrone*; **secolare:** ha più di cento anni
8 **aderire:** partecipare
12 **la piaga:** *Plage*; **affliggere:** colpire, riguardare
15 **il ferro:** *Eisen*

combattere contro i lunghi processi giudiziari, che se riescono ad emettere una sentenza definitiva è già una grande vittoria. E così scorre il tempo, i palazzi fatiscenti si logorano, si verificano crolli e magari la gente inizia a temere per la propria incolumità passando nei pressi di queste strutture che talvolta sorgono nel bel mezzo dei centri abitati.
Il caso più eclatante e recente è quello di Punta Perotti, a Bari: un complesso edile di quattro palazzi con almeno tredici piani ognuno, sorto nel 1995 ad appena 300 metri dal mare.
Il suo impatto visivo sul lungomare barese era così imponente tanto da farlo definire la "saracinesca di Bari". Ebbene, si, ERA! Nell'aprile del 2006 è stato fatto saltare e, anche se la città si è riempita di polvere, i 300 mila metri cubi di cemento abbattuti hanno lasciato respirare la gente finalmente soddisfatta per questa azione!
Un gran bel lieto fine che dimostra come, nonostante mille difficoltà, si possano raggiungere gli effetti auspicati.
La speranza di questa campagna è innanzi tutto di dare una voce di protesta al silenzioso abusivismo italiano, e, magari, spronare le autorità competenti e i soggetti interessati a prendere i provvedimenti necessari.
È importante far sentire la propria voce ed esercitare il diritto alla partecipazione in quanto cittadini. Per questo cerchiamo di utilizzare questo strumento per "abbattere" anche i nostri ecomostri!

http://angela83.wordpress.com/2008/10/27/
ecomostri-una-campagna-di-denuncia-collettiva

17 **combattere:** *kämpfen*
18 **la sentenza:** *Urteilsspruch*
19 **fatiscente:** *baufällig;* **logorarsi:** *sich abnutzen, zerrütten* 20 **l'incolumità:** *Unversehrtheit*

24 **sorto:** eretto

26 **la saracinesca:** *Rolladen*

31 **auspicato:** desiderato
33 **spronare:** incoraggiare
34 **il provvedimento:** la misura

Ecomostro di Punta Perotti (BA) prima dell'aprile 2006

La chioma del pino prima e dop
costruzione dei garage sotterrai

Lavoro sul testo

1. Date una breve definizione della parola "ecomostro".
2. Spiegate in che cosa consiste l'iniziativa di Ecoradio, Legambiente e Repubblica.it.
3. Descrivete il caso di Punta Perotti.

Ricerc@

4. Ci sono anche ecomostri nella tua città / nel tuo paese? Presentatene uno in classe.

Attività creative

5. Quest'estate hai passato le vacanze al mare in Italia e proprio sulla riva del mare stanno costruendo un grandissimo complesso alberghiero, alto otto piani, con supermercati, casinò, ristoranti ecc. che ostacolano la bella vista sul mare. Tu non riesci a capire come si possa permettere una cosa del genere e scrivi in proposito una lettera di protesta al sindaco della città.

6. Fate un gioco di ruolo in quattro. Distribuite i seguenti ruoli e cercate argomenti per la vostra posizione (pro o contro).
   – Residente a cui non piace la nuova costruzione.
   + Sindaco che vuole promuovere il turismo nella sua città e ha dato il permesso alla costruzione.
   – Turista a cui dà fastidio il nuovo complesso.
   + Proprietario del nuovo complesso alberghiero.

3.5 Energia nucleare – no grazie!

In italiano

1. Visto che in Italia le centrali nucleari non esistono più da anni, i vostri amici italiani che studiano il tedesco si interessano della problematica in Germania. Vogliono anche sapere cosa significa "Öko-Macke". Spiegateglielo e riassumete i punti importanti della seguente intervista in italiano.

Haben die Deutschen eine Öko-Macke?

Unter dem Titel ***Perspektiven*** *veröffentlicht die Sächsische Zeitung kontroverse Essays, Kommentare und Analysen zu aktuellen Themen. Texte, die aus der ganz persönlichen Sicht des Autors Denkanstöße geben, zur Diskussion anregen sollen. Heute: Der Wissenschaftler Udo Kukartz im SZ-Interview über die derzeit besonders AKW-kritische Stimmung in Deutschland. Ist die Ablehnung überraschend und irrational? Nein – es ist das ausgeprägte Bedürfnis nach politischer Mitentscheidung.*

▶ Die Katastrophe von Fukushima hat in Deutschland eine neue Debatte über den schnellen Atomausstieg ausgelöst. In den meisten anderen Ländern, die ebenfalls AKW betreiben, scheint das nicht so zu sein. Reagieren die Deutschen sensibler als andere Nationen?

Die aktuelle atomkritische Stimmung in Deutschland hat einen langen Vorlauf. Der Anteil der Menschen, die die Atomkraft ablehnen, war hierzulande schon immer größer als beispielsweise in Frankreich. Im vergangenen Jahr plädierten gut 30 Prozent der Deutschen für einen schnelleren Ausstieg als ihn Rot-Grün beschlossen hatte. Nur zehn Prozent wollten die Kraftwerke länger laufen lassen.

▶ Keine andere Regierung hat von einem Tag auf den anderen ein Drittel der AKW abschalten lassen. Trug Kanzlerin Merkel damit den besonderen Sorgen der Deutschen Rechnung?

Zu spät – diese Stimmung hätte die Kanzlerin bereits 2010 kennen können, als sie die Laufzeit der AKW verlängerte. Nur ein sehr kleiner Teil der Bevölkerung stand hinter dieser höchst riskanten Abkehr vom rot-grünen Atomausstieg. Denn auch die konservative Klientel – mit Ausnahme der FDP – ist seit Langem von grünem Gedankengut durchdrungen. Das Umweltbewusstsein der Deutschen kommt mir vor wie ein schlafender Bär. Man muss ihn nur anstoßen, dann wacht er auf und brummt.

▶ Am 26. April jährt sich zum 25. Mal der Unfall im AKW Tschernobyl. Waren die Deutschen auch damals schon aufgeregter als beispielsweise die Polen, Österreicher oder Schweden?

Das war auch vor 25 Jahren schon so. Damals stand die Umwelt in der Hierarchie der Sorgen auf Platz Nummer Eins – vor Arbeitslosigkeit und allen anderen Fragen. Erst durch den Fall der Mauer änderte sich diese Reihenfolge wieder.

▶ Saurer Regen, Waldsterben, Mülltrennung, Atom – hierzulande wurden in den vergangenen Jahrzehnten große Debatten über Umweltprobleme geführt. Haben sich die Deutschen um diese Themen früher gekümmert als die Menschen in anderen Ländern?
Im europäischen Vergleich ja. Aber die Umweltbewegung in den USA ist älter als die deutsche. In Amerika begann die Debatte schon 1962 mit dem Buch Silent Spring, in dem Rachel Carson den Einsatz von Insektenvernichtungsmitteln anprangerte. Das Thema gewann dort schnell an Dynamik, weil viele, auch konservative US-Bürger im Naturschutz aktiv waren.

▶ Welches war das treibende Motiv, als in den 1970er-Jahren die deutsche Öko-Bewegung entstand?
Anders als in den USA ist die hiesige Umweltbewegung überwiegend links inspiriert. Sie entstand als Ausläufer von 1968. Die Kritik am Kapitalismus mag ein Grund dafür sein, dass hier die großen Unternehmen und damit auch die Atomkonzerne unter besonderer Beobachtung stehen. Außerdem haben die Deutschen im Vergleich zu unseren Nachbarländern insgesamt ein stärkeres Bedürfnis, bei politischen Entscheidungen mitzureden. Umfragen zeigen uns, dass der demokratische Gedanke der Partizipation hier weit verbreitet ist. […]

▶ Sind wir […] Öko-Romantiker und als solche möglicherweise übertrieben ängstlich, was die Atomkraft betrifft?

Es fällt mir schwer, dies zu behaupten. Trägt nicht eher der Glaube an die Technik, die Hoffnung auf die Sicherheit der Atomkraftwerke, romantische Züge? Seit Tschernobyl und Ulrich Becks Buch *Risikogesellschaft* wissen wir, warum man Atomkraftwerke nicht gegen Unfälle versichern kann. Wegen der möglichen unbezahlbaren und unkontrollierbaren Folgen erscheint mir die Forderung nach dem Atomausstieg sehr rational zu sein.

▶ Wir sehen uns nicht nur theoretisch, sondern auch praktisch als Umwelt-Weltmeister. Niemand hat so viel tolle Windräder wie wir. Stimmt diese Selbstwahrnehmung?
Nein. Da gibt es eine ziemliche Lücke zwischen der Selbsteinschätzung und der Realität. Wenn Umweltschutz Geld kostet oder sie ihr persönliches Verhalten ändern müssten, schrecken viele Deutsche zurück. Beim ökologischen Konsum oder Energiesparen sind sie im europäischen Vergleich keine Vorbilder. Beispielsweise die Menschen in Skandinavien sind da konsequenter.

Das Gespräch führte Hannes Koch. http://www.sz-online.de/nachrichten/artikel.asp?id=2743759

Attività creativa

2. Il giorno dopo ricevete la seguente e-mail dei vostri amici italiani. Rispondete!

Ciao ragazzi,
mille grazie per il riassunto dell'intervista. Ne abbiamo parlato oggi a scuola. Siccome il tema ci interessa molto, vi vogliamo chiedere ancora alcune cose. Nella vostra mail ci avete spiegato cos'è una "Öko-Macke". Ne avete anche voi una? La nostra prof ci ha detto che in Germania tutti fanno la raccolta differenziata. È vero? Cosa fate voi o la vostra famiglia/la vostra città per salvare l'ambiente? Siete preoccupati per il degrado ambientale? Aspettiamo la vostra risposta. Tanti saluti ...

Mass Media

4

1. Chi l'ha detto? Abbinate le persone alle citazioni:

Anonimo – Cicerone – Silvio Berlusconi (ex-presidente del Consiglio e proprietario di una rete di canali televisivi privati) – Luciano de Crescenzo (scrittore italiano)

1 "Una stanza senza un libro è come un corpo senza anima."

2 "La vita potrebbe essere divisa in tre fasi: Rivoluzione, Riflessione e Televisione. Si comincia con il voler cambiare il mondo e si finisce col cambiare i canali."

3 "Scrivere un messaggio su Internet è come farsi un tatuaggio, solo un tatuaggio è più facile da cancellare."

4 "La TV deve cooperare col governo per diffondere serenità."

5 "Il cliente, il pubblico, è un bambino di undici anni, neppure tanto intelligente."

Non ho mai avuto un bambino …
… ma se ho capito bene …
ci vogliono 9 mesi per completare il download!

"Infermiera, vada su internet, cerchi CHIRURGIA.COM, scorra a fine pagina fino all'icona – Sei totalmente perso? –"

2. Commentate le vignette e le citazioni.

1. I media

1.1 I media – un'indagine in classe

Formate piccoli gruppi. Scegliete una domanda e intervistate gli altri studenti. Prendete appunti e presentate i risultati dell'indagine in classe.

1. Lavori spesso al computer? Quando lo usi?
2. Usi il computer per giocare? Che tipi di giochi ti piacciono?
3. Quali sono i tuoi programmi televisivi preferiti?
4. Qual è il tuo canale preferito? Perché ti piace?
5. Quali sono i programmi televisivi che non ti piacciono per niente? Spiega il perché.
6. Quante volte la settimana navighi in rete? E per quanto tempo?
7. Quali giornali e riviste leggi regolarmente? Perché?
8. Su quale canale guardi il telegiornale? E perché?
9. Quando ascolti la radio? Hai una stazione radio preferita?
10. Ti piace leggere? Sei un topo di biblioteca? Se sì, spiega perché leggi così volentieri.

1.2 Per parlare dei media

Copiate la tabella e completate con le espressioni. Se non siete sicuri, controllate il significato delle parole sul dizionario.

TV in generale	Programmi televisivi	Computer e Internet	Stampa e libri
la televisione pubblica	il telegiornale	navigare su Internet	il quotidiano

~~la televisione pubblica~~ – ~~il telegiornale~~ – ~~navigare su Internet / navigare in rete~~ – ~~il quotidiano~~ – scaricare un file dalla rete – il telefilm – masterizzare – la televisione/la rete privata – mandare in onda – la copia – trasmettere (in diretta) – fare lo zapping – il programma culturale – la casa editrice – il giallo – la stampa nazionale – la tastiera – il mouse – lo schermo – la stampante – la posta dei lettori – lo speaker – il telecomando – creare / aprire / chiudere / salvare un file – la copertina – la stampa rosa – tv via cavo – cliccare – programmi educativi / istruttivi – il supplemento – il romanzo – la velina – la commedia – il film d'amore – il film horror – il film d'azione – il western – il dramma – i cartoni animati – la testata – il programma sportivo – la chiavetta USB – la telenovela – il documentario – il serial – l'episodio / la puntata – la cronaca – il libro tascabile – la tv spazzatura – postare – il palinsesto

2. Internet

1. Spiegate il concetto di siti web come "Facebook", "YouTube" e "Twitter". Qual è il loro scopo?
2. Secondo voi, perché hanno tanto successo? Quali di questi siti frequentate voi? Perché?
3. Discutete in classe: "Un mese senza ... Come sarebbe la vostra vita senza Internet?"

2.1 I giovani e Internet

Rai Radio 1: Giornale Radio 1 Ragazzi (Podcast)

Studenti promossi da giornalisti, per dar voce al punto di vista dei ragazzi: ogni lunedì una scuola diversa – elementari, medie, superiori – raccoglierà la sfida di redigere un vero e proprio Giornale Radio ... con ospiti speciali.

Conduce Laura Pintus.

Nella trasmissione del 31 ottobre 2011 gli studenti di seconda media della Scuola Aurelio Bertola di Rimini raccontano come utilizzano il loro tempo libero su Internet e fanno delle domande a Antonio Apruzzese, Direttore della Polizia postale e comunicazioni, ospite al Gr1 Ragazzi.

http://www.rai.it/dl/radio1/2010/programmi/Page-9000de61-4094-4689-97a4-43653722b72e.html

Lavoro sul testo

Prima parte

1. Ascoltate il podcast e rispondete poi alle domande.
   1. Quanti giovani italiani navigano in rete?
   2. Quale messaggio contiene lo spot radiofonico? A chi si rivolge?
   3. Quali siti frequentano i ragazzi intervistati? Per quale motivo? Copiate la tabella e completatela con appunti.

	siti che frequentano	motivi
Ragazzo	–	–
Ragazza	–	–
Ragazzo (Niccolò)	–	–
Ragazzo (Francesco)	–	–

Seconda parte

2. Ascoltate il podcast ancora una volta e scegliete la/le risposta/e giusta/e.

1. Antonio Apruzzese dice che
   a. spetta soprattutto alle scuole sensibilizzare i ragazzi ai pericoli di Internet.
   b. i genitori devono controllare i loro figli quando navigano in rete.
   c. è quasi impossibile proteggere i ragazzi dai pericoli di Internet.
   d. la polizia collabora con genitori e insegnanti per aumentare la sicurezza dei ragazzi in rete.

2. La ragazza parla del seguente problema:
   a. È stata contattata da strane persone.
   b. Non sa come togliere una foto che ha postato.
   c. Ha fatto un download illegale.
   d. È una vittima di cyberbullismo.

3. Il ragazzo vuole sapere
   a. come può evitare di essere contattato da persone malevoli.
   b. come proteggersi da siti a pagamento.
   c. in che modo le persone cattive riescono a mettersi in contatto con i ragazzi.
   d. come bloccare l'accesso al proprio profilo.

4. Secondo le indagini della polizia i tredicenni/quattordicenni vengono contattati da
   a. ragazzi della stessa età che gli fanno degli scherzi pesanti.
   b. ragazzi malintenzionati che hanno qualche anno in più di loro.
   c. adulti che fingono di essere degli adolescenti.
   d. aziende che fanno pubblicità per i loro prodotti.

5. Antonio Apruzzese consiglia ai genitori di
   a. usare dei mezzi tecnici per controllare l'uso di Internet dei loro figli.
   b. non lasciare i figli soli quando navigano in rete.
   c. proibire l'uso di social network ai ragazzi sotto i 12 anni.
   d. aiutare i figli ad orientarsi da soli nel mondo virtuale.

3. Spiegate queste espressioni usate da Antonio Apruzzese:

- diventare di dominio pubblico
- essere rintracciabili
- cacciatori di profili di minori
- castello superprotetto
- falsi profili
- non fidarsi mai
- attività di adescamento
- sogni tranquilli
- strumenti di formazione di base
- nuova giungla

Commento personale

4. Esponete le vostre idee e esperienze sul tema "Pericoli e pregi di Internet".

2.2 Internet dipendenza

Descrivete e commentate questi disegni.

In italiano

1. Siete stati invitati a partecipare ad un convegno italo-tedesco sul tema "I giovani e i media". Gli organizzatori vi hanno chiesto di tenere una conferenza sul tema "Internet dipendenza – I giovani tedeschi e i pericoli della rete". Basandovi sulle informazioni degli articoli "Internetsucht: Jugendliche Dauersurfer im Netz" e "Universitätsklinik bietet Hilfe gegen Internetsucht" compilate il testo della vostra conferenza. Includete i seguenti aspetti:
   - informazioni statistiche
   - ragioni per dipendenza da Internet
   - impatto sulla vita e la psiche dei giovani
   - come aiutare i giovani

Internetsucht: Jugendliche Dauersurfer im Netz

Viele Jugendliche in Deutschland haben sich im Netz verfangen. Rund 70 Prozent glauben, Surfen im Internet könne süchtig machen. Etwa 15 Prozent sind der Ansicht, sie seien selbst von Online-Sucht betroffen. Zu diesem Ergebnis kommt die Untersuchung „Verloren im Netz" des Instituts Iconkids & Youth in München. Befragt wurden 929 Mädchen und Jungen zwischen 10 und 19 Jahren in persönlichen Interviews.

So gaben 37 Prozent der Befragten an, nervös zu werden, wenn sie ihre E-Mails und Online-Kontakte nicht checken könnten. 31 Prozent finden selbst, dass sie zu viel Zeit im Internet verbringen und 28 Prozent sagten, dass sie wegen der Online-Aktivitäten weniger Zeit mir ihren „realen" Freunden verbringen. „Rund 30 Prozent der Internet-Nutzer sind latent von einer Online-Sucht gefährdet", so das Fazit des Jugendforschers und Studienautors Axel Dammler.

Auch das Alter spielt bei der Internetsucht eine Rolle. Am stärksten gefährdet sind der Untersuchung zufolge Jugendliche zwischen 17 und 19 Jahren. 17 Prozent der Mädchen und 25 Prozent der Jungen in dieser Altersgruppe betrachten sich selbst als gefährdet. Die latente Gefährdung liege aber weitaus höher, so Dammler. Sie sei bei Mädchen mit 29 Prozent und bei Jungen mit 42 Prozent anzusetzen.

Dass Jungen stärker gefährdet sind als Mädchen, liegt an den Inhalten im Netz. „Jungen werden stark von actionlastigen Eskapismuswelten angesprochen", schreibt der Jugendforscher. Interessant seien Online-Rollenspiele wie *World of Warcraft*, aber auch Musik, Filme und Technik. Die Jungen erlebten Bestätigung, die sie im Alltag oft nicht bekämen. „Und das macht süchtig." Mädchen seien dagegen stärker an Beziehungen und sozialen Netzwerken (Social Communities) interessiert. Dazu gehörten etwa Facebook oder SchülerVZ. Diese bildeten derzeit reale Beziehungen ab. „Ein Abdriften in die Virtualität ist noch eher selten", so der Forscher.

Zu einem weniger dramatischen Ergebnis kam eine aktuelle Studie der Berliner Humboldt-Universität. Demnach tritt Internet-Sucht bei Jugendlichen seltener auf als bisher angenommen. 4 von 100 Heranwachsenden in Deutschland seien exzessive Computernutzer. Von echter Internet-Sucht könne nur bei 1,4 Prozent der 12- bis 19-Jährigen gesprochen werden, so Sabine Meixner vom Lehrstuhl für Pädagogische Psychologie. Damit würden frühere Untersuchungen relativiert, nach denen in Deutschland etwa 17 Prozent der Jugendlichen krankhaft auffällige PC-Nutzer sein sollen. Die Studie der Humboldt-Uni basiert auf einer Befragung von 5.200 Schülern in Hamburg, Sachsen und Sachsen-Anhalt zwischen 2005 und 2009.

Nach den neuesten Erkenntnissen sind junge Leute mit einem PC-Gebrauch von rund 35 Stunden in der Woche als süchtig einzustufen und ab 28 Stunden pro Woche als gefährdet. (im)

http://www.netdoktor.de/News/Internetsucht-Jugendliche-D-1131383p.html (17.09.09)

Universitätsklinik bietet Hilfe gegen Internetsucht

Sie sitzen acht Stunden und mehr vor ihrem Computer. Sie isolieren sich. Die schulischen Leistungen lassen nach. Onlinesucht, die Diagnose. Jetzt kann den Eltern und Kinder geholfen werden. Eine neue Therapie für Jugendliche, entwickelt in der Drogenambulanz der Universitätsklinik Eppendorf, hilft denen, die ohne virtuelle Computerwelten nicht leben können

Als Peter Z. vor mehr als einem Jahr von seiner Freundin verlassen wurde, brach für den Jugendlichen eine Welt zusammen. Trost suchte der kontaktscheue 17-Jährige am Computer: Im Internetrollenspiel *World of Warcraft* kämpfte er gegen fantastische Kreaturen, dort war er ein Held. Saß er zunächst nur ein bis zwei Stunden täglich vor dem Bildschirm, wurden es schließlich bis zu acht. Peter isolierte sich von anderen, seine Schulleistungen ließen nach. Schließlich zogen seine Eltern die Notbremse und suchten professionelle Hilfe für ihren Sohn.

Um solche Fälle von Onlinesucht kümmern sich jetzt auch Mitarbeiter in der Drogenambulanz des Universitätsklinikums Eppendorf (UKE). Laut Studien weisen etwa fünf bis sechs Prozent der 15- bis 18-Jährigen Anzeichen eines übermäßigen Computergebrauchs auf. Jungen seien deutlich häufiger betroffen als Mädchen.

Die Drogenambulanz hat auf diese Entwicklung reagiert: Seit Herbst vergangenen Jahres bietet sie das Programm „Lebenslust statt Online-Flucht" mit acht Gruppensitzungen an. Es richtet sich an 14- bis 25-Jährige mit Anzeichen einer pathologischen Internetsucht – an junge Menschen, die ohne fremde Hilfe den Gebrauch nicht mehr reduzieren können.

[...]

Laut Rainer Thomasius, ärztlicher Leiter der Drogenambulanz, kann Online-Sucht entstehen, wenn Jugendliche das Internet dazu nutzen, „mit inneren Konflikten umzugehen". Selbstwertprobleme, Unsicherheit oder Essstörungen spielten ebenfalls oft eine Rolle. Das UKE-Programm soll den Betroffenen helfen, über sich selbst nachzudenken und ein Bewusstsein für die eigenen Probleme zu schaffen. Ziel ist es, den übermäßigen Gebrauch des Internets schrittweise zu reduzieren. Dabei muss der Jugendliche nicht komplett aufs Surfen verzichten. Des Weiteren lernen die Betroffenen, neue Freizeitaktivitäten zu finden, das Selbstbewusstsein zu stärken und neue Kontakte im „wirklichen" Leben zu knüpfen.

Carina Piewald, www.welt.de/regionales/hamburg/article1682803/Universitaetsklinik_bietet_Hilfe_gegen_Internetsucht.html (testo abbreviato), (16.02.08)

Attività creativa

2. Secondo voi, il vostro migliore amico o la vostra migliore amica spende troppo tempo davanti al computer navigando in rete. Avete paura che lui/lei sia dipendente da Internet e ne volete parlare con lui/lei. Preparate un dialogo e presentatelo in classe.

3. Libri all'italiana

3.1 Le grandi case editrici

Ricerc@

Ecco i loghi aziendali delle case editrici più importanti d'Italia:

MONDADORI GIULIO EINAUDI EDITORE *la* Feltrinelli Rizzoli Garzanti CASA RICORDI

1. Fate una breve ricerca sulle grandi case editrici italiane. Concentratevi sulle seguenti domande:
   - Quando, dove e da chi è stata fondata?
   - Che genere di libri pubblica?
   - Segue una filosofia particolare che determina la scelta di temi e di autori?
   - Quali autori importanti (italiani e internazionali) fanno pubblicare i loro libri presso l'editore?

2. Scegliete due libri dal programma della casa editrice che vi piacerebbe leggere. Motivate la vostra scelta.

Inge Feltrinelli

3.2 Libri per sognare

Descrivete la donna che vedete sulla foto.
Che tipo di donna è, secondo voi?

È dal lontano 1960 che Inge Schoenthal Feltrinelli vive e lavora a Milano, dove ancora oggi, nonostante smog e traffico, gira in bicicletta. L'amore per Berlino però – lei che in Germania ci è nata e cresciuta, fra Gottinga e Amburgo – non l'ha mai perso: "una città meravigliosa, piena di vita e di gioia di vivere", ci dice in questa intervista esclusiva ad ADESSO. La presidente del gruppo Giangiacomo Feltrinelli Editore, che ha fatturato l'anno scorso attorno ai 350 milioni di euro, ci racconta dei suoi scrittori preferiti e dei misteri delle belle lettere in Italia. Un paese in cui la signora Schoenthal ha compiuto quest'estate un miracolo, "quello di aprire a luglio la centesima libreria Feltrinelli in Italia", ci dice sorridendo, seduta a un tavolino del bar *Einstein*, sulla Unter den Linden di Berlino.

7 **fatturare:** vendere e annotare nei conti

Adesso: Ci riveli subito l'ultimo romanzo che ha letto e che le è piaciuto, signora Feltrinelli …

Inge Feltrinelli: Oh mio Dio, ne leggo così tanti che mi è difficile ricordare l'ultimo … Ma partiamo dal penultimo: *Una storia d'amore e di tenebre* di Amos Oz è stato per me un romanzo importante. Così come le ultime storie brevi di Nadine Gordimer (*Beethoven era per un sedicesimo nero*, n.d.r.) sono un'opera non solo importante, ma anche molto attuale.

Adesso: Per la violenza etnica riesplosa in Sudafrica?

Feltrinelli: Certo. L'ultima opera della Gordimer è favolosa perché si occupa del tema dei politici di colore giunti al potere e delle derive del razzismo, che hanno messo in ginocchio il Sudafrica e non solo durante l'apartheid.

Adesso: Mi sembra di intuire che, da Oz alla Gordimer, Lei prediliga scrittori politicamente impegnati, o sbaglio?

Feltrinelli: Per me uno scrittore come Oz è importante anche perché è un uomo affascinante sotto molti aspetti. Sì, ha il suo fascino: il fascino dell'uomo schietto, del contadino, è impressionante.

Adesso: Veniamo all'Italia. Se fosse un medico, oggi che diagnosi farebbe dello stato di salute delle belle lettere nel Belpaese?

Feltrinelli: Se fossi un medico direi che la letteratura italiana attraversa un periodo di vacche magre. Se fossi un medico sincero aggiungerei che da tempo in Italia non si vedono veri capolavori; opere, intendo, dal respiro utopico.

Adesso: Utopia a parte, quali sono i tre scrittori che hanno determinato la letteratura italiana negli ultimi tempi?

Feltrinelli: Se mi consente di essere un po' parziale, menzionerei i nostri tre classici autori Antonio Tabucchi, Stefano Benni ed Erri De Luca. Tabucchi va bene anche qui in Germania; De Luca riscuote enorme successo in Francia.

Adesso: Ma stiamo parlando di cinquantenni: chi sono i giovani di talento?

Feltrinelli: Bella domanda! Certo, noi di Feltrinelli abbiamo dei giovani scrittori che seguiamo con attenzione, ma direi che sono ancora "in laboratorio". Difficile prevedere chi domani scriverà la letteratura italiana.

Adesso: Quando suo marito Giangiacomo fondò la casa editrice, nel 1955, puntò subito sul *Dottor Zivago* di Boris Pasternak: fu un colpo di fortuna?

Feltrinelli: Non fu fortuna, quanto piuttosto fiuto e strategia editoriale da parte di Giangiacomo […]: forse l'unico editore ad avere allora uno *scout* a Mosca. Ricordo che il manoscritto di Pasternak ci arrivò per posta via Berlino Est e lo pubblicammo contro il parere dei censori sovietici.

16 **la tenebra:** la totale mancanza di luce

25 **prediligere:** preferire

29 **schietto:** sincero/onesto

40 **riscuotere successo:** avere successo

49 **puntare su:** contare su qc per raggiungere un risultato

51 **il fiuto:** l'intuito

Adesso: Perché le dittature ce l'hanno a morte con la letteratura e l'arte in genere?

Feltrinelli: Più interessante è capire quanto le dittature temano i dissidenti e le loro opere e quindi nutrano una perversa forma di rispetto per gli intellettuali e il libro. Si figuri che il ministro della Cultura russo si scomodò per bloccare la nostra pubblicazione di Pasternak: oggi il presidente o un ministro americano si agiterebbero mai tanto per un libro?

Adesso: Torniamo ora all'altro vostro strepitoso successo: *Il Gattopardo* di Tomasi di Lampedusa. Come faceva Feltrinelli a indovinare un'opera dopo l'altra?

Feltrinelli: Semplice, a Roma Giangiacomo aveva un *editor* che si chiamava Giorgio Bassani. E dopo che Elio Vittorini e Arnaldo Mondadori l'avevano rifiutato, fu Bassani a voler pubblicare *Il Gattopardo* per le nuove collane Feltrinelli. Sin dagli inizi, la nostra non è stata solamente una casa editrice sinistra radicale, ma aperta a tutti i tipi di cultura e lettere.

Adesso: Dopo questi due colpi di fortuna, avete avuto negli ultimi anni successi simili?

Feltrinelli: La grande opera di Amos Oz e quella della Gordimer le ho già citate; potrei ricordare altri premi Nobel come Doris Lessing o Günter Grass, tutti nostri autori. Le basta come segno di successo?

Adesso: Direi che Feltrinelli, con i suoi libri e le sue librerie, intendeva sprovincializzare l'Italia. Ci è riuscito?

Feltrinelli: Credo proprio di sì. Oggi molta più gente, specie i più giovani, leggono molto di più che nell'Italietta anni Cinquanta e Sessanta.

Adesso: Eppure i dati dicono che, nel 2005, l'Italia è il paese dell'Unione europea in cui si è letto di meno ...

Feltrinelli: È vero, da noi si comprano meno libri che in Portogallo o in Grecia, ma è anche vero che oggi il mercato del libro in Italia è moderno: e noi siamo leader nella distribuzione e diffusione di libri e musica. Sì, il 57% degli italiani non compra neanche un libro l'anno, ma il 12% che ne acquista 10 e più al mese sono nostri clienti.

Adesso: Ha capito come mai gli italiani leggono così poco?

Feltrinelli: Perché il paese viene da secoli di tradizione contadina, e per i contadini il libro è un oggetto malvisto e superfluo. Dove si legge poi, in Inghilterra, in Germania e nei paesi scandinavi, c'è una lunga tradizione scolastica che fa perdere il timore del libro. Non scordiamoci però un aspetto positivo del mercato editoriale in Italia.

Adesso: Quale?

Feltrinelli: Il fatto che, dal punto di vista della qualità dei libri, della grafica e della scelta, il nostro è un mercato non solo moderno, ma ottimo. Insomma, nell'Italia di oggi la possibilità di istruirsi e leggere è, volendo, enorme.

56 **avercela a morte con:** odiare

63 **strepitoso:** eccezionale

NOTA BENE
***Il Gattopardo*:** romanzo di Giuseppe Tomasi di Lampedusa, pubblicato postumo nel 1958, racconta la storia di una famiglia nobile siciliana durante il Risorgimento (1815–1870)

69 **la collana:** una serie di libri

71 **le lettere:** la letteratura

77 **intendere:** *verbo* < l'intenzione

92 **scordare:** dimenticare

ADESSO: Non rimpiange i tempi in cui gli scrittori si chiamavano Gadda, Calvino e Pasolini e i registi Fellini, Visconti o Antonioni?

Feltrinelli: Se rimpiangessi quei tempi e nomi dovrei anche rimpiangere quelli in cui i musicisti tedeschi si chiamavano Bach e Beethoven! E mi sa dire, dopo la stagione di Gabriel García Márquez, Mario Vargas Llosa o Manuel Puig, dove sono finiti i nuovi nomi del "realismo magico" sudamericano?

ADESSO: Forse non sono spariti solo i grandi autori ma, a dar retta ad Alessandro Baricco nel suo saggio *I barbari*, anche la voglia di leggere libri ...

Feltrinelli: Sarà, ma io all'utopia dei libri ci credo ancora. E poi sa quante copie noi di Feltrinelli abbiamo venduto del saggio di Baricco? Piú di 100.000 copie: niente male per un paese pieno di barbari, no?

ADESSO: A proposito di barbari, avete una libreria nel centro di Napoli: la camorra non vi fa paura?

Feltrinelli: No, siamo più duri e ostinati sia della violenza mafiosa che degli attentati neofascisti nelle nostre librerie. Sono orgogliosa del fatto che, a Napoli, i ragazzi si incontrino la sera da noi in libreria: ecco il profondo segno lasciato da Giangiacomo in Italia, la trasformazione della libreria in luogo democratico.

ADESSO: Un'ultima domanda: l'autore che le dispiace di non avere pubblicato?

Feltrinelli: Mi è dispiaciuto molto di non aver pubblicato Roberto Saviano [...], ma sono molto felice per il suo successo sia in Italia che in Germania e ora anche al Festival di Cannes. Vede, non bisogna mai disperare: pure nell'Italia di oggi, di giovani scrittori di talento ce ne sono!

103 **la stagione:** *qui:* i tempi

106 **dar retta:** approvare

110 **il saggio:** un testo di carattere critico

Lavoro sul testo

1. Caratterizzate Inge Feltrinelli, riferendovi anche al suo atteggiamento politico.
2. Spiegate il segreto del successo della casa editrice.
3. Riassumete che cosa pensa Inge Feltrinelli della letteratura italiana contemporanea.
4. Gli italiani e i libri – Descrivete il quadro che emerge dall'intervista a Inge Feltrinelli.

4. I giornali italiani

4.1 Come è fatto un giornale: la prima pagina

LA DOMENICA
La cultura
E Salinger tentò di fuggire con mia sorella
Gli spettacoli
L'uomo che ha disegnato Apocalypse Now
L'incontro
Anthony Hopkins: non so ancora perché faccio l'attore

la Repubblica

PASQUA LO SPIRITO RISORGE PER TUTTI

I ribelli: "Misurata ora è libera"

Gheddafi ordina il ritiro dalla città. Siria, spari sulla folla ai funerali

QUANDO LE TRIBÙ PRENDONO IL CAMPO

Pdl-Lega, scontro su Tremonti e Lassini

Navarro-Valls: il mio Wojtyla segreto

Macelleria costituzionale

La ferita di Milano

Gay nella pubblicità? Per il governo è scandalo

Usa, la crisi sta finendo e ritornano i divorzi

Il nuovo libro di CARLO MARIA MARTINI
VOGLIA DI RISORGERE

IN EDICOLA E SU IPAD

Articolo di fondo
Articolo nel quale una firma prestigiosa, spesso lo stesso direttore, esprime la propria opinione, e più in generale la linea del giornale, sull'argomento più importante della giornata o su un tema di particolare rilevanza politica.

Taglio centrale
È l'articolo (e il titolo) collocato al centro della pagina e dedicato di solito a una notizia di cronaca o di politica considerata di secondaria importanza rispetto all'apertura e alla spalla, ma alla quale il giornale intende comunque dare un forte rilievo (in questo caso addirittura con il reportage di un inviato).

Taglio basso
Si chiamano così il titolo e l'articolo che chiudono la pagina. Questa particolare collocazione è riservata alle notizie "leggere", siano curiosità di costume o di cronaca, eventi culturali o di spettacolo, grandi avvenimenti sportivi.

Apertura
Si chiamano cosi il titolo e il pezzo che "aprono" la pagina, che si trovano cioè in alto a sinistra, nella poszione di maggior rilievo. L'apertura è infatti generalmente dedicata a quella che la redazione ritiene sia la notizia più importante del giorno. Nella prima pagina di un giornale è spesso affiancata all'articolo di fondo.

Commento
Si tratta dell'intervento di un esperto o di una firma autorevole del giornale su un determinato argomento. Dal punto di vista della cronaca l'argomento può anche risalire a qualche giorno prima e quindi non comparire come notizia nella stessa pagina del giornale, ma più spesso è quello del titolo e del pezzo di apertura.

Dossier
Approfondimento su un tema di attualità non strettamente legato alla cronaca del giorno.

da: Beatrice Manietti, Massimiliano Pescini: *Leggere il quotidiano per capire il presente.* Firenze: Felice Le Monnier 2004, p. 3

Lavoro sul testo

1. Quali di queste affermazioni sono vere? Spiegate perché e correggete le affermazioni false.

   1. La parte più importante della prima pagina è il taglio centrale.
   2. L'articolo di fondo esprime un punto di vista personale.
   3. Il commento si riferisce sempre al titolo e al pezzo di apertura.
   4. Il taglio basso contiene notizie di politica considerate meno importanti.
   5. Il dossier offre delle informazioni dettagliate su diversi temi di attualità.

2. Con l'aiuto del dizionario cercate altre espressioni per parlare della stampa e continuate la mappa concettuale proposta:

il caporedattore / la caporedattrice
il/la corrispondente

il quotidiano
il periodico
la testata

i fatti di cronaca
la cronaca rosa
la terza pagina

la stampa

il supplemento
l'inserto

la tiratura
la copia

4.2 Quattro quotidiani importanti

La Repubblica

"Un giornale non neutrale", così scriveva Eugenio Scalfari, direttore per vent'anni della *Repubblica* che usciva per la prima volta il 14 gennaio del 1976. Non neutrale perché il quotidiano, con redazione a Roma, si schierava apertamente a sinistra per rivolgersi a un pubblico che Scalfari definì la classe-guida del paese, intendendo con essa "gli studenti, i sindacati, gli imprenditori, i funzionari, gli insegnanti e i politici locali e nazionali". Altra novità del giornale è il formato tabloid, circa la metà di un quotidiano tradizionale. *La Repubblica* è stato anche fra i primi quotidiani italiani a fare uso di fotografie a colori. Tra le grandi firme del giornalismo italiano che hanno collaborato e collaborano con *la Repubblica* ricordiamo Enzo Biagi, Alberto Ronchey, Vittorio Zucconi, Gianni Brera e Giorgio Bocca.
Gli anni del boom de *la Repubblica* sono gli anni '80, quando il quotidiano con oltre 500.000 copie vendute, supera lo storico *Corriere della Sera* che deteneva il primato di vendite dal 1904. E la concorrenza fra le due maggiori testate giornalistiche italiane continua per anni a colpi di proprietà settimanali e giochi a premi, *la Repubblica* nell'ottobre del 1987 raggiunge un milione di copie vendute. Fino al 1989 *la Repubblica* è stata il quotidano dell'Editoriale l'Espresso e della A. Mondadori Editore, poi è passata sotto il controllo del Gruppo Editoriale l'Espresso.

4 **schierarsi:** essere a favore di qc/qn

http://www.adesso-online.de/in-primo-piano/notizie/la-repubblica-compie-30-anni (abbreviato/modificato)

Il Corriere della Sera

Il *Corriere della Sera* nacque sotto la direzione di Eugenio Torelli Violler il 5 marzo 1876 con una tiratura iniziale di circa 3.000 copie giornaliere. La sua sede storica, al 77 della Galleria Vittorio Emanuele, nel centro di Milano, ospitava all'epoca, tre giornalisti, un impiegato ed un fattorino. Nel 1904, sotto la guida di Albertini, divenne il primo quotidiano italiano grazie all'enorme numero di lettori superando il Secolo.

24 **il fattorino:** *Laufbursche*

Nel 1925, per volere del governo fascista Albertini si dimise a favore di Pietro Croci e subito dopo Aldo Borrelli (1929). Il *Corriere della Sera* divenne in quegli anni organo d'informazione del governo fino alla Liberazione d'Italia del 1945. Durante il referendum nel quale si chiedeva agli italiani se preferissero repubblica o monarchia, il *Corriere* si schierò a favore della Repubblica.

Negli anni successivi il *Corriere della Sera* seguì una linea politica autonoma ed equidistante da ogni schieramento politico fino alle elezioni politiche del 2006 quando, sotto la direzione di Paolo Mieli, in un editoriale dello stesso Mieli (8 Marzo) espresse una preferenza politica orientata verso Romano Prodi (esponente dello schieramento politico di centro-sinistra).

Moltissime le firme note che caratterizzarono il giornale in oltre 100 anni di storia tra cui: Luigi Einaudi, Luigi Pirandello, Eugenio Montale, Ennio Flaiano e Pier Paolo Pasolini, Giovanni Spadolini, Indro Montanelli.

http://www.giornalilocali.it/quotidiani/corriere-della-sera.htm (testo abbreviato)

La Gazzetta dello Sport

Che cos'è quel giornale rosa tanto diffuso in Italia? Si tratta del quotidiano più letto. *La Gazzetta dello Sport*, giornale sportivo, vende in media 630.000 copie. Di lunedì, grazie ai commenti alle partite di serie A, la tiratura media sale a 825.000 copie. *La Gazzetta* esordì il 3 aprile del 1896. Veniva stampata su carta verde e costava 5 centesimi di lira. Tiratura iniziale: 20.000 copie, uscita bisettimanale. Per l'inconfondibile carta rosa, che tutt'ora contrassegna la testata, si dovrà aspettare il 1899. All'inizio *la Gazzetta* si occupa soprattutto di ciclismo e organizza il Giro d'Italia: la maglia rosa del primo classificato nasce come idea pubblicitaria. Tema prediletto dai lettori di oggi: calcio, calcio e ancora calcio.

http://www.adesso-online.de/enciclopedia/gazzetta-dello-sport

Il Sole 24 Ore

Il Sole 24 Ore è sicuramente uno dei più conosciuti e rinomati quotidiani economici italiani.

Venne fondato il 9 novembre del 1965 grazie all'accorpamento di due noti giornali di quell'epoca, "Il Sole" (nato nel 1865) ed il "24 Ore". Le sue sedi sono ormai sparse in tutto il paese ma i due principali centri di redazione rimangono a Milano, sede centrale che è situata in via Monte Rosa, e Roma in cui vi è quella parte di redazione con specifici obiettivi politici.

Il gruppo è attualmente sotto la gestione di Confindustria (Confederazione Generale dell'industria italiana).

Come già accennato il quotidiano si distingue per la professionalità

27 **dimettersi:** *zurücktreten*

34 **equidistante:** che ha la stessa distanza fra due punti

44 **la serie A:** *die erste Liga*

45 **esordire:** *qui:* esce per la prima volta

48 **contrassegnare:** caratterizzare

51 **prediletto:** preferito

54 **l'accorpamento:** la fusione, l'unione

60 **la gestione:** *Leitung, Führung*

e la qualità dei contenuti, rivolti principalmente a tutti coloro che si occupano del settore economico, tuttavia si dà comunque spazio anche alla politica ed ai settori legislativi con approfondimenti su norme e tributi. Non sono invece volutamente trattati i temi di attualità, spettacolo e costume.

66 **i tributi:** le tasse

http://www.giornalilocali.it/quotidiani/il-sole-24-ore.htm
(testo abbreviato e modificato)

Lavoro sul testo

Quali di queste affermazioni sono vere? Spiegate perché e correggete le affermazioni false.

La Repubblica

1. *La Repubblica* è un giornale del centro-destra.
2. È il giornale più antico d'Italia.
3. Per quanto riguarda il layout *la Repubblica* è sempre stato un giornale moderno.
4. Il concorrente più forte della *Repubblica* è *Il Sole 24 Ore*.

Il Corriere della Sera

5. Come quella della *Repubblica* la sede del *Corriere della Sera* si trova a Roma.
6. All'inizio del '900 il *Corriere della Sera* vende più copie degli altri giornali.
7. Nella sua storia il *Corriere della Sera* è sempre rimasto politicamente neutrale.
8. Anche alcuni personaggi famosi hanno contribuito al *Corriere della Sera*.

La Gazzetta dello Sport

9. *La Gazzetta dello Sport* è il giornale con la tiratura più bassa rispetto agli altri giornali.
10. Il lunedì il giornale vende più copie.
11. Da sempre *La Gazzetta dello Sport* viene stampata su carta rosa.
12. All'inizio il giornale si occupa soprattutto di calcio.

Il Sole 24 Ore

13. *Il Sole 24 Ore* è per tutti quelli che amano la cronaca rosa.
14. Il giornale ha due sedi principali.
15. *Il Sole 24 Ore* appartiene alla famiglia Agnelli.
16. Il giornale fornisce anche informazioni su eventi culturali.

la Repubblica
Il mondo è cambiato
Obama presidente entra nella storia: "Ricostruiamo insieme l'America"

CORRIERE DELLA SERA
Milano, il prefetto chiude la scuola araba
Mille studenti in piazza, disagi per il traffico

La Gazzetta dello Sport
Kakà: «Il ginocchio? Fa male»
SUPERMARKET

Il Sole 24 ORE
L'Europa riscrive il Patto
Decolla la nuova UniCredit
C'è l'accordo sugli esuberi

4.3 Leggende del giornalismo

Enzo Biagi

Il grande giornalista italiano è nato il 9 agosto 1920 a Lizzano in Belvedere, un paesino dell'Appennino tosco-emiliano in provincia di Bologna. Di umili origini, il padre lavorava come aiuto magazziniere di uno zuccherificio, mentre la madre era una semplice casalinga.

Dotato di un talento innato per la scrittura, fin da bambino si dimostra particolarmente versato per le materie letterarie. [...]

Allo scoccare del diciottesimo anno di età, diventato maggiorenne, si dà al giornalismo, senza per questo abbandonare gli studi. Intraprende i primi passi della carriera lavorando in particolare come cronista al *Resto del Carlino* e, a soli ventuno anni, diventa professionista.

[...]

Allo scoppio del secondo conflitto mondiale è richiamato alle armi e, dopo l'8 settembre del 1943, per non aderire alla Repubblica di Salò, varca la linea del fronte aggregandosi ai gruppi partigiani operanti sul fronte dell'Appennino. Il 21 aprile 1945 entra in Bologna con le truppe alleate e annuncia dai microfoni del Pwb la fine della guerra.

Il dopoguerra a Bologna è per Biagi un periodo di numerose iniziative: fonda un settimanale, "Cronache" e un quotidiano "Cronache sera". Da questo momento, prende avvio in modo definitivo la grande carriera di quello che diverrà uno dei giornalisti italiani più amati di sempre. Nuovamente assunto al *Resto del Carlino* (in quegli anni Giornale dell'Emilia), nel ruolo di inviato e di critico cinematografico, rimarrà negli annali per delle memorabili cronache sulle inondazioni del Polesine.

[...]

Il suo ingresso in Rai è datato 1961 e si è protratto in pratica fino ai nostri giorni. [...] Nel corso della sua presenza nei corridoi di viale Mazzini, è riuscito a diventare direttore del Telegiornale mentre, nel 1962 fondò il primo rotocalco televisivo RT. Inoltre, nel 1969 diede vita ad un programma tagliato su misura per lui e per le sue capacità, il celebre *Dicono di lei*, basato su interviste a personaggi famosi, una sua specialità.

Sono anni di intenso lavoro e di soddisfazioni non da poco. Biagi è richiestissimo e la sua firma, poco a poco, compare su *La Stampa* (di cui è inviato per una decina d'anni), *la Repubblica*, il *Corriere della Sera* e *Panorama*. [...]

Anche la presenza televisiva, come detto, è costante. [...] Nel 1995 dà vita a *Il Fatto*, programma giornaliero di cinque minuti su avvenimenti e personaggi italiani, che viene ripreso in tutte le stagioni successive, sempre con altissime percentuali di ascolto [...] Dopo settecento puntate de *Il Fatto*, Biagi è stato al centro di aspre polemiche a causa di una sua presunta faziosità negativa nei confronti dell'allora Presidente

NOTA BENE

La Repubblica di Salò: 23 settembre 1943 – 2 maggio 1945, stato fantoccio (Marionettenstaat) della Germania nazista, fondata da Benito Mussolini, leader del fascismo italiano

3 **il magazziniere:** *Lagerist*
6 **versato:** portato
7 **scoccare:** battere le ore
9 **Il Resto del Carlino:** quotidiano bolognese

13 **varcare:** oltrepassare; **aggregare:** unire a un gruppo; **il partigiano:** chi partecipa alla guerriglia contro gli invasori nazisti durante la seconda guerra mondiale 15 **Pwb** = *Psychological Warfare Branch* (organismo del governo militare anglo-americano in Italia tra il 1943 e il 1945 / controlla i mezzi di comunicazione)
22 **l'inondazione:** l'alluvione; **il Polesine:** una regione nella provincia di Rovigo (Veneto)
23 **protrarsi:** *sich hinausziehen, sich hinziehen*
24 **viale Mazzini:** la sede della RAI 26 **il rotocalco:** *Illustrierte*

37 **aspro:** duro/severo
38 **presunto:** *angeblich/mutmaßlich*; **la faziosità:** *Parteilichkeit*

del Consiglio Silvio Berlusconi, il quale ha espressamente rimproverato il giornalista di non essere equanime. Il Consiglio di Amministrazione della Rai, pur non avallando ufficialmente queste critiche, ha ad ogni modo modificato l'originaria e prestigiosa collocazione oraria del programma (posto poco dopo la fine del telegiornale della sera) il quale, in seguito alle proteste dello stesso Biagi, difficilmente vedrà ancora la luce.

Dopo cinque anni di silenzio torna in TV nella primavera del 2007 con il programma RT – *Rotocalco Televisivo*.

A causa di problemi cardiaci Enzo Biagi è scomparso a Milano il 6 novembre 2007. Nel corso della sua lunghissima carriera ha pubblicato oltre ottanta libri.

http://biografieonline.it/biografia.htm?BioID=240&biografia=Enzo+Biagi
(testo abbreviato)

40 **equanime:** obiettivo
41 **avallare:** confermare

Enzo Biagi

Lavoro sul testo

1. Delineate le tappe importanti della carriera di Enzo Biagi.
2. Caratterizzate Enzo Biagi.

Ricerc@

3. Progetto giornalisti: scegliete un/una giornalista e fate una ricerca su Internet. Prendete la figura di Enzo Biagi come spunto e presentate il vostro/la vostra giornalista in classe. Concentratevi sui seguenti aspetti:
   - fatti biografici
   - formazione professionale
   - carriera nei media (giornali/tv/libri)
   - atteggiamento politico

Eugenio Scalfari – Franca Magnani
Gianni Brera – Giorgio Bocca
Lilli Gruber – Fabrizio Gatti
Indro Montanelli – Roberto Saviano

4. *Il fatto quotidiano* – un nuovo quotidiano per l'Italia. Fate una ricerca e presentate il giornale in classe.

5. La televisione

5.1 Quanto sei televisivo?

1. Quante ore al giorno guardi la tv?
   a. Meno di 2 ore.
   b. Più di 3 ore.
   c. Tra le 2 e le 3 ore.
2. Accendo la televisione …
   a. in ogni momento del mio tempo libero.
   b. per seguire i miei programmi preferiti.
   c. per vedere le ultime notizie.
3. Secondo il giornalista Piero Angela la televisione di oggi "va dove la porta il soldo", cioè la pubblicità. Cosa ne pensi?
   a. È inevitabile: i programmi hanno un costo che deve essere recuperato.
   b. È giusto: i programmi che piacciono di più devono andare avanti.
   c. È un'assurdità: in questo modo la qualità passa in secondo piano.
4. Gli otto milioni di persone che guardano il Grande Fratello …
   a. si divertono.
   b. si riconoscono nei personaggi.
   c. perdono tempo.
5. Per te la televisione rappresenta:
   a. una finestra sul mondo.
   b. una rappresentazione falsa della realtà.
   c. un universo fantastico, migliore di quello reale.
6. Se ti capita di guardare una soap opera …
   a. ti riconosci in tanti aspetti dei personaggi.
   b. pensi che quel mondo sia troppo dorato per essere vero.
   c. pensi che, per quanto inverosimili, quelle storie rappresentino comunque sentimenti e situazioni reali.
7. Due settimane senza tv:
   a. diventi pazzo.
   b. non cambia niente.
   c. inizialmente ti innervosisci, ma poi trovi comunque qualcosa da fare.

(1) a = 1, b = 3, c = 2 | (2) a = 3, b = 2, c = 1 | (3) a = 3, b = 2, c = 1 (4) a = 2, b = 3, c = 1 | (5) a = 2, b = 1, c = 3 | (6) a = 3, b = 1, c = 2 (7) a = 3, b = 1, c = 2

Profilo 1 – Da 7 a 11: Telescettico

Ostenti una certa indifferenza nei confronti del mezzo televisivo, dei suoi personaggi e dei modelli di comportamento che propone. Usi la televisione come uno strumento di informazione, ma il tuo tempo libero è occupato da molte altre attività e il tuo contatto col mondo è garantito anche da altri mezzi di comunicazione. Coltivi la distanza necessaria per non lasciarti affascinare dallo scintillante mondo che ti viene quotidianamente messo sotto gli occhi. **Critico.**

Profilo 2 – Da 12 a 16: Telemoderato

La televisione ti piace, ci sei cresciuto e te ne servi con una certa costanza da quando sei piccolo/a. La consideri uno dei possibili strumenti di intrattenimento, però non la vedi come un'alternativa rassicurante alla vita reale, perché alcune situazioni ti appaiono troppo lontane dal tuo quotidiano. Pensi che sia un mezzo utile per conoscere e divertirsi, ma ti sentiresti limitato/a se dovessi fare riferimento solo ad esso. **Pluralista.**

Profilo 3 – Da 17 a 21: Teledipendente

Mattina, pomeriggio, notte: ogni momento è quello giusto per goderti qualche ora di televisione. Hai le tue preferenze, ma non disdegni nulla di quello che ti passa sotto gli occhi e lo zapping è uno dei tuoi sport preferiti. Sei continuamente aggiornato sulle novità del piccolo schermo, che consideri ormai una parte insostituibile, se non addirittura la più importante, del tuo vivere quotidiano. **Insaziabile.**

---

recuperare: *zurückgewinnen*; inverosimile: poco credibile, reale; ostentare: far vedere; l'intrattenimento: il divertimento; rassicurante: che dà sicurezza; disdegnare: *verachten, verschmähen*; insaziabile: che non può essere soddisfatto

da: Beatrice Manietti, Massimiliano Pescini: *Leggere il quotidiano per capire il presente*. Firenze: Felice Le Monnier 2004, p. 241

5.2 La televisione – così piccola, così forte: la storia della televisione italiana

Lavoro sul testo

1. Formate cinque gruppi. Ogni gruppo legge una parte del seguente testo:
   1. (r. 1–25)
   2. (r. 26–52)
   3. (r. 53–72)
   4. (r. 73–103)
   5. (r. 104–134)

   Fate un riassunto degli aspetti più importanti del vostro brano e create una cronologia della storia della televisione italiana. Poi presentate i vostri riassunti in classe.

Alle origini: la rapida ascesa del piccolo schermo

Il 13 gennaio 2004 la televisione italiana ha compiuto cinquant'anni. Per essere una signora di mezza età, sembra godere di ottima salute e di un'eccezionale popolarità. In mezzo secolo di vita, è riuscita a entrare nelle case del 98% degli italiani, a condizionare i loro costumi e i loro consumi, istruirli (istupidirli, sostengono i suoi critici), contribuendo all'unità nazionale, come ha fatto notare uno dei padri fondatori della RAI, il giornalista Enzo Biagi, più di quanto non abbia fatto Garibaldi. Migliore o peggiore che sia diventata, certo la televisione italiana è cambiata molto da quel lontano 3 gennaio 1954, quando andò in onda, con qualche anno di ritardo rispetto agli altri paesi europei, per la sua prima trasmissione.

Prima di allora, le uniche fonti di informazione di massa di una popolazione dove solo il 25% delle persone parlava correttamente l'italiano e il 13% era analfabeta, erano state la radio e il cinema, presto travolti dalla fortuna del nuovo media. Inizialmente la tv viene vista solo in Piemonte, Lombardia, Liguria, Toscana, Umbria e Lazio, ma già alla fine del 1954 la quota di popolazione raggiunta supera il 48% e nel '61 tocca il 97% degli italiani. Ma anche se nei primi dieci anni di vita della RAI gli abbonamenti crescono costantemente, passando dai 24.000 del 1954 agli oltre 6 milioni del 1965, sono ancora in pochi a possedere un apparecchio televisivo, troppo costoso, misterioso e ingombrante. Per vedere la tv bisogna uscire, riunirsi al bar, al circolo o in casa di un vicino, ricreando così la stessa atmosfera calda e chiassosa e lo stesso clima di aggregazione sociale che si respirava nelle sale cinematografiche.

6 **istupidire:** rendere stupidi

22 **ingombrante:** *sperrig, platzraubend* 24 **chiassoso:** pieno di rumore

25 **l'aggregazione:** la riunione

Non solo divertimento: educazione, informazione e politica

A differenza degli Stati Uniti, dove la tv entra da subito nel circuito commerciale, in Europa diventa uno strumento culturale controllato dalle istituzioni pubbliche, che ne fanno non solo un'occasione di intrattenimento, ma anche un mezzo di educazione e informazione,

30 **l'intrattenimento:** il divertimento

utile, soprattutto in Italia, per creare una lingua nazionale molto più di quanto sia in grado di fare la scuola. Inizialmente i programmi durano quasi quattro ore al giorno. La pubblicità viene introdotta solo nel 1957: comincia l'epoca d'oro di *Carosello*. I suoi spot lunghissimi, almeno per gli standard attuali, e strutturati come vere e proprie storie nelle quali lo spettacolo prevale sul prodotto, hanno rappresentato per vent'anni le colonne d'Ercole della giornata dei bambini: finito *Carosello*, si filava a letto. Il boom economico, che porta nelle case degli italiani un nuovo, improvviso benessere, fa aumentare anche gli abbonati alla RAI. Il potere democristiano, che ha dominato la politica e la cultura dal 1948, entra in crisi e cede il passo all'affermarsi del centrosinistra. Come la scena politica, anche la RAI si sdoppia: nel '61 nasce il secondo canale, ancora in bianco e nero. La giornata televisiva dura adesso quasi undici ore, e mentre sul primo canale è occupata quasi per la metà da una programmazione di tipo culturale (gli altri programmi si dividono equamente tra spettacolo e informazione), e cioè teatro di prosa, lirica, racconti e romanzi sceneggiati, sul secondo il punto di riferimento culturale privilegiato diventa il cinema. Ma la massima popolarità la tv la raggiunge grazie all'intrattenimento. Il primo grande successo di massa è *Lascia o raddoppia?*, che va in onda dal 1955 al 1959 e che impone al pubblico la figura di Mike Bongiorno, segnando l'inizio della fortuna dei quiz a premi.

37 **le colonne d'Ercole:** la fine del mondo conosciuto

La fine del Monopolio RAI

Fino agli anni Settanta, la scena televisiva resta sostanzialmente immutata. La RAI progredisce sul piano tecnico (fino al 1968 si trasmette solo in differita, ma con le Olimpiadi del Messico inizia la diretta intercontinentale) e spettacolare (i varietà del sabato sera, come *Studio uno* e *Canzonissima*, diventano sempre più sfarzosi), ma mentre il paese è in tumulto per la contestazione studentesca e operaia del '68, il controllo dello Stato tiene lontana la tv dai nuovi fermenti culturali. Il monopolio della RAI termina nel 1975, con la nascita delle prime emittenti private (fino a quel momento le uniche visibili erano Telemontecarlo, Tv Svizzera e Tv Capodistria), che hanno però il divieto di andare oltre l'ambito locale, e, nel 1979, della terza rete RAI, creata per dar voce alle Regioni istituite nel 1970.

Le televisioni private si moltiplicano rapidamente e in cinque anni, dal 1976 al 1981, passano da 68 a 600, con palinsesti che coprono 24 ore su 24. La concorrenza costringe la RAI a una radicale trasformazione: nel 1977 viene introdotto il colore, le ore di trasmissione aumentano insieme alla pubblicità, si cominciano ad acquisire film dagli Stati Uniti e a scritturare personaggi di richiamo per l'intrattenimento. Ma la guerra dell'etere è solo all'inizio.

55 **immutato:** senza cambiamenti 56 **in differita:** *zeitversetzt*

58 **sfarzoso:** *pompös, aufwändig*

59 **la contestazione:** la protesta

67 **il palinsesto:** tutte le trasmissioni programmate da un canale televisivo per un certo periodo (un giorno / una settimana / un mese)

72 **l'etere:** *Äther, terrestrischer Sender*

Nasce Mediaset

Nel 1974 nasce a Milano una tv condominiale, Telemilano: sembra l'ennesima stazione locale, invece è la prima pietra del gruppo Fininvest-Mediaset. Nel 1979 Berlusconi controlla già un circuito televisivo nazionale, Reteitalia, alimentato da Publitalia 80, la concessionaria che raccoglie pubblicità.

Nel 1980 fonda Canale 5 e l'anno successivo compra i diritti del Mundialito, incrinando l'esclusiva RAI sul calcio. Nel corso degli anni Ottanta la Fininvest acquista Rete 4 dalla Mondadori e Italia 1 dalla Rusconi. La RAI adesso ha un concorrente temibile, capace di attirare i suoi divi più amati (Mike Bongiorno è il primo a emigrare), di strapparle programmi seguitissimi come *Dallas* e di imporle la sua spregiudicatezza. La tv commerciale segna insomma una rivoluzione non solo sul piano del mercato, ma anche su quello dei contenuti e delle forme di intrattenimento. È un tipo di televisione leggera, scintillante, affollata di comici, soap opera e soubrette poco vestite, che più che a educare i suoi utenti mira a farne dei consumatori.

Si consolida in questi anni, e attraverso questi passaggi chiave, il duopolio RAI-Mediaset che continua tuttora: in Italia ci sono 640 canali televisivi ma le tre reti RAI e i tre canali Mediaset raccolgono quasi tutti gli ascolti e gli investimenti pubblicitari. Un duopolio che la carriera politica di Berlusconi, e il controllo sulla RAI garantitogli dalla maggioranza in Parlamento, ha trasformato di fatto in un monopolio. L'unica alternativa credibile è La 7, nata nel 2000 con l'ambizione di diventare il terzo polo televisivo ma rimasta per ora una emittente di nicchia, senza riuscire a cambiare gli equilibri di quella che è definita l'anomalia italiana.

75 **ennesimo:** *x-te*

80 **incrinare:** *einreißen*

84 **la spregiudicatezza:** essere senza scrupoli

Mediaset/Berlusconi

La tv commerciale

Le televisioni commerciali del gruppo Mediaset hanno cambiato profondamente anche la fisionomia della RAI, che ha abdicato alla sua vecchia vocazione didattica e formativa per inseguire la linea dei palinsesti concorrenti, pieni di format e di soap opera acquistati dall'estero, di reality show che trasformano gli spettatori in protagonisti e portano in televisione le storie e il linguaggio della gente comune, di fiction, quiz e soprattutto di spot pubblicitari.

I più esposti a questa mutazione televisiva sono i giovani e gli adolescenti, tra i principali consumatori di immagini del piccolo schermo. Il 75% della popolazione al di sotto dei 18 anni passa davanti alla tv più di

101 **la nicchia:** *Nische*

106 **la fisionomia:** gli aspetti caratteristici

quattro ore al giorno (ma a considerare la tv il mezzo di comunicazione preferito è addirittura il 93,4%), con una spiccata preferenza per le trasmissioni di intrattenimento: videoclip, soap opera, fiction, reality show. Quattro ore al giorno sono molte, troppe secondo la maggior parte degli psicologi e dei sociologi. Quanto basta, comunque, perché il linguaggio, gli stili di vita e i modelli di comportamento proposti dalla televisione condizionino profondamente le aspirazioni dei ragazzi, la loro identità, il loro immaginario e la loro idea del mondo.

La rivoluzione digitale

Dopo la fase pedagogica del monopolio pubblico e quella del supermercato delle immagini delle reti commerciali, il futuro ne promette una terza, quella della cosiddetta rivoluzione digitale. I primi canali a pagamento nascono in Italia già alla fine degli anni Novanta, ma lo sviluppo della tecnologia digitale e delle trasmissioni via satellite ha moltiplicato solo di recente l'offerta delle *pay tv*, delle *pay per view* (dove si pagano solo i programmi che si scelgono di vedere) e dei canali tematici (solo cinema, solo sport, solo informazione, ecc.). Dopo decenni di passività, garantita dalla gratuità delle televisioni commerciali, gli spettatori sono chiamati a scegliere non più soltanto il contenitore schiacciando un tasto del telecomando, ma la qualità del contenuto.

da: Beatrice Manietti, Massimiliano Pescini: *Leggere il quotidiano per capire il presente*, Firenze: Felice Le Monnier 2004, p. 225–228

Lavoro sul testo

2. Spiegate il titolo dell'articolo "La televisione – così piccola, così forte".
3. Spiegate le seguenti parole chiave del testo:
   - l'unità nazionale
   - strumento culturale
   - il duopolio RAI – Mediaset
   - l'anomalia italiana
   - supermercato delle immagini

Ricerc@

4. Il testo fa riferimento ad alcuni programmi famosi. Fate una ricerca in Internet per informarvi su
   - Carosello
   - Lascia o raddoppia
   - Studio Uno
   - Canzonissima

Mike Bongiorno con l'attore americano Danny Kaye durante una trasmissione di 'Lascia o raddoppia', aprile 1956

5.3 Italia tra tv spazzatura e veline

1. Analizzate questa vignetta. Che cosa vuole esprimere il disegnatore?
2. Quali programmi tedeschi definireste come "tv spazzatura"? Spiegate perché.

Quante volte, accendendo la televisione, la si spegne subito dopo, per non stare a vedere quella che si definisce la "TV Spazzatura"? Oramai aumentano i cosiddetti talk show, reality show, che vengono dall'America ma che stanno facendo vera tendenza anche in tutta l'Europa, Italia compresa. Partiamo dal più vecchio di tutti, e se si può dire, il peggiore: *Grande Fratello*. Una casa ospita 14 concorrenti, 7 uomini e 7 donne, che passeranno 2 mesi insieme, cambiando del tutto la loro personalità e il loro modo di vivere. Tutto questo seguito minuto per minuto da telecamere piazzate dappertutto. "Figli" di questo programma sono *La Fattoria*, dove in una casa stile 1800 senza elettricità o comodità moderne, vivono dei "vip" ormai passati di moda. *L'isola dei famosi*, con 10 concorrenti più o meno famosi che accettano di vivere in una sperduta e primitiva isola senza cibo e alloggio per 55 giorni. Ce n'è per tutti i gusti, su ogni canale a ogni ora. Tutti hanno però lo stesso copione. Ogni settimana viene eliminata una persona. E a lungo andare ne rimangono sempre meno. Alla fine c'è sempre solo un vincitore che si dice "profondamente sorpreso" per la sua vincita, solitamente un'alta somma di denaro.

Non si parla però solo di *reality*, ma anche di *talk show*. Programmi dove famiglie, amici, fidanzati litigano e si rimproverano di tutto. Alla fine c'è sempre gente che piange disperata oppure una coppia felice che fino a mezz'ora prima sembrava volesse ammazzarsi. Alcuni esempi sono: *Al Posto tuo*, dove dopo una buona ora passata a litigare, a scoprire gli altarini della persona in questione, questa viene sottoposta a una "scelta" che gli cambierà la vita. Un miscuglio tra reality e talk show, è *Amici* di Maria De Filippi, una lagna che dura più o meno 10 mesi dove cantanti e ballerini si sfidano ogni giorno per vincere. Durante tutto ciò c'è il talk show naturalmente: si sparla di quello e di quella, che naturalmente lo viene a scoprire. Da lì incomincia una storia che si ferma solo dopo circa 10 puntate. Un meccanismo per mantenere la gente incollata alla televisione per ore che evidentemente funziona. Basta vedere gli alti ascolti. Ma tutto ciò che si vede è un falso, sono tutti attori pagati per far stare la gente in casa e rifugiarsi nei problemi di sconosciuti, per scappare dai propri. I genitori che poi si lamentano che i figli crescono pieni di

15 **il copione:** *Drehbuch*

23 **scoprire gli altarini:** *aus dem Nähkästchen plaudern*

25 **il miscuglio:** la miscela

26 **la lagna**: *Geheule*

problematiche non si dovrebbero lamentare, ma stare più con i loro figli invece di lasciarli davanti alla televisione, come se fosse una baby-sitter.

Veline – un'invenzione tutta italiana

Commento di Giovanni Mariotti

Sono in corso le selezioni per le nuove veline del telegiornale satirico su Canale 5 "Striscia la notizia". Ecco una grande notizia per il popolo delle belle ragazze; e anche un motivo di stress, che per alcune si sovrapporrà allo stress dell'esame di maturità. Nei sogni inquieti delle liceali, la signora Moratti si alternerà con Antonio Ricci. Nella trasmissione il compito delle veline è di star sedute davanti a un tavolo e di rispondere alle strane domande dei conduttori e poi improvvisamente saltano sul tavolo e fanno un ardito "stacchetto". Veline. Ci sfilano ogni giorno davanti agli occhi. Si sa che vengono ingaggiate per animare le feste dei cosiddetti Vip. Che cosa le aspetta: una brillante carriera nello show-business? Un marito? Un calendario? O un destino amaro e degradato? Non lo sappiamo, e non lo sanno neanche loro. Sono le confuse protagoniste di un fenomeno bizzarro, che è soltanto italiano. Da qualche tempo possiedo un'antenna satellitare e mi piace guardare le televisioni di altri Paesi, anche se non conosco la lingua. Vedo persone che parlano e discutono, altre che ballano o cantano; vedo quiz; vedo belle donne poco o per niente vestite; ma non vedo nessuno che abbia la funzione puramente decorativa delle nostre veline. È dunque evidente che si tratta di una specialità. Di un'invenzione in cui si manifesta il Genio della Stirpe. Gli artefici della nostra televisione amano allestire fantasmagorie dove tutto è mescolato: la politica, la comicità, la recitazione, la musica, e infine – ingrediente necessario – una nuvola rosa di carni femminili, che ha il compito di sfumare tutto e di rendere tutto più gradevole.

mariotti_giovanni@iol.it, Il Venerdì della Repubblica

NOTA BENE
le veline: Ciascuna delle due giovani ballerine e vallette che assistono i conduttori di *Striscia la notizia*, probabilmente in quanto nelle prime edizioni della trasmissione fornivano loro le notizie su fogli di carta (Parole per ricordare, Zanichelli) – velina: *Durchschlagpapier*

7 **Letizia Moratti:** Ministro dell'Istruzione (2001–2006); **Antonio Ricci:** creatore di *Striscia la notizia* 12 **lo stacchetto:** una breve danza 14 **ingaggiare:** dare un posto di lavoro 25 **la stirpe:** *Stamm/Sippe*; **l'artefice:** *Urheber/Schöpfer* 26 **allestire:** *inszenieren/gestalten*; **la fantasmagoria:** *Trugbild*

Lavoro sul testo

1. Descrivete e commentate il quadro della tv italiana che emerge dai testi.
2. Secondo voi, perché la cosiddetta "tv spazzatura" ha così tanto successo?
3. Come giudicate il sogno di tante giovani ragazze di diventare velina?
4. Veline nella tv tedesca? Secondo voi, sarebbe possibile?
5. Analizzate tono e intenzione degli autori.

Ricerc@

6. "Educazione, informazione e politica" – Che cosa è rimasto dell'idea iniziale della televisione italiana? Fate una ricerca in Internet, studiate i palinsesti dei diversi canali e individuate programmi di qualità – come "Porta a Porta", "TGR Leonardo", "Art News" o "Superquark" – che seguono ancora quell'ideale.

Veline di *Striscia la notizia*

Compito di grammatica: articolo e concordanza

7. Mettete l'articolo indeterminativo o determinativo (con o senza preposizione) e le desinenze delle parole.

La televisione

___ sistem___ televisiv___ italian___ comprende ___ TV pubblic___ e ___ TV privat___. ___ RAI è stat___ fondat___ ___ 1954. Chiunque possieda ___ televisore, deve pagare ___ canone annu___, cioè ___ tassa ___ RAI.
Mediaset e La Sette, invece, sono TV privat___. RAI, Mediaset e La Sette costituiscono ___ TV tradizional___. ___ canal___ RAI sono Rai Uno, Rai Due e Rai Tre, mentre quelli Mediaset sono Canale 5, Rete 4 e Italia 1. ___ schema ___ programm___ che vengono mandat___ in onda in ___ determinat___ periodo si chiama palinsesto. Su ogni canal___ viene trasmess___ ___ pubblicità, ___ cui presenza viene regolamentat___ ___ legge.

Il giornale

___ giornal___ quotidian___ escono in edicol___ ogni giorn___ e sono ___ form___ più antic___ di diffusione ___ notizie. In Italia ___ maggior___ quotidiani o "testate" sono il *Corriere della Sera*, la *Repubblica*, *Il Sole 24 ore*.
Generalmente in ___ quotidiano vi sono: ___ prim___ pagin___ che mette in evidenza ___ notizie più important___, ___ pagine di politica intern___ ed ester___, ___ cronaca nazional___ e local___, ___ pagine cultural___ e, infine, quell___ sportiv___ e di spettacolo.

La rivista

Oltre a___ quotidian___ ___ stamp___ italian___ comprende anche numeros___ rivist___. Vi sono rivist___ dedicat___ ___ cronaca e ___ politica, come *Panorama* e *L'Espresso*, rivist___ femminil___, rivist___ di moda, di musica, di cucina e così via. Di solito ___ rivist___ escono ogni settiman___, a volte ogni quindici giorn___, alcun___ ogni mes___.

La radio

Oltre ___ radio ___ RAI, in Italia è molto diffus___ ___ fenomen___ delle radio local___, privat___. Ce ne sono tantissim___ e trasmettono principalmente musica, oltre a spazi di informazion___ e aggiornamenti ___ traffico.

http://www.zanichellibenvenuti.it/wordpress/?p=2234

Economia e lavoro

5

1. Quali prodotti italiani conoscete?
   - moda
   - cibo
   - design
   - arredamento
   - motori

2. Secondo voi, perché i prodotti *Made in Italy* hanno grande successo in tutto il mondo?

Carta economica d'Italia

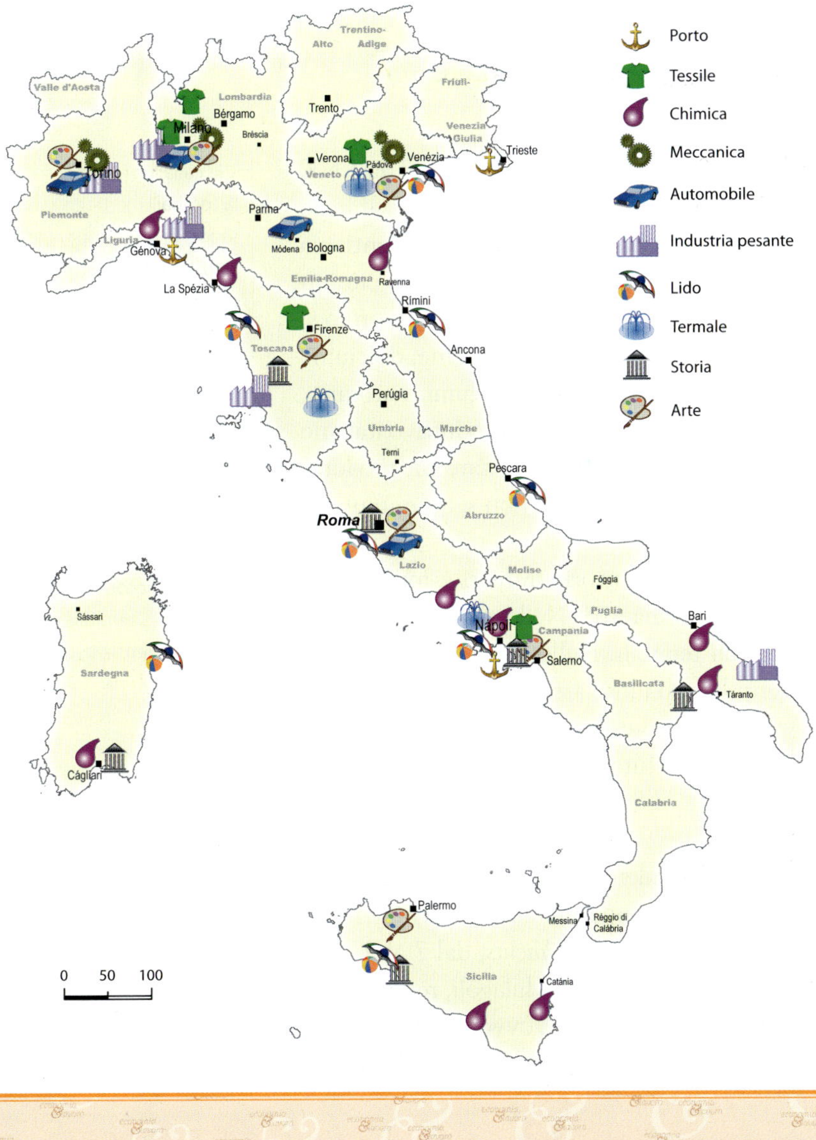

1. L'economia italiana

1.1 Lusso all'italiana

1. Qual è l'oggetto più prezioso che possedete?
2. Lusso – che cosa significa per voi?

Di lusso mi voglio vestire

Dalla culla alla tomba. Dal vestito per bimbi di Loretta Caponi da 1.800 euro alla bara con seta e pietre preziose da 15.000 euro e oltre. Il lusso made in Italy non conosce limiti e non ha uguali al mondo. Centinaia di aziende di ogni dimensione si dedicano a soddisfare gli sfizi più impensabili della clientela più esigente. Non solo borse, gioielli, orologi, scarpe, vestiario, ma anche automobili, arredamento, cucine, dolciumi, enogastronomia, alberghi, oggettistica, pavimenti, profumi, ristoranti, vini e yacht, fino ad aerei ed elicotteri. In ogni settore produttivo italiano c'è qualcuno che investe tempo ed energie per realizzare un prodotto esclusivo e, spesso, assai costoso, da vendere a chi "non si accontenta".

In alcuni settori la concorrenza dei produttori stranieri è forte. Negli orologi, ad esempio, gli svizzeri sono maestri. Nella moda e nell'enogastronomia, i francesi sono rivali temibili. Nelle automobili tedeschi, inglesi, giapponesi e statunitensi hanno i loro assi nella manica. Nessun paese al mondo, però, può vantare una presenza così ampia sul mercato mondiale del lusso, che nel 2006 ha fatturato 160 miliardi di euro, con una crescita annua del 9%. […]

Cosa vuol dire, di fatto, lusso? Per rispondere a questa domanda bisogna, prima di tutto, fare una distinzione cui tengono molto gli organizzatori del sesto Salone del lusso di Vicenza (*Luxury & Yachts*, dal 7 al 9 e dal 14 al 16 marzo 2008): "Una cosa – spiega Chiara Malagoli, responsabile della comunicazione – è parlare di 'cose da ricchi', ovvero di beni molto costosi, ma per accedere ai quali basta avere i soldi, altra cosa è parlare

1 **la culla:** un letto per i neonati; **la tomba:** i morti vengono sepolti in una tomba 2 **la bara:** *Sarg*; **la seta:** una stoffa molto preziosa; **la pietra preziosa:** *Edelstein* 4 **dedicarsi a:** *sich einer Sache widmen*; **lo sfizio:** *Laune*; **impensabile:** incredibile
5 **esigente:** *anspruchsvoll*; **i gioielli:** collane, orecchini, anelli 6 **il vestiario:** *Garderobe*; **i dolciumi:** i dolci 7 **l'oggettistica:** *Geschenk- und Haushaltsartikel* 10 **accontentarsi:** essere contenti 13 **temibile:** < temere
14 **statunitense:** degli Usa; **la manica:** *Ärmel* 15 **vantare qc:** *sich einer Sache rühmen*

16 **fatturare:** *umsetzen*
17 **annuo:** ogni anno

23 **accedere:** *Zugang haben*

di lusso vero e proprio, per il quale più ancora del prezzo (comunque alto) conta l'esclusività del prodotto data dalla particolarità dei materiali, dalla 'tiratura limitata' o ancor meglio dal 'pezzo unico'.
Insomma, la moquette in cashmere di Loro Piana sarebbe più snob (infatti l'ufficio stampa dell'azienda non ne comunica il prezzo) e da ricchi che un lusso vero e proprio, come la collana creata a fine anni Ottanta da Gianmaria Buccellati per un'anonima (e molto facoltosa) signora americana, con 66 diamanti grezzi che formano un cuore di anemoni in oro giallo con pistilli decorati di brillanti o la fuoriserie Pagani-Zonda, realizzata in soli 20 esemplari da 345 km/h per circa 700.000 euro o ancora dei pavimenti o pareti in mosaico creati in copia unica su disegno originale dalla Sicis di Ravenna a 2.500 euro al metro quadro.
Forse è per questo che il vicepresidente di Altagamma, Andrea Illy (contitolare della nota azienda di caffè), riferendosi alle realizzazioni degli iscritti dell'associazione, preferisce parlare di prodotti di alta gamma e non di prodotti di lusso. "Per far parte di Altagamma – afferma –, non contano tanto i prezzi di vendita dei prodotti di un'azienda, quanto una grande tradizione produttiva, un marchio conosciuto nel mondo, grande esperienza, qualità di prodotto e un forte legame con la cultura".

Viene da chiedersi se il mercato del lusso sia sempre uguale a se stesso o se muti nel tempo. "Il lusso oggi – risponde Ferruccio Rossi della Riva motoscafi, che con imbarcazioni che vanno da 100.000 a oltre 500.000 euro e molti clienti di lingua tedesca, opera in un settore in grande espansione – è meno gridato che in passato. Il cliente tipo del terzo millennio non vuole più stupire a tutti i costi, ma ricerca rigore estetico, sobrietà ed eleganza. È per questo che i prodotti italiani sono vincenti".
Prodotti con stile, dunque, ma comunque riservati sempre a una élite. Pochi fortunati possono permettersi di pernottare nell'albergo a sette stelle Town House Gallery di Milano, che ha 25 suite dagli 800 ai 4.000 euro a notte e nel quale, ad esempio, si può chiedere una bambinaia madrelingua per qualsiasi lingua; oppure di acquistare una sacca in pelle di Bottega Veneta a 30.000 euro; o ancora di sorseggiare un Sassicaia del 1972 da 2.500 euro a bottiglia. Crepi l'avarizia!

27 **la moquette:** *Teppich*

30 **facoltoso:** ricco 31 **grezzo:** *Roh-* 32 **il pistillo:** *Blütenstempel;* **la fuoriserie:** *Sondermodell* 36 **il/la contitolare:** *Mitinhaber/in*

NOTA BENE
Altagamma: associazione che riunisce 57 fra le aziende più grandi del lusso italiano

39 **affermare:** *qui:* spiegare
42 **il legame:** *Verbindung*

44 **mutare:** cambiare
45 **il motoscafo:** *Motorboot;* **l'imbarcazione:** la barca
46 **operare:** *tätig sein*
48 **il rigore:** *Strenge*
49 **la sobrietà:** *Nüchternheit;* **vincente:** che ha successo

54 **la sacca in pelle:** la borsa di cuoio/pelle 55 **sorseggiare:** *schlürfen* 56 **crepi l'avarizia:** *der Geiz möge sterben*

Lavoro sul testo

1. Leggete il testo e abbinate i titoli ai paragrafi/passi del testo:

Clienti – il prezzo non importa…	Attenzione! Lusso non è sempre lusso …
Lusso made in Italy – c'è qualcosa per tutti i gusti.	Un settore senza concorrenza

2. Fate un riassunto dei singoli paragrafi usando le seguenti espressioni utili:

> **Espressioni utili**
> Il primo/secondo paragrafo parla di …
> Il paragrafo comincia con …
> L'autore ci informa che …
> L'autore presenta/descrive …
> Il testo (seguente) contiene (alcuni) esempi che illustrano …

3. "La legge del lusso non è aggiungere, ma togliere". *(Giorgio Armani)* – Che cosa significano le parole del famoso stilista italiano, secondo voi?
4. Discutete in classe: "Se io fossi ricco/a comprerei anch'io oggetti di lusso". Lo fareste davvero?

1.2 I settori dell'economia italiana

Abbinate queste espressioni ai singoli settori dell'economia:

turismo – finanza – estrazione – agricoltura – edilizia – allevamento – pesca – artigianato – servizi – industria

l'estrazione: *Abbau/Gewinnung (von Bodenschätzen)*; **l'allevamento:** far crescere animali

settore primario

settore secondario

settore terziario

Settore primario: agricoltura, allevamento, pesca, estrazione

Agricoltura ed allevamento hanno un peso marginale, e risentono di difficoltà di organizzazione. Nonostante alcuni risultati positivi, per esempio nella coltivazione di olivi, uva da vino ed ortaggi, l'Italia importa ancora molte derrate agricole. Nell'allevamento prevalgono ovini e caprini, specie sull'area appenninica; nelle regioni del Nord si allevano anche bovini e suini. Modesta è l'attività peschereccia.
L'Italia ha scarse risorse minerarie, ed è anche un forte importatore di energia. Non ci sono importanti giacimenti di ferro, carbone e petrolio. L'estrazione di gas naturale, soprattutto nella valle del Po e al largo del mar Adriatico, è recentemente aumentata e costituisce la principale risorsa estrattiva del Paese.

2 **marginale:** *Rand-*

5 **la derrata:** bene, cibo; **ovini e caprini:** pecore e capre

7 **bovini e suini:** mucche e maiali

9 **il giacimento:** *Vorkommen*

Settore secondario: industria, edilizia, artigianato

La forza dell'industria italiana consiste nella lavorazione e produzione di manufatti, principalmente in aziende medio-piccole di proprietà familiare. Le industrie meccaniche (auto, moto, macchine utensili, elettrodomestici), della difesa (elicotteri, sistemi di difesa, armi leggere, blindati), chimiche (petrolio, gomma, farmaceutica), elettroniche, della moda, del tessile, del cuoio, del mobile, costruzioni, cantieristico navale, energia, metallurgia e agroalimentare sono quelle più rilevanti per l'economia italiana. Le maggiori produzioni industriali sono situate nelle regioni Lombardia, Piemonte, Veneto ed Emilia-Romagna.
Il Nord e il Nord-Ovest hanno tradizionalmente costituito il nucleo dell'industria italiana. I benefici chiave includono: la facilità degli scambi commerciali con il resto d'Europa, la produzione di energia idroelettrica grazie alla presenza delle Alpi, e ampio terreno pianeggiante. Per esempio una delle più grandi industrie italiane, la FIAT, si trova a Torino.
L'Italia è uno dei paesi leader nella produzione e nel design di automobili e ciclomotori con imprese automobilistiche come il Gruppo Fiat, che include Alfa Romeo, Lancia, Fiat, Ferrari, Maserati ed Iveco, quest'ultimo uno dei leader mondiali nella produzione di camion e tir. L'industria italiana produce anche motociclette e scooter, grazie ad aziende come Piaggio e Aprilia. Non meno rilevante è il settore degli elettrodomestici, con gruppi come Candy ed Indesit Company. Il Paese è leader mondiale nella produzione di macchine utensili ed industriali, realizzata in gran parte da piccole e medie aziende.
L'Italia è rinomata in tutto il mondo per i suoi prodotti di lusso nel campo della moda. I marchi più famosi sono Gucci, Prada, D&G, Armani, Versace per l'abbigliamento; Ferragammo, Paciotti, Tod's per le calzature; Luxottica, Safilo per gli occhiali, ma la produzione è ricca anche nei campi della gioielleria e degli accessori di moda.

18 **il blindato:** *Panzerfahrzeug*

29 **il ciclomotore:** *Mofa*

31 **il tir:** *LKW*

In ogni caso l'Italia soffre la concorrenza delle industrie delle economie emergenti che, grazie al basso costo della manodopera, riescono ad essere molto competitive. Infatti, nonostante le grandi punte di eccellenza dell'economia italiana, questa è costituita in gran parte da una produzione che non richiede grande capitale umano né ha una grande spesa in ricerca e sviluppo, e quindi soffre più di altre la concorrenza del basso costo asiatico. Imprese che al contrario avrebbero quelle caratteristiche sono le imprese Hi-tech e informatiche, non molto presenti in Italia.

43 **emergente:** che hanno sempre più successo (*aufstrebend*); **la manodopera:** gli operai

Settore terziario: servizi, finanza, turismo

Nel settore terziario, un ruolo di rilievo è svolto dal turismo: l'Italia accoglie molti visitatori, specie grazie al suo patrimonio artistico. Le altre attività terziarie sono importanti, ma non sempre sviluppate. Il commercio con l'estero si svolge in gran parte con il resto dell'Unione Europea, soprattutto con Francia e Germania; importanti sono anche gli scambi con la Cina e gli Stati Uniti.

http://it.wikipedia.org/wiki/Economia_italiana (abbreviato e modificato)

Lavoro sul testo

1. Leggete queste affermazioni. Sono vere o false? Correggete se è necessario.

   1. L'agricoltura è di grande importanza per l'economia italiana.
   2. L'Italia dipende dall'importazione di prodotti alimentari e di energia.
   3. L'Italia dispone di grandi risorse naturali.
   4. In Italia ci sono tante aziende familiari.
   5. La maggior parte dell'attività industriale si svolge nel sud del paese.
   6. La produzione di elettrodomestici è di poca rilevanza.
   7. I partner più importanti dell'Italia si trovano all'interno dell'UE.

2. Riassumete i vantaggi strategici del nucleo dell'industria italiana.
3. Quali sono i problemi che l'industria italiana deve affrontare?

1.3 Le aziende in Italia

1. Descrivete queste foto.
2. Spiegate perché sono uno specchio della storia dell'economia italiana.

L'Italia ha subito un profondo cambiamento dopo la seconda guerra mondiale, quando il boom economico ha trasformato l'economia italiana da agricola a industriale. Attualmente l'Italia è al settimo posto per prodotto interno lordo, nonostante le caratteristiche peculiari della sua economia.
Infatti l'Italia è caratterizzata da piccole e medie imprese, che lavorano nei settori più diversi, poche grandi industrie con oltre 1.000 dipendenti e pochissime aziende attive nell'agricoltura. Il settore più produttivo è quello dei servizi (terziario) che rappresenta quasi il 70% del prodotto interno lordo italiano e i cui punti di forza sono il commercio e il turismo. Altra particolarità dell'economia italiana è la concentrazione delle aziende in determinate aree geografiche. Infatti la maggiore concentra-

1 **subire:** essere costretto a sopportare

4 **il prodotto interno lordo (il Pil):** *Bruttoinlandsprodukt*; **peculiare:** particolare

7 **i dipendenti:** le persone che lavorano per una ditta

zione di imprese è nelle regioni del Nord, seguite da quelle del Centro e infine dal Sud, dove lo sviluppo industriale – ed economico – è particolarmente sottosviluppato ma le potenzialità per lo sviluppo sono alte. Un'altra voce importante per l'economia italiana è sicuramente l'export, l'esportazione di merci italiane all'estero. Infatti la produzione italiana, il cosiddetto *Made in Italy*, è apprezzata in tutto il mondo per la qualità, l'originalità e la creatività dei suoi prodotti. Vestiti, scarpe, borse, ma anche gioielli, macchine, mobili e tutte quelle creazioni uniche fatte a mano nelle tante botteghe artigiane italiane.
Il turismo invece rappresenta una parte fondamentale per l'Italia e la sua economia. Con oltre la metà del patrimonio storico-artistico del mondo censito dall'UNESCO, migliaia di siti archeologici e oltre 3.000 musei diffusi in tutto il territorio, il turismo contribuisce a circa un terzo del Pil italiano, occupando circa un milione di persone.

http://www.webpromoter.com/articoli/aziende/

Lavoro sul testo

1. Delineate lo sviluppo dell'economia italiana dopo la seconda guerra mondiale.
2. Individuate le particolarità dell'economia italiana oggi.

Ricerc@

3. *Made in Italy* – aziende famose … Fate una ricerca in Internet su aziende italiane conosciute in tutto il mondo. Usate il sito dell'azienda e altre risorse sulla rete per raccogliere informazioni su:
   - sede commerciale
   - prodotti
   - persone importanti
   - storia dell'azienda
   - "mission" dell'azienda
   - relazioni internazionali
   - altre cose notevoli

2. Il mondo del lavoro

1. Secondo voi, quali sono i problemi più gravi che si devono affrontare quando si perde il lavoro?
2. Commentate la vignetta e riferitevi alla realtà economica italiana.

ISTAT: Istituto nazionale di Statistica

2.1 Stefano Benni, *Il disoccupato* (dramma in un atto)

Personaggi: l'impiegato dell'ufficio di collocamento, l'uomo con la barba

Impiegato — Il suo nome, prego?
Uomo — Nicola.
— Nicola e basta?
— Ehm … metta Nicola Di Natale …
— Ha un codice fiscale, una partita Iva?
— No, niente …
— Che lavoro faceva prima?
— Ehm … trasporto … trasportavo merce …
— Quindi sa guidare un camion.
— No.
— E con cosa la trasportava?
— Ehm… mezzi miei.
— Senta: lei sa quanto è difficile oggi trovare un lavoro. Se lei mi si presenta qui dicendo mezze parole e mugugnando, si scordi che possa aiutarla … sia più preciso: per che ditta lavorava?
— Articoli su richiesta del cliente.
— Una specie di Postal Market?
— Sì. Il cliente scriveva una lettera e noi recapitavamo la merce, se possibile.
— In che senso "se possibile"?
— Se il cliente era buono …
— Buono nel senso di solvibile? Se poteva pagare, cioè.
— Uhmmm …
— E dai! Mugugni pure! Guadagnava a percentuale? A forfait?
— Avevo un rimborso spese per me e per i miei aiutanti.
— Aiutanti. Quanti?
— Dodici.
— Nomi?
— Erna, Lorna, Mabel, Karen, Gina, Elsa, Brigitte, Blinka, Sonia, Viska, Molly, Selma …
— Ahi ahi, andiamo bene. Magari non ha mai pagato i contributi …
— I cosa?
— Senta, la sua situazione è perlomeno torbida … e con queste dodici "aiutanti" cosa faceva? Sa che il lenocinio è proibito?
— No no … le mie aiutanti … ecco, mi aiutavano a trasportare la merce.
— Credo di capire … neve?
— Neve, sì, tanta … ne ho visto tanta, di neve.
— Guardi: non so se lei mi sta prendendo in giro, ma adesso chiamo la polizia.
— No la prego no … i miei bambini …

l'ufficio di collocamento: *Stellenvermittlung*

5 il codice fiscale: *Steuernummer;* la partita Iva: *Umsatzsteuernummer*

14 mugugnare: *brummen*

17 Postal Market: *Versandhaus*

18 recapitare: *zustellen, liefern*

22 solvibile: *zahlungsfähig, solvent*

24 a forfait: *pauschal*

25 il rimborso spese: *Kostenerstattung*

31 i contributi: *Abgaben*

33 torbido: *unklar*

34 il lenocinio: *Zuhälterei*

—Ha dei bambini?

—Sì ho dei bambini che mi aspettano.

—Quanti?

—Circa quattromila.

—Lei mi spaventa.

—No. Io amo i bambini. E loro amano me.

—E come li frequenta tutti questi bambini?

—Entro nelle loro case, di notte …

—Ha la chiave?

—Per la verità, no.

—Bene. Se ho capito bene allora lei è un ruffiano, spaccia eroina, è pedofilo, ladro e cerca lavoro …

—Non capisco …

—Giù la maschera, signore … e si tolga quella barbona che è palesemente finta. Ho già suonato l'allarme e entro tre minuti la polizia sarà qui.

—Oh Dio! Che scandalo!

—Non faccia gesti inconsulti. Mi dica chi è lei veramente!

—Io mi chiamo Papà Natale.

—È un rapper? È un posse?

—No, sono quello che distribuisce i regali, i giocattoli. Come posso spiegare? Lei ha un figlio? Ebbene suo figlio crede che lei sia me … o viceversa …

—Lei è pazzo!

—Suo figlio mi ha scritto e una di queste notti, io entrerò in casa sua.

—In casa mia? Io le sparo!

—Ma è possibile che lei non sia mai stato bambino. Io ho amato anche lei …

—Lei è pericoloso *(impugna una pistola)*.

—No, non lo faccia. *(Entrano dodici renne.)* Lo faccia per loro …

—Adesso sì che ho capito.

—Meno male.

—È Candid Camera, vero? *(Sorride guardandosi intorno.)*

(L'uomo con la barba bianca se ne va, sconsolato.)

da: *Cuore*. Settimanale di resistenza umana. 15.08.1992, Anno 4, Numero 81

51 **il ruffiano:** *Zuhälter*; **spacciare:** *dealen*

54 **palesemente:** *offensichtlich*

57 **inconsulto:** *unbesonnen*

59 **il posse:** termine usato per i rapper di gruppi italiani degli anni '90

69 **la renna:** *Rentier*

72 **Candid Camera:** *Versteckte Kamera* 73 **sconsolato:** triste/desolato

Lavoro sul testo

1. Di che tipo di colloquio si tratta? Fate un breve riassunto.
2. Spiegate in che modo l'autore crea l'umorismo. Scegliete tre esempi per illustrare la vostra risposta.
3. Paragonate il linguaggio (sintassi, campi semantici) dei due personaggi.

Attività creativa

4. Immaginate il colloquio tra l'impiegato dell'ufficio di collocamento e un personaggio famoso come per esempio il Papa, Michelangelo o Federico II o scegliete un altro personaggio. Scrivete un breve dialogo e mettetelo in scena, in modo che la classe possa indovinare di chi si tratta.

2.2 Trovare lavoro

1. Abbinate queste spiegazioni ai quattro componenti dell'emblema:
   - simboleggia la volontà di pace della nazione
   - simboleggia la forza e la dignità del popolo italiano
   - simbolo dell'attività lavorativa, traduce il primo articolo della Carta Costituzionale:

     Art. 1
     L'Italia è una Repubblica democratica, fondata sul lavoro.

   - è uno degli oggetti più antichi del nostro patrimonio iconografico ed è sempre stata associata alla personificazione dell'Italia, sul cui capo essa splende raggiante.

l'Emblema della Repubblica italiana

2. Che cosa si deve fare per trovare un posto di lavoro?
3. Secondo voi, ci sono possibilità insolite per trovare lavoro?

da: www.quirinale.it (testo modificado)

Arriva la lotteria del lavoro, in palio un posto da cassiera o dj

Caterina Pasolini per La Repubblica

Più che sul lavoro, l'Italia sembra ormai diventata una repubblica fondata sulle lotterie. Perché anche il posto ormai non si trova ma si vince, per estrazione. Addio ai vecchi premi, dai soldi al viaggio esotico, ora il biglietto più desiderato mette in palio uno stipendio. I primi casi a settembre in Lombardia, poi le iniziative si sono moltiplicate, da dicembre estrazioni a ripetizione in Sardegna, qualche giorno fa una radio a Firenze ha offerto un impiego in cambio di un'idea, mentre oggi una rete di supermarket annuncia che vuole allargare l'esperimento della lotteria dell'impiego su scala nazionale. In un Paese in crisi numeri, cartelle, estrazioni quotidiane invadono aule e aziende. I professori comprano Gratta e vinci per finanziare la scuola a corto di fondi, chi teme di non vedere la pensione si affida alle estrazioni di Win for life che promettono 4mila euro per vent'anni, mentre chi è disoccupato spera nella fortuna, nelle estrazioni per rimediare un posto.

Cambiano i tempi e i premi messi in palio si adeguano ai bisogni, alla realtà che trasforma e restringe i sogni come maglioni infeltriti. Così quello che prima "era dato quasi per scontato, ovvero un lavoro fisso finiti gli studi o dopo l'esperienza a bottega, diventa oggi un regalo", dice il sociologo Domenico De Masi che aggiunge ironico "ci si affida alla fortuna per trovare un'occupazione perché la ragione non lo consente. Persino io per un posto di receptionist dovrò estrarre a sorte. Ho 150 candidati, bravissimi, laureati. Scegliere sarebbe comunque un'ingiustizia". Trovare

3 l'estrazione: *Auslosung*
4 essere/mettere in palio: essere un premio/offrire come premio
11 Gratta e vinci: *Rubbellos*
14 rimediare: *ergattern*

16 infeltrito: *verfilzt*
17 dare per scontato: *als selbstverständlich ansehen*

lavoro è come vincere un terno al lotto. Lo sanno bene tutti quelli che ammattiscono tra annunci, part time e stage gratuiti. Lo hanno capito soprattutto gli esperti di marketing delle aziende. "Dagli anni Venti studiano come fidelizzare il cliente e attirarne di nuovi. Ora il premio più seducente è un lavoro. E offrendo occupazione migliorano anche la loro immagine, danno un'idea di partecipazione ai problemi del consumatore. È un modo di dirgli: siamo con te, invitando così indirettamente all'acquisto", sottolinea il sociologo dei consumi Vanni Codeluppi.
E così lo slogan è "Vinci il tuo lavoro", come se aspettasse proprio te, anche se poi lo si può cedere – e sono tanti le madri che facevano la spesa per figli in cerca di impiego o licenziati a 50 anni – seduce come l'invito a "Fai la spesa da noi, con trenta euro di scontrino partecipi al concorso per posti da commesso". Ha iniziato una catena lombarda, la Tigros: per 10 posti sono state spedite 360mila cartoline, a dicembre in Sardegna un altro gruppo la Csd ha messo in palio 48 posti per un anno tra Super Sigma e Despar. Per i primi 4 lavori assegnati a dicembre, 250mila sono state le cartoline conquistate a furia di scontrini da 30 euro, altre 160mila per quelli di gennaio. E l'idea del gruppo, visto il successo, è di allargare il concorso. "Noi spendevamo in Sardegna 900mila euro l'anno per le raccolte premi a punti, ora la somma l'abbiamo messa offrendo posti di lavoro, oltre a quelli in organico. Diamo una mano in una regione in crisi e ci facciamo pubblicità: gli scontrini sono aumentati del 21 per cento", dice Antonello Basciu che, amministratore delegato Csd e vicepresidente Sigma, medita di allargare l'esperimento al resto del Paese. "Spendiamo in raccolte premi 25 milioni di euro l'anno tra Despar e Sigma, un lavoratore costa 21mila euro, cambiando destinazione significherebbe altri 1.190 posti ...".
L'idea, però, non piace a chi di lavoro, diritti e sfruttamento si occupa da una vita. "Queste iniziative sono il segno di quanto sia grave la crisi ma le lotterie sono sbagliate perché comunicano una concezione del lavoro troppo simile alla merce. Certo, se invece di regalare pentole si offrissero sempre posti ...", dice Flavio Fammoni, segretario confederale Cgil. Chi lo fa già è la tv argentina. Il programma quotidiano più seguito vede due disoccupati sfidarsi per un posto di lavoro. Ad aggiudicarlo, senza pietà, il pubblico.

la Repubblica, 05.02.2010

23 **il terno al lotto:** vincere il premio più grande
24 **ammattire:** diventare matto/ perdere la testa 26 **fidelizzare:** affezionare alla ditta clienti e dipendenti

43 **il posto in organico:** *Planstelle*

55 **Cgil:** sindacato italiano
56 **aggiudicare:** dare/ concedere

Lavoro sul testo

1. Spiegate perché il testo parla di una "repubblica fondata sulle lotterie".
2. Individuate le ragioni per cui esiste il fenomeno delle "lotterie". Che cosa ne pensano le voci critiche?
3. E voi, cosa ne pensate di questo sviluppo? Discutete in classe.

Commento personale

4. "Ognuno è artefice della propria fortuna: chi vuole lavorare troverà lavoro!" – Secondo voi, è veramente così?

3. Economia e criminalità organizzata

Commentate la copertina del libro di Francesco Barresi e le vignette. Qual è il nesso tra mafia e economia, secondo voi?

S.p.A. = Società per Azioni: *Aktiengesellschaft;*
il pizzo: *1. Spitze (Kleidung); 2. Schutzgeld*

3.1 La mafia in Germania

In italiano

State passando un anno scolastico in un liceo palermitano. A scuola avete parlato della mafia e il professore vi ha chiesto di scrivere un articolo su questo fenomeno italiano in Germania. Fate un riassunto del testo in italiano e includete questi due aspetti che spiegano il modo di agire della mafia:

- Le attività della mafia in Germania
- La lotta contro la mafia

(Un)heimliche Wirtschaftsmacht in Deutschland
Italienische Mafia und organisierte Kriminalität

Im „Dossier Politik" geht es in dieser Woche um eine (un)heimliche Wirtschaftsmacht: um die Organisierte Kriminalität. Im Zentrum stehen dabei die Fragen: Wie stark ist die italienische Mafia in Deutschland? Und: Wird die Organisierte Kriminalität hierzulande von Polizei und Politik unterschätzt?

Von Pauline Tillmann

Die Organisierte Kriminalität ist alles und nichts, es fallen Drogenhandel, Waffenschmuggel, Geldwäsche, Schutzgelderpressung, Menschenhandel, Korruption, Prostitution und vieles andere mehr unter diesen Begriff.

In Deutschland ist vor allem die italienische Mafia, als ein Beispiel für Organisierte Kriminalität, sehr aktiv. Jährlich soll sie zwischen 100 und 150 Milliarden Euro umsetzen – hauptsächlich mit Drogenhandel, Geldwäsche, Erpressung und durch enorme Investitionen.

Die Mafia hat vor allem Ostdeutschland fest im Blick: mit Immobilien, Restaurants und Grundstücken. Erfurt soll das Epizentrum der italienischen Mafia im Osten sein und hier gibt es auch auffallend viele italienische Restaurants. Damit hat sich auch die Autorin Petra Reski auseinandergesetzt. Seit sie vor zwei Jahren das Buch „Mafia. Von Paten, Pizzerien und falschen Priestern" herausgebracht hat, lebt sie gefährlich. Sie bekommt – genauso wie der Buchautor Roberto Saviano – Morddrohungen und wird auf ihren Lesereisen offen beschimpft und bedroht. Sie kritisiert, dass seit den Morden in Duisburg nichts passiert sei.

Die Morde von Duisburg als Alarmsignal

Die Morde in Duisburg haben vor zwei Jahren für viel Aufsehen gesorgt. Plötzlich war klar: Die italienische Mafia ist nicht tausende Kilometer entfernt auf Sizilien, sondern mitten unter uns. Seit den 1960er-Jahren, als die ersten Gastarbeiter aus Italien nach Deutschland eingewandert sind, wickelt sie hier ihre Geschäfte ab. Besonders aktiv ist dabei die N'drangheta aus Kalabrien.

Dieser Mafiaorganisation gehörten auch die Täter von Duisburg an, die sechs Menschen auf offener Straße erschossen haben. Der letzte flüchtige der drei Hauptverdächtigen wurde Anfang Februar festgenommen.

Geldwäsche und Scheinfirmen

Die Mafia konzentriert sich aber nicht nur auf Geldwäsche durch Pizzerien, sondern zum Beispiel auch auf den Bankensektor. „So verzerrt die Mafia den Wettbewerb im Finanzwesen", sagt Petra Reski, „weil sie durch Schutzgelderpressung viel Geld in den Kreislauf pumpen kann".

Ein anderer Bereich, den die Mafia fest im Blick hat, sind Fördergelder der EU. So hat ein Clan nach Erkenntnissen des Bundesnachrichtendienstes allein in den Jahren 2001 bis 2004 eine Summe von 25 Millionen Euro an Fördergeldern erhalten. Dazu dienten in erster Linie Scheinfirmen, die von Strohmännern geführt wurden und Verbindungen in die lokale Politik unterhielten.

Verbindungen in die Politik oder Personalmangel?

Interessant ist, dass die Mafia tatsächlich eng mit der Politik verwoben sein soll. Stichhaltige Beweise dafür fehlen weitgehend. Fakt ist, dass in den vergangenen Jahren immer weniger Ermittler eingesetzt worden sind, um gegen die Organisierte Kriminalität anzukämpfen – und so wurden auch immer weniger Tatverdächtige festgenommen.

Waren es im Jahr 2001 laut Bundeslagebericht des Bundeskriminalamtes noch 15.237 Tatverdächtige, sank die Zahl im Jahr 2008 auf gerade mal 9.472. Das macht deutlich: Seit 2001 werden die meisten personellen und finanziellen Kapazitäten auf die Bekämpfung des internationalen Terrorismus gelenkt. Es stellt sich also die Frage: Wird genug gegen die Organisierte Kriminalität vorgegangen? Welche Dimensionen nimmt sie mittlerweile eigentlich an? Und: Wird das Problem, auch von der Politik, bis heute unterschätzt?

http://www.br-online.de/bayern2/dossier-politik/mafia-kriminalitaet-deutschland-ID1270711810021.xml

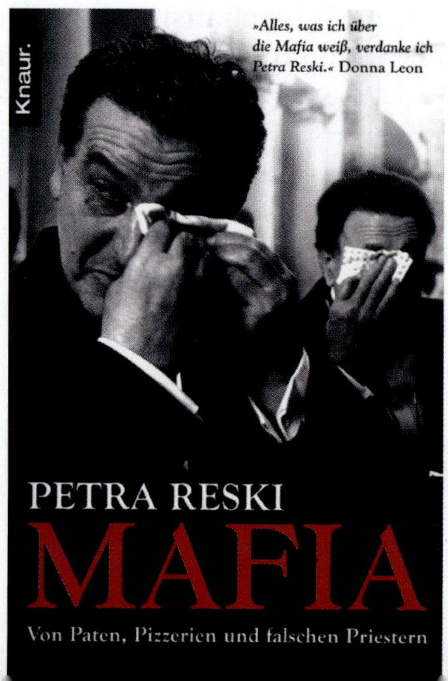

3.2 Addiopizzo

Secondo voi, si può combattere la mafia? Perché sì/no? E come? Discutete in classe.

Palermo si ribella al racket Gli imprenditori: basta col pizzo

PALERMO – Sorridono, alzano le dita in segno di vittoria, si abbracciano, si spellano le mani per applaudire poliziotti e magistrati che li hanno "liberati" da Provenzano e dai Lo Piccolo, da chi ha imposto loro per anni la "tassa" a Cosa nostra. È una Palermo irriconoscibile quella che riempie fin su al loggione quello stesso teatro Biondo che tre anni fa rimase deserto quando Confindustria e Anm organizzarono un convegno su mafia e racket.

Ci sono, questa volta tutti o quasi, i rappresentanti di industriali e commercianti, i volti noti dell'associazionismo, ma anche tante facce di gente qualunque, che ascolta, si guarda attorno, forse alla ricerca di un coraggio finora mancato. Una ragazza affida una disperata invocazione d'aiuto a un foglio che abbandona su una poltrona. "Sono la figlia di un imprenditore palermitano, sono venuta qui da sola speranzosa di trovare degli amici. Paghiamo tutti il pizzo e mio padre lo considera un costo fisso. È onesto, ha sempre camminato a testa alta pagando le tasse, ma ha paura di rimanere solo. Urlate, urlate per me che qualcosa può cambiare."

Chissà se la ragazza è ancora lì quando mille mani alzate a V salutano sulle note di "Ecco l'isola che non c'è" il battesimo dell'associazione antiracket "Libero futuro", 40 soci, la prima che si riesce a fondare a Palermo in sedici anni, dalla morte di Libero Grassi, l'imprenditore ucciso per aver detto no al pizzo nel silenzio degli industriali. Che ieri hanno voluto chiedere pubblicamente scusa alla vedova Pina Maisano Grassi con il loro nuovo leader, Ivan Lo Bello.

E adesso gli industriali chiedono persino l'iscrizione ad "Addiopizzo" l'associazione di giovani che una notte di tre anni fa tappezzarono Palermo con degli adesivi con su scritto "Un popolo che paga il pizzo è un popolo senza dignità". All'inizio erano sette, volevano solo aprire un pub e si chiesero che fare se qualcuno fosse venuto a chiedere "la tassa". Oggi la scelta dei figli ha finito con il trascinare i padri.

http://www.repubblica.it/2007/10/sezioni/cronaca/mafia/palermo-racket/palermo-racket.html?ref=search

2 **spellarsi:** *sich aufschürfen*

5 **il loggione:** in un teatro la parte più lontana dal palcoscenico

NOTA BENE

Bernardo Provenzano: capo della mafia siciliana (arrestato nel 2006)

Salvatore Lo Piccolo: capo della mafia siciliana (arrestato nel 2007)

NOTA BENE

Confindustria: Confederazione Generale dell'Industria Italiana *(Dachverband der italienischen Unternehmen)*
Anm: Associazione Nazionale Magistrati *(Nationaler Verband der Richter und Staatsanwälte)*

30 **trascinare:** tirarsi dietro qualcosa facendolo strisciare per terra

"Addiopizzo Travel", viaggi in Sicilia senza lasciare un soldo alla mafia

NOTA BENE
il racket: la rete delle organizzazioni mafiose

Progetto di turismo etico: ecco gli itinerari tra locali, commercianti e imprenditori che dicono no al racket

PALERMO – È l'invito a viaggiare per la Sicilia 'senza lasciare un euro in tasca alla mafia', a mangiare o dormire in ristoranti e alberghi dove i titolari hanno detto no al racket. Scatta così il turismo targato Addiopizzo con un'agenzia che nasce proprio dai ragazzi che dieci anni fa sconvolsero Palermo con quegli adesivi provocatori incollati alle vetrine di commercianti piegati dalla paura. Sarà che dopo ogni convegno c'era sempre qualcuno, a volte un'intera scuola, un gruppo di sindacalisti, altri ragazzi impegnati sul fronte della legalità, pronti a chiedere consigli su come e dove andare, su cosa e dove comprare, fatto sta che tre volontari da anni sul fronte hanno deciso di mettere a frutto la rete tessuta con tanti altri giovani. Quella di 400 commercianti e imprenditori, artigiani, albergatori, librai e così via, tutti adesso segnati nella mappa di "Addiopizzo Travel". Una carta topografica che premia i coraggiosi, con i "consigli per gli acquisti", specchio di un'agenzia ideata da Francesca Vannini Parenti, 29 anni, Edoardo Zaffuto, 33, e Dario Riccobono, 30, laureati in Lettere e Scienze della formazione, master ed esperienze maturate fra Roma, Venezia, borgate e quartieri a rischio di una Palermo che adesso offrono come pacchetto vacanze.

1 **l'itinerario:** il percorso di un viaggio

7 **sconvolgere:** provocare una grande agitazione; **l'adesivo:** Aufkleber

9 **il sindacalista:** *Gewerkschaftler*

10 **sul fronte di:** *in Bezug auf*

http://www.corriere.it/cronache/09_novembre_05/pizzotravel_felice_cavallaro_5b0ce230-ca17-11de-9720-00144f02aabc.shtml (testo abbreviato)

Come s'impara l'antimafia? Con un gioco da tavola

L'antimafia debutta nel gioco dell'oca. Vince solo chi conosce la storia di Falcone, Borsellino, Impastato, Chinnici ma anche le nuove iniziative di Addiopizzo, quali sono le altre mafie e cosa significano alcuni termini come Tangentopoli o Mani pulite. Ecco il "Kit della legalità" presentato da Rosalba Vitellaro e Alessandra Viola, rispettivamente regista e direttrice di produzione del cartone animato "Giovanni e Paolo e il mistero dei pupi", la storia immaginaria di due ragazzini che un giorno diventeranno i giudici Falcone e Borsellino. Ogni kit contiene una copia del dvd del cartone, coprodotto da Rai fiction e Larcadarte in collaborazione con la Regione siciliana, un gioco da tavola con domande sulla mafia ma anche sulla storia e la geografia siciliana, una guida per gli insegnanti e un libretto con i fumetti realizzati dagli studenti delle scuole medie dell'Isola. Entro la settimana ogni scuola media della Regione potrà richiedere gratuitamente una copia per classe.

1 **il gioco dell'oca:** *italienisches Brettspiel*

7 **il pupo:** una marionetta siciliana

http://palermo.repubblica.it/cronaca/2010/10/11/news/come_s_impara_l_antimafia_con_un_gioco_da_tavola-7948267/index.html?ref=search

Lavoro sul testo

1. Riassumete con quali mezzi "Addiopizzo" e altre iniziative cercano di combattere la mafia. Secondo voi, sono efficaci? Motivate la vostra risposta.
2. Spiegate com'è nata "Addiopizzo" e come l'organizzazione si è sviluppata con gli anni.

Commento personale

3. Esponete le vostre idee sul seguente tema: "Consumo critico – consumo ecologico – consumo equosolidale. Noi consumatori possiamo migliorare il mondo tramite un consumo più consapevole?"

Ricerc@

4. Andate sul sito di Addiopizzo e cercate informazioni su
   - il manifesto di Addiopizzo.
   - la collaborazione con scuole.
   - come voi potete aiutare Addiopizzo.

Letizia Battaglia

5. Chi sono

   Giovanni Falcone? – Paolo Borsellino?
   Peppino Impastato? – Rocco Chinnici?
   Letizia Battaglia? – Roberto Saviano?

   Fate una ricerca in Internet e presentate i personaggi in classe.

Compito di grammatica: Preposizioni

6. Completate con le preposizioni (articolate): a – con – di – in – per

Il Commercio Equo e Solidale è un approccio alternativo ▬ commercio convenzionale: il suo scopo è promuovere giustizia sociale ed economica e sviluppo sostenibile attraverso il commercio, la formazione, la cultura, l'azione politica. Il Commercio Equo e Solidale vuole riequilibrare i rapporti ▬ i Paesi economicamente meno sviluppati, migliorando l'accesso ▬ mercato e le condizioni ▬ vita ▬ produttori svantaggiati. Garantisce, infatti, ▬ produttori un giusto guadagno e condizioni ▬ lavoro dignitose. Elimina le intermediazioni speculative e sostiene, ▬ il prefinanziamento, progetti ▬ autosviluppo. Il Commercio Equo e Solidale propone una nuova visione ▬ economia e ▬ mondo, attenta ▬ interessi ▬ tutti. È uno strumento ▬ disposizione ▬ ognuno ▬ noi ▬ difendere e promuovere i diritti economici e sociali, cambiando i perversi meccanismi ▬ un modello economico che antepone il profitto ▬ diritti fondamentali ▬ esseri umani. Il Commercio Equo e Solidale è un movimento che vanta oltre 40 anni ▬ attività a sostegno ▬ contadini e artigiani ▬ Sud ▬ mondo. Si tratta oggi ▬ un'alternativa concreta e sostenibile ▬ iniquità ▬ commercio internazionale, che nelle idee ▬ pionieri iniziò ▬ piccole azioni ▬ solidarietà ▬ dimostrare la possibilità effettiva ▬ una sintesi tra concretezza e idealismo. Lavorare ▬ Commercio Equo e Solidale, o sostenerlo come consumatori consapevoli o come volontari, significa credere che un mondo diverso è possibile ▬ misura ▬ cui accettiamo le nostre piccole grandi responsabilità quotidiane ▬ cittadini inevitabilmente inseriti ▬ meccanismi economici ▬ società globale.

http://www.commercioequo.org/cees.htm

4. Giovani in crisi

1. Quali sono i vostri progetti e i vostri sogni per il futuro?
2. Che cosa vi aspettate dal vostro futuro lavoro?
3. Quali problemi potreste incontrare?
4. Descrivete e commentate questa foto. Perché queste persone sono scese in piazza, secondo voi?

4.1 Il futuro impossibile degli under 35

di Maurizio Ricci

ROMA – "Una vita senza futuro, senza progetti. Del resto, chi si può permettere dei progetti, quando non puoi comprare un mobile a rate o fare un mutuo per la casa? Sei appesa al nulla". Giovanna, quarantenne, precaria all'ufficio cassa di un ospedale abruzzese, campa da dodici anni di proroghe di tre, sei mesi del contratto: il presente le offre molto poco. Ma è molto, molto meglio del futuro, che è diventato un incubo.

L'incubo della tagliola: "Il contratto scade a fine gennaio. Chi sa cosa succederà? Io ho paura". Gianluca, 29 anni, laureato in Scienze della comunicazione, tre anni nel *call center* di una grande azienda, il contratto l'ha già perso. Scade a fine dicembre e sa già che non glielo rinnoveranno. "Cosa faccio? Torno dai miei. Non ne ho nessuna voglia e la sento come una sconfitta. Ma non posso stare in mezzo alla strada. E poi? Boh. Ho provato a chiedere in giro, ma i miei amici stanno come me".

La crisi economica, la recessione, stanno arrivando in queste settimane. Ma questa non è una crisi come le altre che l'hanno preceduta. È diversa, perché ha delle vittime predestinate. I sindacati lanciano un allarme a tutto campo. La cassa integrazione è cresciuta del 25% questa estate. In Lombardia è raddoppiata. I posti di lavoro a rischio, nei prossimi due anni, sono 900 mila solo nell'industria. Compresi commercio e servizi, potrebbero arrivare a un milione e mezzo.

Sono cifre enormi per un paese con 17 milioni di lavoratori dipendenti. Ma questa è la parte forte del mercato del lavoro, protetta da sussidi e garanzie che attutiscono l'impatto del taglio dei posti di lavoro. La mattanza dell'occupazione comincerà altrove, nella parte più debole ed esposta delle maestranze. Le vittime predestinate sono gli apprendisti, collaboratori, meglio noti come cococò, somministrati, interinali, a tempo determinato. L'esercito dei tre milioni di precari, che hanno

3 **il mutuo:** soldi dati in prestito da una banca 4 **campare:** vivere
5 **la proroga:** *Verlängerung*
7 **la tagliola:** la trappola
12 **la sconfitta:** *Niederlage*
16 **predestinato:** *voherbestimmt*
17 **la cassa integrazione:** *Lohnausgleichskasse*
22 **il sussidio:** *Zuschuss, Beihilfe*
23 **attutire:** *mildern, abschwächen*
24 **la mattanza:** *Abschlachten*
25 **la maestranza:** tutti gli operai che lavorano in un'industria
26 **cococò:** la collaborazione coordinata e continuativa (*dauerhafte freie Mitarbeit*); **il somministrato/l'interinale:** *nicht festangestellter Mitarbeiter*

monopolizzato il mercato del lavoro degli ultimi anni e per i quali non è necessario il licenziamento o l'anticamera della cassa integrazione: basta non rinnovare il contratto.

Perché questa è la prima crisi dell'era della flessibilità e tutto sta funzionando come prevedono i manuali. Flessibilità significa che è più facile assumere. Il problema è che, adesso, stiamo vedendo il rovescio della medaglia: è più facile anche licenziare. In teoria, dicono sempre i manuali, questo è un bene. Le imprese sono in grado di alleggerire rapidamente i costi, tagliando il personale. Così sgravate, reggono meglio la crisi e, non appena il vento dell'economia girerà, potranno riprendere più velocemente la corsa, tornando ad assumere. La teoria funziona, quando la crisi riguarda un'impresa o un gruppo di imprese. Quando è generale, l'impatto sociale è devastante, perché gente come Giovanna e Gianluca deve riuscire a galleggiare senza salvagente. [...]

Questa è una crisi diversa dalle altre perché non colpisce, come avviene di solito, alcuni settori, alcune categorie più di altre. Questa crisi colpisce una classe di età, come ai tempi del militare. È la crisi dei "bamboccioni", per dirla con Padoa-Schioppa. O, meglio, di quelli che, in questi anni, hanno trovato un lavoro. È la crisi dei giovani, perché è la crisi dei precari e il precariato è l'unica forma di lavoro che i giovani hanno trovato. L'interinale tipo ha 32 anni. Uno su due ha meno di 30 anni. Se la crisi sarà dura come dicono, un'intera generazione rischia di essere ributtata indietro, espulsa dal mercato del lavoro.

(23 dicembre 2008) http://www.repubblica.it/2008/10/sezioni/economia/lavoro-precario/precari-crisi/precari-crisi.html (testo abbreviato)

41 **galeggiare:** nuotare

44 **il bamboccione:** *Muttersöhnchen*

NOTA BENE

Padoa Schioppa: Tommaso Padoa-Schioppa (Belluno, 23 luglio 1940 – Roma, 18 dicembre 2010) è stato un economista italiano. (Wikipedia.it)

Lavoro sul testo

1. Spiegate perché per Giovanna e Gianluca il futuro è un "incubo".
2. Riassumete le caratteristiche della crisi economica.
3. Evidenziate l'intenzione dell'autore e analizzate tre mezzi stilistici con i quali cerca di attirare l'attenzione del lettore.
4. Usando le informazioni del testo, commentate questa vignetta.

Attività creativa

5. Giovanna e Gianluca si incontrano. Parlano della loro situazione, delle loro paure e dei loro sogni. Parlano anche delle loro prospettive e cercano una soluzione. Mettete in scena il loro dialogo.

4.2 Film: Tutta la vita davanti

NOTA BENE

Marta, una ragazza laureata in filosofia, deve, come tanti altri della sua generazione, accontentarsi di un lavoro precario.
Tutta la vita davanti è una commedia grottesca e surreale, ma non per questo meno realistica, che racconta il difficile inserimento dei giovani nel mondo del lavoro.
Uscita cinema: 28/03/2008
Regia: Paolo Virzì

http://www.comingsoon.it/Film/Scheda/Trama/?key=1406&film=Tutta-la-vita-davanti (testo modificato)

La laurea (3:20–6:34)

- Descrivete l'atmosfera della prima scena.
- Dopo la laurea, che cosa spera di fare Marta?
- Che lavoro fa Roberto, il ragazzo di Marta? Che cosa vuole fare nel futuro?
- Analizzate i meccanismi umoristici che vengono utilizzati nelle prime scene.
- Quali mezzi estetici sono stati scelti dal regista e dal cineoperatore?

In cerca di lavoro (7:30–8:00)

- Quale problema incontra Marta in questa breve scena?
- Analizzate l'inquadratura, l'angolo di ripresa, il campo e il montaggio di questa scena. Qual è il loro effetto?

Il mondo del lavoro (13:38–19:28)

- Che cosa succede sulla metropolitana?
- Che tipo di lavoro accetta Marta? Perché?
- Descrivete le condizioni in cui vivono Lara e Sonia.
- Che lavoro fa Marta un mese dopo? Come si sente? Voi, che cosa pensate di questo tipo di lavoro?
- Descrivete il "rituale mattutino" della Multiple Italia. Che cosa ne pensate?

Attività creativa

Immagina di essere Marta. Scrivi una lettera a Roberto, raccontandogli del tuo nuovo posto di lavoro.

4.3 Storie di successo

Nonostante tutti i problemi, ci sono anche storie di successo. Ecco tre giovani italiani che ce l'hanno fatta. Leggete e ascoltate le loro storie!

"Così facciamo impresa in Puglia"

di Roberto Zarriello

Piccole e medie imprese, *start up* con idee originali e alla ricerca del business vincente. Perché fare impresa sul web non è facile restando in Puglia "ma è ancora più bello se ci riesci".
Giovani e non solo che sognano di diventare imprenditori o manager affermati. Molti di loro, lo sono già. Piccole e medie imprese, start up con idee originali e alla ricerca del business vincente. Perché fare impresa sul web non è facile restando in Puglia "ma è ancora più bello se ci riesci. In quel caso, quando puoi dire ce l'ho fatta, la soddisfazione diventa doppia" commenta Giovanni Ruggiero, 27 anni di Mola di Bari. Lavora contemporaneamente come giornalista e addetto stampa, webmaster, community manager. "Il bello di lavorare sul web è che riesci a fare più cose contemporaneamente". La parola d'ordine è creatività. E bisogna crederci e non arrendersi dinanzi alle prime difficoltà. [...]

http://bari.repubblica.it/cronaca/2010/11/12/news/la_carica_dei_trentenni_sul_web_cos_facciamo_impresa_in_puglia-9028021/ (abbreviato e leggermente modific ato)

5 **affermato:** conosciuto / che ha successo

10 **l'addetto:** il responsabile

Io? Resto!

I giovani ricercatori italiani che lavorano all'estero sono più di 34.000. I giovani ricercatori stranieri che lavorano in Italia sono poco più di 3.000. Bastano questi numeri a far capire quanto è difficile fare ricerca in Italia. Per questo è sorprendente e bella la storia di Anna Leonardini, 33 anni. Nata a Monopoli, in Puglia, ha preso la laurea in Medicina. La sua passione è il rapporto con i pazienti, ma da qualche tempo lavora soprattutto nella ricerca. Le sue ricerche sono finanziate da uno dei più grandi gruppi farmaceutici del mondo: il gruppo Eli Lilly. Dove lavora Anna? Alla Harvard Medical School di Boston, dove ha studiato il suo maestro Francesco Giorgino? No. Anna lavora in un laboratorio di Bari. Il suo campo di ricerca è quello delle "cellule Cpc", le cosiddette "staminali del cuore". Il suo obiettivo: aiutare, forse cambiare la vita ai malati di diabete. Anna Leonardini non è figlia di medici o di docenti universitari. Non è uno dei tanti casi di "nepotismo" del mondo scientifico italiano. È una ragazza del Sud determinata e coraggiosa. La dimostrazione che forse, in molti casi, anche in Italia si può fare ricerca senza "fuggire" all'estero.

1 **il ricercatore:** *Forscher*

4 **sorprendente:** < sorpresa

11 **il campo di ricerca:** *Forschungsgebiet* 12 **la cellula staminale:** *Stammzelle;* **l'obiettivo:** la meta
14 **il nepotismo:** *Vetternwirtschaft* 15 **determinato:** *hartnäckig*

La laurea in Lettere? "È stato il mio punto di partenza"

il tirocinio: *Praktikum*; Enel: Ente Nazionale per l'Energia Elettrica

Lavoro sul testo

1. Chi sono Giovanni, Anna e Laura? Spiegate perché la loro vita professionale è una storia di successo.
2. Analizzate gli "ingredienti" del loro successo. Secondo voi, ci sono altri "ingredienti" che portano al successo?

Ricerc@

Studiare in Italia

3. Laura dice che andare all'estero "è un'esperienza che vale la pena fare". Anche per voi c'è la possibilità di studiare in Italia dopo la maturità. Andate sulla pagina web del MIUR (Ministero dell'Istruzione, dell'Università e della Ricerca) e informatevi sui seguenti aspetti:

- Perché studiare in Italia?
- Sistema di istruzione superiore
  - Settore universitario
  - Settore non universitario
- Aree di studio (che vi interessano)
- Classi di laurea (che vi interessano)
- Ammissione ai corsi di studio
- Iscrizione ai corsi di studio
- Programmi di mobilità internazionale
- Calendario accademico
- Valutazione e Scale valutative

NOTA BENE

Porta a Porta è una rubrica televisiva di approfondimento delle tematiche politiche e di attualità condotta da Bruno Vespa. Da sempre, la trasmissione è andata in onda su Rai 1 in seconda serata; la prima puntata è stata trasmessa il 22 gennaio 1996. [...] Bruno Vespa invita politici, esperti e personaggi televisivi a confrontarsi sul tema della serata [...] (Wikipedia.it)

Compito di grammatica: concordanza dei tempi – congiuntivo/indicativo

4. Inserite la forma giusta dei verbi nelle frasi subordinate secondo le regole della concordanza dei tempi.
   Attenzione: F = azione futura – C = azione contemporanea – P = azione passata. Poi completate con le vostre idee.

1. Penso che per l'economia italiana il turismo e la moda ▬ (*essere* – C)
2. Gli italiani sapevano che la crisi economica ▬ (*creare* – *F*)
3. È peccato che nel passato la politica italiana non ▬ (*riuscire* – *P*)
4. Benché la situazione economica in Italia ▬ (*sembrare* – C)
5. Molti disoccupati speravano che i datori di lavoro ▬ (*mettercela tutta per* – C)
6. Avevo paura che i miei genitori ▬ (*perdere* – *F*)
7. Vorrei che i giovani in tutto il mondo ▬ (*avere la possibilità di* – C)
8. Non è che tutti i laureati italiani ▬ (*dovere* – C)
9. È vero che anche nel futuro ▬ (*esserci* – *F*)
10. Mi pare che negli scorsi anni i movimenti anti-mafia ▬ (*avere* – *P*)
11. Secondo me, studiare in Italia ▬ (*essere* – C)
12. Le aziende italiane credono che il *Made in Italy* ▬ (*potere* – *F*)

Tra le Alpi e l'Africa

6

Descrivete le immagini e commentate le citazioni.

A Milano gli affari si combinano con un colpo di telefono, a Palermo anche con un colpo di lupara[1]. *Enzo Biagi*

◇◇◇

Milano è un enorme conglomerato di eremiti. *Eugenio Montale*

◇◇◇

O mia bela Madunina che te brillet da lontan
tuta d'ora e piscinina, ti te dominet Milan
sota te se viv la vita, se sta mai coi man in man

Oh mia bella Madonnina che splendi da lontano
tutta d'oro e piccolina, tu domini Milano
sotto te si vive la città, non si sta mai con le
mani in mano
Canzone tradizionale

◇◇◇

Milano a portata di mano
ti fa una domanda in tedesco
e ti risponde in siciliano
Lucio Dalla

◇◇◇

Italien ohne Sizilien macht gar kein Bild in der Seele: hier ist erst der Schlüssel zu allem.

Johann Wolfgang von Goethe, Italienische Reise, Palermo, den 13. April 1787

◇◇◇

La Città è così. È fatta a strati[2]. Ogni volta che ne sbucci uno ne resta un altro da sbucciare[3].
Roberto Alajmo

1 **la lupara** tipo di fucile tipico per la mafia in passato
2 **lo strato** *Schicht*, 3 **sbucciare** *schälen*

1. Milano

1.1 Per avvicinarsi alla città

Ricerc@

1. Quanti abitanti ha la città di Milano?
2. Quali quartieri ci sono?
3. Come si chiama il sindaco di Milano?
4. Che cosa vuol dire "meneghino"?
5. Che specialità si mangiano a Milano?
6. Gli ultimi risultati delle due squadre di calcio famose: Inter e Milan?
7. Questa settimana a Milano: Ci sono delle mostre? C'è una fiera? Che cosa danno al Teatro alla Scala? Ci sono altre manifestazioni?

Ricerc@: Milanesi famosi

8. In due "adottate" un personaggio e fate una breve presentazione. Dite
   - quando ha vissuto o quando è nato il vostro personaggio.
   - che cosa c'è di speciale, che cosa vi ha colpito.
   - qual è il suo ruolo per la città di Milano.

Giorgio Gaber – Alessandro Manzoni
Giorgio Strehler – Carlo Emilio Gadda
Carlo Porta – Lodovico il Moro
Caterina Visconti – Margherita Sarfatti

1.2 Brevi appunti storici

- La città fu fondata dai Galli nel IV secolo a. C.
- Il nome deriva da Medhelanon (santuario) o dalla "scrofa semilanuta", simbolo della città nell'antichità.
- Nel 222 a. C. i Romani conquistarono Milano e ne fecero un centro commerciale importante.
- 374 d. C.: *Sant'Ambrogio* divenne episcopo di Milano. Nell'undicesimo secolo Milano divenne *libero Comune.
- 1162: Barbarossa conquistò Milano. I milanesi però fondarono con altri comuni longobardi una Lega e sconfissero le truppe di Barbarossa nel 1176 a Legnano.
- 1277–1447: sotto la dinastia dei Visconti Milano divenne prima *Signoria e poi *Ducato.
- Seguirono 170 anni piuttosto duri sotto la dominazione spagnola.
- 1630: una crisi economica e la peste diminuirono drammaticamente la popolazione.
- Nel Settecento Milano cadde nelle mani degli austriaci.

2 **il santuario:** luogo sacro; **la "scrofa semilanuta":** animale mitologico, un cinghiale con il pelo mezzo lungo (semi-lanuta)

6 **Sant'Ambrogio:** 334–397, patrono di Milano, uno dei quattro massimi dottori della chiesa (con San Girolamo, Sant'Agostino e San Gregorio I papa), **l'episcopo:** *Bischof*

- 1796: Milano fu capitale della Repubblica Cisalpina (sul territorio del Ducato di Milano).
- 1802: Milano fu capitale della "Repubblica italiana" con Napoleone Bonaparte presidente. 1805: Nel duomo di Milano Napoleone viene coronato re del "Regno d'Italia" (sul territorio del Ducato di Milano (1805–1814)).
- 1848: Le famose "cinque giornate di Milano" furono un passo importante nel processo dell'unità d'Italia (Risorgimento 1861): Con l'aiuto dei contadini i milanesi e gli abitanti delle città vicine riuscirono a far fuggire i soldati austriaci.
- 1881: Expo nazionale che rese onore alle varie possibilità economiche della regione. Alla fine dell'Ottocento si assistette a un'enorme crescita della popolazione e uno sviluppo lavorativo. Nacquero i primi sindacati.
- Inizio e fine del periodo fascista a Milano: nel 1919 Mussolini fondò il movimento "Fasci Italiani di Combattimento", che più tardi diventerà il partito fascista. 26 aprile 1945: alla fine della seconda guerra mondiale il corpo di Mussolini fu esposto testa in giù in piazzale Loreto.
- Dopoguerra: periodo di crescita economica e demografica anche grazie all'immigrazione interna (dal sud dell'Italia).
- 12 dicembre 1969: inizio degli anni di piombo, con la strage di piazza Fontana, un attentato con 17 morti e 88 feriti
- Anni Ottanta: Milano al primo posto mondiale della moda
- 1992: Tangentopoli: scandalo di corruzione che coinvolse politici e imprenditori
- 2008: Milano è stata scelta per ospitare l'Expo 2015. Il tema dell'Esposizione Universale è "Nutrire il pianeta, Energia per la vita".

da: www.storiadimilano.it (testo adattato)

La scrofa semilanuta

24 **Risorgimento:** → vedi capitolo 7

30 **il sindacato:** le organizzazioni che rappresentano gli interessi degli operai

38 **il piombo:** *Blei*, → vedi capitolo 7; **la strage:** un attentato crudele

41 **la tangente:** soldi offerti ai politici per certi favori

Lavoro sul testo

Evidenziate i periodi piuttosto difficili e quelli positivi per i milanesi e cercate di spiegarne le ragioni.

NOTA BENE

libero Comune: tipo di governo cittadino nel Medioevo, in opposizione al feudo; il potere era nelle mani dei borghesi

Signoria: sviluppo dei liberi comuni: il potere passa nelle mani di un signore ricco e potente che riesce a designare il proprio successore e crea una dinastia, come i Visconti a Milano

Ducato: *Herzogtum*. Il Ducato di Milano comprese oltre a gran parte dell'attuale Lombardia parti del Piemonte, del Veneto, dell'Emilia-Romagna e della Toscana. Tra il 1450 e il 1535 al governo si alternarono la dinastia milanese degli Sforza e i Francesi. Il periodo sotto le dinastie dei Visconti e degli Sforza era uno dei più prosperi per la città.

Durante il primo periodo austriaco ci furono molte riforme e furono fondate istituzioni ancora attuali come il Teatro alla Scala, l'Accademia di Brera, la Biblioteca Braidense, la Cassa di Risparmio delle Province Lombarde, il catasto e alcune delle prime ferrovie italiane.

1.3 Splendori milanesi: quali vorreste vedere?

Il Duomo

Poche chiese italiane hanno avuto una costruzione così lenta e complessa come la ebbe il Duomo di Milano. Ci sono voluti ben cinque secoli in cui molti artisti famosi hanno partecipato per completare un eterno cantiere, aperto nel 1386 e concluso a fine Ottocento. Proprio per questo il Duomo è fortemente caratterizzato da una miscela di stili e di dettagli che lo rendono così simbolicamente grande. La Madonnina è una statua di Giuseppe Perego che raffigura la Madonna Assunta. Si trova in cima del Duomo. Dal momento della sua posa, avvenuta nel 1774, è diventata il simbolo della città, al di là del fatto religioso. Frasi come all'ombra della Madonnina indicano per antonomasia la città di Milano.

Il Castello Sforzesco

È uno dei simboli di Milano insieme alla *Madonnina* e alla Galleria Vittorio Emanuele II. Perché Sforzesco? Perché fu Francesco Sforza a ricostruirlo dopo che fu distrutto alla fine del Quattrocento. Oggi potete visitare nelle belle sale il museo d'arte antica, il museo dei mobili e la pinacoteca.

Galleria Vittorio Emanuele

(costruita tra il 1864 e il 1867)

La galleria è un passaggio coperto che collega piazza della Scala, piazza Duomo, via Silvio Pellico e via Ugo Foscolo, il cuore della città. È dedicata a Vittorio Emanuele II, primo re dell'Italia unita. La galleria offre negozi eleganti e servizi di ogni genere ed è, pertanto, meta dei milanesi e dei turisti per un po' di shopping.

Grattacielo Pirelli

(costruito tra il 1956 e il 1961)

Il *Pirellone*, come viene anche chiamato, è una delle costruzioni più alte del mondo fatta in cemento armato. Costruito appunto per la ditta Pirelli, è oggi sede della giunta, la sala consiliare e alcuni uffici della Regione Lombardia.

Santa Maria delle Grazie (costruita tra il 1495 e il 1498)
Splendida chiesa rinascimentale che custodisce uno dei capolavori di Leonardo, *l'Ultima Cena*.

Fiera Milano (1888) e **La Nuova Fiera** (2005)
Il Centro Espositivo e Impianto Fieristico della città è uno dei più importanti a livello internazionale. Rappresenta una vera e propria vetrina per il *Made in Italy* nel mondo.

I Navigli di Milano
I Navigli sono dei canali artificiali costruiti fra il 1179 (Naviglio Grande) e l'Ottocento (Naviglio Pavese) e sono stati progettati come via di trasporto sulle acque dei fiumi Ticino e Adda. Oggi sono un centro della vita notturna con molti bar e ristoranti.

Lavoro sul testo

1. Individuate i periodi storici in cui sono stati costruiti questi monumenti.
2. Quale luogo vi interessa di più? Giustificate la vostra scelta.

1.4 L'Expo 2015 a Milano

Auf Deutsch

Ein Freund arbeitet an seiner Seminararbeit. Sein Thema lautet: „Großveranstaltungen: Segen oder Fluch für eine Stadt?". Auf der Suche nach Informationen über die Expo Milano 2015 hat er einen Artikel im Archiv des *Corriere della Sera* gefunden, der gleich nach der Entscheidung für den Standort Mailand 2015 geschrieben wurde. Da er nicht Italienisch lernt, benötigt er Hilfe und bittet um eine sinngemäße Zusammenfassung.

Folgende Punkte sind für ihn von Interesse:

1. Welche Erwartungen sind mit der Expo 2015 für Mailand verknüpft?
2. Welche Rolle kommt der Bürgermeisterin Moratti zu?
3. Welche Interessensgruppen gibt es und was steht für sie im Vordergrund?
4. Gibt es auch kritische Stimmen?

"Expo 2015, il sogno è realtà Ora superpoteri al sindaco"

EXPO A MILANO 20 miliardi di euro di investimenti diretti e indiretti che saranno attivati per l'Expo 2015. Saranno realizzati interventi infrastrutturali per 3,22 miliardi (28% dei privati, 26% degli enti locali e 46% dello Stato) 29 milioni di visitatori attesi nei sei mesi dell'Esposizione internazionale, 160 mila persone al giorno nel nuovo polo fieristico da 1,7 milioni di metri quadrati; 70 migliaia di posti di lavoro che saranno creati dall'Esposizione del 2015. Le imprese prevedono un incremento del fatturato intorno ai 44 miliardi di euro.

Destra, sinistra, imprenditori e sindacati uniti: occasione da non perdere "Nuovo impulso" alle politiche per la mobilità. Wwf, Fai e Italia Nostra: "Necessario tutelare e valorizzare il territorio"

Il primo tappo di champagne esplode nelle stanze di Palazzo Marino un minuto dopo l'annuncio, "grande orgoglio", esulta il vicesindaco De Corato, e il suo diventa un brindisi ecumenico che abbraccia destra e sinistra, imprenditori e sindacati, aziende e artigiani, stretti in una giornata di concordia universale e bipartisan. L'Expo arriva a Milano con una parola d'ordine: "Grande occasione". E subito dopo, tra esultanza, congratulazioni e complimenti incrociati: "Ora mettersi a lavorare". Come la città s'è affidata al sindaco nella competizione, ora è lei che incorona grande timoniera verso il 2015: "Il decreto di nomina della Moratti a commissario straordinario per la realizzazione dell'Expo è già pronto", assicura De Corato. L'Esposizione a Milano accende l'orgoglio ("Siamo il motore d'Italia – esulta l'assessore Tiziana Maiolo – diventeremo il traino per molti altri Paesi") e lascia prefigurare anni di prosperità economica ("Notevoli

11 Wwf: World Wildlife Fund; **Fai:** Fondo ambiente italiano
12 Italia Nostra: Associazione per la protezione dell'ambiente e del patrimonio artistico
14 Palazzo Marino: sede del comune di Milano

23 bipartisan: *parteiübergreifend*
31 il/la timoniere/a: chi manovra una barca, qui l'impresa dell'EXPO
33 Letizia Moratti: sindaco di Milano dal 2006 al 2011

40 il traino: un impulso positivo per l'economia (*Zugpferd*)

ricadute sulle nostre 800 mila piccole e medie imprese", profetizza il responsabile dell'Industria in Regione, Massimo Corsaro). Ipotesi di sviluppo generalizzato che coinvolge la mobilità, i trasporti, le strade, la Pedemontana e la Brebemi: su tutto ci sarà un "nuovo impulso", secondo gli assessori alla Mobilità di Palazzo Marino e Pirellone, Edoardo Croci e Raffaele Cattaneo. L'ambientalismo che s'è schierato al fianco della Moratti esige che sia davvero un'eco-Expo: "Prioritarie la mobilità sostenibile – dice il consigliere dei Verdi Enrico Fedrighini – e la riconversione in chiave ambientale dell'area urbana". Aggiunge Legambiente: "Milano ha vinto puntando sulla costruzione di un quartiere a basso impatto ambientale e senza auto". "Tutelare e valorizzare il territorio" è l'imperativo di Wwf, Fai e Italia Nostra. A ciascuno la sua Esposizione universale. Alla Cgil: "Occasione per affrontare il tema degli appalti e della sicurezza sul lavoro" (Onorio Rosati, segretario della Camera del lavoro). Per la Cisl: "Sia opportunità di crescita sul piano economico e sociale", dice Fulvio Giacomassi. E per la Uil: "Garantire stabilità all'occupazione che sarà creata", conclude Walter Galbusera. Il presidente della Camera di Commercio, Carlo Sangalli, guarda al futuro: "Ora è il tempo dell'azione: devono partire subito tutti i progetti. Lo spirito di squadra trasversale deve continuare anche nei prossimi sette anni". Morbida la posizione di Maurizio Martina, segretario regionale del Pd: "Con il capoluogo lombardo ha vinto tutto il Paese". E caustiche le parole di Mariastella Gelmini (FI): "Merito del sindaco Moratti, nonostante il governo avesse quasi compromesso il grande lavoro degli ultimi mesi". Nelle strade di Milano non c'è traccia delle scene di giubilo che qualcuno prevedeva. Poche bandiere in piazza Duomo, issate da un drappello di militanti del Pdl. Striscione sulla facciata di Palazzo Marino. Festeggiamenti sui siti di Inter e Milan. A rompere il coro, unico e solo, emerge Pietro Maestri, consigliere di Sinistra critica in Provincia: "L'Expo rappresenta un'opportunità solamente per i poteri forti di questa città".

49 **la Pedemontana e la Brebemi:** l'autostrada in costruzione tra Milano e Brescia
70 **Cgil:** Confederazione Generale Italiana del Lavoro (=sindacato)
71 **gli appalti:** *Vergabe von Arbeitsaufträgen an Firmen*
74 **Cisl:** Confederazione italiana sindacati dei lavoratori
77 **Uil:** Unione Italiana del Lavoro (=sindacato)
88 **Pd:** partito democratico
90 **caustico:** aspro e mordace
91 **FI:** Forza Italia
100 **Pdl:** Popolo della libertà

Gianni Santucci (1 aprile 2008) – Corriere della Sera http://archiviostorico.corriere.it/2008/aprile/01/Expo_2015_sogno_realta_

Ricerc@
Um die Entwicklung darzustellen und die Erwartungen mit der Wirklichkeit zu vergleichen bittet der Freund, Informationen über den derzeitigen Stand der Ausstellung zu sammeln.

1.5 Immigrati brava gente

Milano è una città dove vivono tantissimi immigrati. Il rapporto tra i milanesi e gli immigrati non è sempre positivo: purtroppo esistono ancora molti pregiudizi e stereotipi. L'integrazione è uno dei compiti più importanti dei nostri giorni.

Il marito di Lola

PIANGE seduto su un sasso, di fronte a quella casa maledetta, la testa fra le mani.

Lola e Abash si erano conosciuti nel loro paese, la Nigeria, molti anni prima, quando entrambi frequentavano ancora la scuola superiore. Poi, nel 1985, Lola era venuta in Italia, dove Abash l'aveva seguita, solo un anno più tardi. S'erano sposati, seguivano insieme la scuola serale e durante il giorno lavoravano per mantenersi. Erano felici insieme, molto felici.

Avevano condiviso diversi alloggi con altri amici africani, anche a San Donato Milanese, prima di trovare quella casa, la casa della disgrazia. Quel giorno Lola non era venuta all'appuntamento; e Abash l'aveva cercata in giro per tutto il pomeriggio, prima di tornare verso casa.

Sono circa le otto e mezzo di sera quando Abash bussa inutilmente alla sua porta: paventando quanto poi purtroppo accadrà, tenta di forzare la porta stessa con un cacciavite e un martello presi in prestito da un vicino; ma il padrone di casa, accorso al rumore, pur messo al corrente dei suoi timori, gli impedisce di rompere la porta, incurante della sorte della giovane donna.

Abash disperato cerca allora di entrare dalla finestra, arrampicandosi sul muro del giardino di un vicino: ma anche in questo ulteriore tentativo viene ostacolato dal proprietario dell'appartamento, che lo ferma, perché – dice – non vuol essere considerato responsabile d'un suo eventuale incidente. Inutilmente il giovane africano insiste che forse sua moglie è lì dentro, e può esserle successo qualcosa: il padrone non vuole sentire ragioni. Ad Abash non rimane che rivolgersi alla stazione dei carabinieri: quando finalmente con il loro intervento riesce a entrare in casa sono ormai passate tre ore dal suo tentativo di forzare la porta.

Nella stanza satura di gas, al buio, Abash trova Lola, stesa sul letto, senza vita: la morte, secondo il medico legale, è sopravvenuta dopo le nove. Alle otto e mezzo, quando Abash aveva tentato per la prima volta di entrare, la ragazza poteva ancora essere salvata.

Lola è stata sepolta in Italia: il marito non se la sentiva di riportarla morta dal padre, dalla madre, dai parenti al paese. Lui stesso, dopo i funerali, non s'è più visto, a Monza: forse ha fatto ritorno in Nigeria.

da: Massimo Ghirelli, *Immigrati brava gente*, Milano: Sperling & Kupfer 1993

4 **entrambi:** tutti e due

8 **l'alloggio:** l'abitazione

13 **paventare:** temere; **forzare la porta:** entrare con violenza
14 **il cacciavite:** *Schraubenzieher*; **il martello:** *Hammer*
15 **accorso:** part. di accorrrere; **pur(e):** anche se 16 **incurante:** senza preoccuparsi; **la sorte:** il destino 18 **arrampicarsi:** *klettern*

27 **saturo:** *gesättigt*
28 **sopravvenire:** avvenire, succedere

31 **sepolto, part. di seppellire:** *bestatten*
32 **i funerali:** *Beerdigung*

Lavoro sul testo

1. Riassumete la storia di Lola e Abash fino a "Quel giorno" (r. 10).
2. Spiegate e commentate il comportamento del padrone di casa.
3. Analizzate e commentate il comportamento di Abash dopo i funerali di Lola.

Attività creativa

4. Immaginate un miracolo: Abash non accetta come sono andate le cose e fa tornare indietro il tempo. Sono le cinque del pomeriggio. Mancano quattro ore alle nove …

Compito di grammatica

"Paventando quello che poi purtroppo accadrà, Abash tenta di forzare la porta."

5. Cercate una parafrasi per il gerundio trovando una congiunzione adatta.
6. Quale senso ha il gerundio paventando: temporale, causale, modale, condizionale o concessivo? (Informatevi sulla formazione e sull'uso del gerundio in una grammatica.)
7. Cercate un altro esempio per un gerundio nel testo: quale senso ha?
8. Sostituite le parti in corsivo con il gerundio (semplice o composto):

1. *Siccome seguivano* un corso serale Lola e Abash sapevano bene l'italiano.
2. *Dopo che avevano condiviso* diversi alloggi con amici finalmente hanno trovato un appartamento da soli.
3. *Benché ci abbia provato* con tutte le forze Abash non riesce a salvare Lola.
4. *Siccome è entrato* troppo tardi trova il corpo di Lola senza vita.
5. *Se il padrone di casa non avesse* tanti pregiudizi avrebbe aiutato Abash.
6. Bisogna combattere il razzismo e i pregiudizi *così: bisogna mostrare* solidarietà con gli immigrati.

A mezza parete

Avete già fatto dell'alpinismo? L'arrampicata? Descrivete la foto dalla prospettiva dell'arrampicatore.

A mezza parete: in un bellissimo libro sul rapporto tra emigrazione e malattia mentale, la condizione dell'immigrato è paragonata a quella di un alpinista in difficoltà su una parete di roccia. Vorrebbe tornare indietro, nel suo paese, ma sa che non è possibile; deve andare avanti, ma non riesce a salire, a inserirsi in un ambiente, in una cultura, che non è la sua …

Heimweh, il male del paese: nel Settecento, una vera e propria malattia colpiva i giovani soldati svizzeri lontani da casa; febbre, depressione, malessere, in alcuni casi addirittura la morte. Eppure da questa letale nostalgia si poteva guarire semplicemente tornando a casa.

Ai giorni nostri, in Svezia, i medici parlano di "malattia degli immigrati" per una sindrome particolare che colpisce soprattutto le donne, caratterizzata da un dolore acuto allo stomaco e collegabile alla solitu-

11 **letale:** mortale

15 **lo stomaco:** la pancia

dine, all'assenza o insufficienza di contatti sociali. Precarietà materiale, disagio linguistico, isolamento, portano a una sorta di "compressione" sociale e psicologica.

Sono le differenze di sviluppo a livello internazionale a provocare l'esodo di manodopera verso i paesi più ricchi. È una esigenza di profitto che sposta gli uomini come fossero merci, li sradica dalla loro comunità, li amputa dei loro diritti sociali e politici, li costringe a una situazione di conflitto tra la necessità e la perdita dei sentimenti costitutivi di una persona, quelli che ci legano a uomini e luoghi in cui siamo nati e vissuti. La realtà dell'immigrazione costringe l'individuo in un universo chiuso, fatto di egoismo e solitudine: quando non lo trasforma, come accade soprattutto alle donne, in una figura invisibile, priva di presenza e di parola. Fra gli immigrati, con frequenza impressionante, si segnalano malattie psicosomatiche, svenimenti, collassi, crisi di pianto, mutismo. Allo choc dell'impatto con una cultura diversa subentrano lo stress e la tensione del cambiamento, che rimane il prodotto della sopraffazione di una cultura sull'altra. L'aggiustamento avviene, ma è tanto più logorante in quanto precario e superficiale, perché i vecchi valori di provenienza rimangono sul fondo, e in più si aggiungono sentimenti di colpa verso il proprio paese.

Rapporti di amore e di amicizia non esistono più: ci guidano solo rapporti pratici, di "commercio" con gli altri. Quello che si amava si rimpiange, ma si vede ormai con occhi critici, diversi: "il mio paese è caldo, ma povero ..." E dobbiamo vivere dove non vorremmo, dove sappiamo che saremo soli, emarginati, perduti. La nostalgia si traduce in malattia, ma non è un male individuale: sono milioni di persone a non sapere andare né avanti, né indietro, a vivere in conflitto permanente, a mezza parete.

da: Massimo Ghirelli, *Immigrati brava gente. La società italiana tra razzismo e accoglienza,* Milano: Sperling & Kupfer 1993, pp. 195–197

16 **la precarietà:** la povertà
17 **il disagio:** il fatto di non sentirsi bene
21 **sradicare:** *entwurzeln*
23 **costitutivo:** che costituisce, forma
27 **privo:** senza
29 **il collasso:** *Kollaps*; **il mutismo:** il fatto di non parlare più
30 **l'impatto:** lo scontro
31 **la sopraffazione:** *Überwältigung, Unterdrückung*
32 **logorante:** faticoso

Lavoro sul testo

1. Individuate i sintomi e le cause della "malattia degli immigrati".
2. Secondo voi, Lola era afflitta da questa malattia? Giustificate la vostra opinione.

Attività creativa

3. L'autore dice che la malattia si può curare facilmente rientrando in patria. Questo rimedio però non è una soluzione per tantissimi immigrati che hanno trovato un lavoro e sostengono anche le loro famiglie nel paese d'origine.
   Cercate delle possibilità per migliorare l'integrazione che potreste realizzare voi personalmente. (Esempio: parlare in modo cortese e corretto, non in un linguaggio troppo semplice usando infiniti)

1.6 *Reportage:* l'aperitivo a Milano

Lavoro sul testo

1. Prima di ascoltare il *reportage* leggete le annotazioni e i compiti della prima parte.

> Annotazioni prima parte:
> **stuzzicare l'appetito:** *den Appetit anregen*, **i salatini:** *Salzgebäck*; **la spensieratezza:** uno stato d'animo sereno, quando non si pensa ai problemi; **broccolare:** flirtare; **cuccare:** *„abschleppen"*

2. Quali sono le risposte giuste?

1. L'aperitivo moderno
   a. si prende prima della cena.
   b. è di origine milanese ma si fa in tutto il mondo.
   c. non è un'occasione per parlare di lavoro.
2. *L'Happy hour* vuol dire che
   a. le persone tra i 18 e 21 anni pagano la metà.
   b. dalle ore 19.00 alle 20.00 si paga una bevanda e se ne prendono due.
   c. dalle 18.30 alle 21.30 i prezzi sono ridotti.
3. I ragazzi vengono nei locali
   a. per contatti di lavoro.
   b. per trovare un partner.
   c. per flirtare.
   d. per bere e mangiare.
4. Cristina del Barcone Cafè spiega che
   a. i clienti dell'*Happy hour* sono soprattutto giovani.
   b. tutti i piatti sul menù costano 9 €.
   c. i clienti apprezzano sia qualità che quantità.

3. Adesso leggete le annotazioni e le domande relative alla seconda parte.

> Annotazioni seconda parte:
> **la rissa:** *Gerangel*; **l'abbuffata:** il fatto di mangiare tanto/troppo; **l'arraffo:** *Gier*; **piluccare:** mangiare poco per assaggiare (praticamente il contrario di abbuffare); **il censo:** *qui:* lo stipendio; **accalcato:** *zusammengepfercht, gedrängt*; **la marmaglia:** una massa di gente senza cultura

4. Vero o falso? Se non è vero spiegate perché.

1. Non a tutti piace l'*Happy hour* nella zona dei Navigli.
2. I vegetariani vanno alla zona del Sempione.
3. I ricchi preferiscono gli Champs Èlysées a Parigi.
4. I bar preferiti dalla ragazza sono posti con un pubblico scelto.
5. Al ragazzo piace la grande scelta di locali nella zona.
6. Per la seconda ragazza l'aperitivo è il momento più importante di tutta la giornata.

2. Palermo

2.1 Luoghi della storia – luoghi della vita

"Dottore, io non ci ho la testa per le facce. E nemmeno per i nomi. Mia moglie mi rimprovera sempre, dice che non riconosco nemmeno ai miei figli, quando li incontro in mezzo alla strada. E poi io non è che guardo i clienti in faccia; io i pesci guardo. Se ci vanno le mosche, se vogliono ancora ghiaccio, se ci devo spruzzare l'acqua, perché, lo sa, pure l'occhio vuole la sua parte, e con certi clienti vale di più l'affaccio della sostanza. Ma io tengo solo robba di prima scelta, [...]."

Santo Piazzese, *Il soffio della valanga*, Palermo 2002 pp. 54–55

Attività creative

1. A quale foto potreste abbinare questo monologo? Chi parla e a chi si rivolge? In quale occasione?
2. Quali storie narrano queste foto? A coppie scegliete una foto e inventate una storia o un dialogo che esse vi ispirano.

▲ Castello della Zisa ▼ Teatro Massimo

◀ Piazza delle vittime nella lotta contro la mafia

▲ Mercato del pesce

▼ Pupi siciliani

▲ Mercato delle verdure

◀ Via Cartari nel quartiere della Kalsa

2.2 Un po' di storia … di Palermo

Questa è la storia di una bella città del Sud d'Italia che ha visto molte cose, ha ascoltato molte lingue, ha sopportato molta violenza, ma è riuscita ad accogliere in sé i diversi elementi per formare la propria cultura.

Lavoro sul testo

1. Che caos! Proprio quando stavate per leggere la storia di Palermo vi siete accorti che è tutta in disordine! Cercate di rimettere un po' d'ordine – per fortuna c'è la linea del tempo che vi aiuta!

il viceré: il sostituto del re; **a. C.:** avanti Cristo (d. C. dopo Cristo); **i Fenici:** gli abitanti di Cartagine, città in Nordafrica, oggi Tunisia

a. Ma pace non fu. Ben presto un altro popolo, un'altra lingua, un'altra potenza doveva prendersi ciò che non era suo, gli Aragonesi. E questo per ben tre secoli, fino al Settecento. (1415–1713) La bella città di Palermo e l'isola tutta furono governate da Viceré, pronti a salvaguardare non solo gli interessi del paese dominatore, ma anche dell'aristocrazia siciliana che vedeva così protetti i propri privilegi.
Fu un periodo di grossa ineguaglianza fra la ricchezza senza limiti di alcuni e la povertà estrema di altri, di orrori e ingiustizie ad opera del tribunale della Santa inquisizione, ma anche di splendori artistici e culturali.

b. Durante la *belle Epoque*, sotto la spinta della famiglia Florio, capitani d'industria, furono costruiti interi quartieri e il teatro Massimo: grossi mutamenti cambiarono il volto della città. Purtroppo durante la seconda guerra mondiale il centro storico è stato danneggiato, anche se ormai già da molti anni è in atto un'opera di recupero e risanamento.

c. Da questo matrimonio nacque il grande imperatore Federico II (1194–1250), valoroso, illuminato, filosofo e poeta egli stesso, amante della cultura e delle cose belle, mecenate di intellettuali e artisti. A lui si deve la famosa Scuola poetica siciliana, presso la quale tanti scrittori ebbero modo di produrre opere fondamentali per la storia della lingua e della letteratura italiana.

d. Molti popoli desiderarono conquistare la bella città di Palermo, porto importantissimo per il commercio: i Sicani, gli Elimi, i Fenici e naturalmente i Romani sotto il cui dominio rimase fino al 491 d. C.

e. Tra L'Ottocento e il Novecento il regno delle due Sicilie e quindi anche la bella città di Palermo partecipò attivamente al Risorgimento italiano, offrendo un contributo di grande importanza in termini di uomini e di pensiero.

f. Dopo i Romani, scesero fino a Palermo i Vandali e i Goti per poi lasciare campo libero ai Bizantini, che finalmente portarono un po' di pace e serenità.

g. Successivamente sbarcarono nella bella città siciliana anche i Normanni che, dopo un periodo di civile e pacifica convivenza fra le varie popolazioni, cedettero la corona agli Svevi, anche grazie al matrimonio fra Costanza d'Altavilla, figlia del re normanno Ruggero II, con Arrigo VI, appunto re svevo.

h. Purtroppo lo splendore di Palermo sotto gli Svevi finì ben presto. Anche grazie all'intervento di Papa Clemente IV che chiamò in aiuto Carlo d'Angiò, imperatore di Francia, la bella città di Palermo fu ancora una volta teatro di lotte e prepotenze. E la gente di Palermo? Subiva gli invasori, almeno fino al 1282 quando il popolo trovò la forza di opporsi e fieramente combattè contro lo straniero in quelli che furono definiti i Vespri siciliani.

i. Passarono per Palermo anche gli Arabi che lasciarono molte opere d'arte, dei magnifici edifici come il castello della Zisa e tante buone ricette e singoli ingredienti tutti nuovi in cucina.

NOTA BENE

la spedizione dei Mille: spedizione militare di circa mille volontari che fece Garibaldi per liberare il Regno delle due Sicilie (Napoli/Campania e Sicilia)

i Vespri siciliani: La sera ("il vespro") della Pasqua (30 marzo 1282) i palermitani, che già da tanto tempo soffrivano della dominazione dei Francesi, si ribellarono perché i Francesi si avvicinavano alle loro donne, sotto il pretesto di controllare che non portavano armi. Fu l'inizio della guerra contro gli Angioini.

La linea del tempo

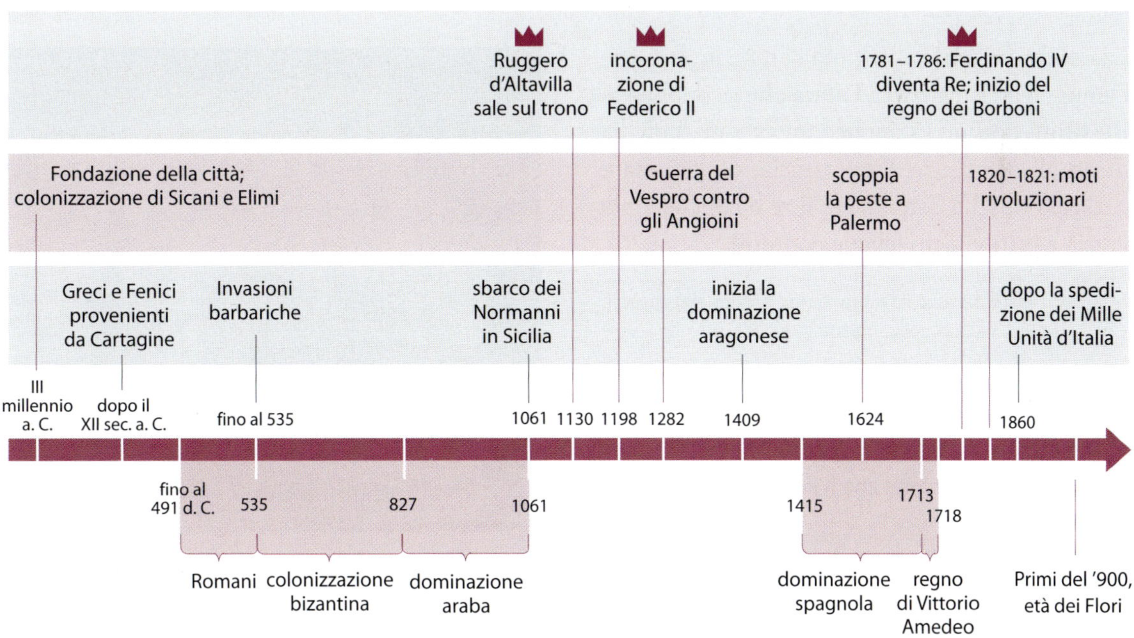

Lavoro sul testo

2. Che cosa salta all'occhio leggendo la storia di Palermo? Delineatene la caratteristica.

3. Paragonate la storia di Palermo a quella di Milano. In che senso Milano è stata più "fortunata"?

2.3 Eroi di Palermo

Ruggero di Lauria, un eroe del Medioevo

Uno dei più grandi autori della letteratura del '300, Giovanni Boccaccio, rimase talmente affascinato da Palermo, specialmente dalla Cuba, che decise di ambientarvi una novella della sua opera principale, il *Decameron*.

C'era una volta una fanciulla famosa per la sua bellezza di nome Restituta che viveva nell'isola d'Ischia. Un brutto giorno venne rapita da naviganti siciliani che pensarono bene di offrirla al re Federico II di Aragona. Il re apprezzò molto il dono e decise che la fanciulla avrebbe vissuto alla Cuba. Restituta aveva però un innamorato, Giovanni da Procida, che dopo lunghe ricerche riuscì a ritrovarla. Avenne allora che il re sorprese insieme i due amanti e si arrabbiò moltissimo decidendo di mandarli a morte. Ecco le parole che dice il Boccaccio:

"Il re comandò che i due amanti, così ignudi come erano, fosser presi e legati, e come giorno chiaro fosse, fosser menati a Palermo e in su la piazza legati ad un palo con le reni l'uno all'altro volte e infino ad ora di terza tenuti, acciò che da tutti potessero esser veduti e appresso fossero arsi, sì come avean meritato."

La condanna non fu eseguita perché intervenne l'ammiraglio Ruggero di Lauria che riconobbe in Restituta non una semplice ragazza ma la figlia di un alleato del re. Con astuzia, diplomazia e coraggio riuscì a convincere il re a concedere la grazia e tutti vissero felici e contenti.

testo adattato da: Guida di Palermo per ragazzi; (Boccaccio quinta giornata, novella sesta)

la Cuba: costruita nel 1180, serviva per il riposo del re durante il giorno

3 **Federico II di Aragona:** regnò in Sicilia dal 1296 al 1337

9 **ignudo:** nudo 11 **le reni** (*Nieren*): qui la parola viene usata per tutta la schiena; **ora di terza:** circa alle nove della mattina 13 **arsi (ardere):** bruciare vivi sul rogo 15 **Ruggero di Lauria** fu ammiraglio di Federico II e le sue imprese assunsero una fama quasi leggendaria 17 **l'astuzia:** *Schlauheit, List*

La Cuba

Lavoro sul testo

1. Riassumete il contenuto della novella.
2. Spiegate la punizione che il Re ha deciso per i due innamorati.

Attività creative

3. a. Dividetevi in quattro gruppi. Ogni gruppo assume la parte di uno dei personaggi: Restituta, Gianni da Procida, Federico II d'Aragona, Ruggero di Lauria. Riflettete: qual è la vostra situazione? Come vi sentite in questo ruolo? Quale rapporto avete con gli altri personaggi?
   b. Ogni gruppo sceglie un portavoce che presenta la sua posizione in una discussione dopo che la situazione si è risolta bene.
4. Scrivete un articolo per la cronaca del famoso giornale *Il corriere del Medioevo.*

Giovanni Falcone, un eroe dei nostri giorni

Sabato, 23 maggio 1992. Sicilia, autostrada Trapani-Palermo. Sono le 17 e 56 quando tre tonnellate di tritolo esplodono investendo le automobili con a bordo il giudice Giovanni Falcone, la moglie Francesca e la scorta. Sull'asfalto si apre un cratere enorme. Il bilancio è drammatico: Falcone, la moglie e tre agenti perdono la vita. L'Italia è sconvolta da questo spettacolare attentato voluto dai vertici della mafia per eliminare il pericolo numero uno, il giudice più capace, l'uomo che come nessun altro ha capito le logiche di Cosa Nostra. E l'ha colpita con determinazione e professionalità.

Torniamo indietro: Giovanni Falcone nasce a Palermo il 18 maggio 1939. Nel 1979 comincia a lavorare nell'ufficio Istruzione di Palermo. È l'inizio della lotta alla mafia. Fa suo un motto di Mazzini: "La vita è missione e il dovere è la sua legge suprema". Falcone crede fermamente nello stato, nella legalità, la sua missione è sconfiggere la mafia, la piovra che strangola la Sicilia. Mente brillantissima e lavoratore infaticabile, Falcone capisce inoltre che per perseguire i reati di mafia occorre avere una visione d'insieme: non perdersi nella singola inchiesta, ma analizzare le connessioni, i legami, seguire il flusso di denaro derivante dai traffici illeciti. Da questa intuizione nasce l'idea di istituire un gruppo di lavoro, il cosiddetto "pool antimafia" (1983) che permetta a una cerchia di magistrati di riunire e coordinare le indagini.

La svolta arriva nel luglio 1984, quando Falcone interroga Tommaso Buscetta, 'uomo d'onore' deluso dalla mafia e per questo disposto a svelare i misteri di Cosa Nostra e a fornire la chiave per interpretare il fenomeno mafioso. Don Masino e Falcone si intendono alla perfezione. Entrambi sono palermitani veraci e conoscono benissimo la cultura mafiosa, che è figlia dell'isola. Sanno cosa si nasconde dietro ai silenzi, al linguaggio ambiguo, ai gesti dei siciliani.

Falcone instaura un rapporto umano con Buscetta, come farà anche con altri pentiti, guadagnandosi così la loro fiducia. È lo stesso giudice a dichiarare: "Che calore, che senso di amicizia quando ci siamo salutati con i pentiti Buscetta, Mannoia, Calderone". Terminato il primo interrogatorio, Buscetta lo avverte che da quel momento la mafia cercherà di eliminarlo. Il giudice lo sa, ma va avanti, costringendo se stesso e la moglie Francesca a una vita blindata. A chi gli chiede perché la coppia non faccia figli risponde che "non si mettono al mondo orfani". Oltre alla sua carica di umanità, il magistrato ha un'altissima professionalità: non si lancia in iniziative avventurose, resta sempre legato ai fatti e nutre un profondo rispetto per i collaboratori di giustizia che hanno deciso di schierarsi contro la mafia. Il lavoro del pool viene premiato e per la prima volta dal dopoguerra lo stato affronta con serietà la lotta alla mafia.

Giovanni Falcone (a sinistra) (1939–1992) e Paolo Borsellino

2 **il tritolo:** una sostanza esplosiva 4 **la scorta:** gli uomini che accompagnano una persona famosa 12 **Giuseppe Mazzini:** rivoluzionario filosofo, personaggio importante del Risorgimento 14 **la piovra:** ted. *Krake*, metafora per la mafia 22 **la svolta:** il cambiamento, qui nel senso che le indagini cominciano ad avere un certo successo 25 **Don Masino:** Tommaso Buscetta

30 **il pentito:** ex mafioso che collabora con la giustizia (da: pentirsi = *bereuen*)

35 **blindato:** *gepanzert, qui:* sotto scorta
36 **l'orfano:** un bambino rimasto senza genitori
38 **nutrire un sentimento:** provare, sentire

Falcone, però, è troppo pericoloso. La mafia prepara la sua morte seguendo il solito rituale: prima gli rovina la reputazione, facendo circolare su di lui infamie, poi lo isola e infine lo uccide. (...)
Dopo decenni di omertà e di rassegnazione gli omicidi dei due magistrati provocano lo sdegno e la ribellione di tanti siciliani stanchi di ingiustizie e violenze. Il sacrificio di Giovanni Falcone non è stato inutile e serve da monito a tutti, per non abbassare la guardia nella lotta alla mafia.

45 **l'omertà:** la legge del silenzio; **due magistrati:** l'amico e collega di Giovanni Falcone, il giudice Paolo Borsellino, è stato assassinato pochi mesi dopo, in luglio 1992 a Palermo
46 **lo sdegno**: l'indignazione
47 **da monito:** *als Mahnung*

Lavoro sul testo

1. Caratterizzate la personalità di Giovanni Falcone riferendovi anche al suo aspetto fisico.
2. Analizzate la sua tattica nella lotta contro la mafia.
3. Spiegate perché i vertici della mafia hanno voluto la morte di Giovanni Falcone e come l'hanno preparata.

2.4 Pippo Pollina, *Il Caffè Caflisch*

Anche se la Sicilia ha conosciuto una fortissima emigrazione sin dall'800 verso le Americhe e più tardi verso il nord, e ancora nei nostri giorni ci sono tantissime persone che lasciano il Mezzogiorno (700.000 persone negli ultimi dieci anni) non va dimenticato che la Sicilia è anche paese di immigrazione, – già all'inizio dell'800. Questa canzone racconta la storia dei Caflisch, una famiglia di pasticcieri svizzeri, emigrata dal Canton Grigione (Graubünden) a Palermo all'inizio dell'800.

Siamo venuti da lontano armati di pane e pazienza
con un biglietto nella mano ed un'idea nella credenza.
Dalle montagne in un tugurio, le notti alle luci di un cero
la colonnina di mercurio a farci festa a sottozero.
Siamo venuti da lontano e abbiamo molto da imparare
per questo ora parliamo piano che non c'è tempo da buttare.
Siamo venuti da lontano e abbiamo tanto da capire
per questo non ci soffermiamo all'imbrunire.
Sognammo del sud e del sole, contammo le energie e i risparmi
possa quel treno scivolare fino che il mare non lo fermi.
E sognando di una dolce vita, notti di stelle e "Belle Epoque"
lo sai che spasso è una salita indossando i trampoli in un frac.
Ché poi Palermo è un'avventura, un gioco che sembra da ragazzi
che non si vede mai un'altura, piove poco e solo a sprazzi.
E il cappotto è un ornamento che riempie inutile lo spazio
di questa casa di cemento che non conosce il sonno e l'ozio.

2 **la credenza:** *qui:* mobile da cucina 3 **il tugurio:** l'abitazione misera

10 **scivolare:** andare verso sud

12 **lo spasso:** il divertimento; **i trampoli:** *Stelzen*; **il frac:** un abito maschile elegante, nero
13 **ché:** perché 14 **l'altura:** la collina 16 **l'ozio:** il tempo libero

A mezzogiorno esatto, puntuale, mi capisch …?
Un espresso e un chinotto laggiù al Caffè Caflisch …
E poi per chi non prende il vino né il whisky, mi capisch?
Per loro pure un cappuccino va bene se è Caflisch …

Ché qui non mancano le idee e le cose crescono da sole
e ci son rose ed orchidee da far mancare le parole.
E si vive fuori tutto l'anno e nel pomeriggio un sano abbiocco
sull'ansimare dell'affanno e al ventilar dello scirocco.
Siamo venuti da lontano e siamo pronti alle sorprese
parliamo bene l'italiano e abbiamo il rischio delle imprese.
Siamo venuti da lontano e insieme a noi ce n'eran tanti
nello scomparto di quel treno a non potere andare avanti.
Ché poi qualcosa pure noi, figli di un piccolo paese
dove le piazze son bonsai e si ride una sola volta al mese
possiamo darlo e dirlo al mondo senza paura né vergogna
che ciò che stiamo raccontando al loro palato non disdegna.
Ma a volte una malinconia, un dolore strano, non lo so …
come una sorta di magia, chissà se un giorno tornerò?
E penso alla luce e al fragore del sole acceso sulle Alpi
i boschi antichi del Grigione e il cuore batte forte i colpi.

A mezzogiorno esatto, puntuale, mi capisch …
Ci vediamo tutti in piazza e poi al Caffè Caflisch.
E poi per chi non beve vino né whisky, mi capisch?
Va bene un cappuccino, va bene se è Caflisch …

23 **l'abbiocco:** un breve sonno a mezzogiorno 24 **ansimare, l'affanno:** quando manca il fiato

28 **lo scomparto:** lo scompartimento

32 **il palato:** *Gaumen*; **disdegnare:** *verschmähen, verachten*

35 **il fragore:** un rumore forte

Lavoro sul testo

1. Riassumete le aspettative dei Caflisch prima di arrivare a Palermo.
2. Caratterizzate la situazione che hanno trovato a Palermo. Come ci vivono? Com'è Palermo per loro?
3. Spiegate e commentate i ricordi che i Caflisch hanno del loro paese natale.
4. Commentate i versi e i fatti
   - "… ora parliamo piano perché non c'è tempo da buttare" (r. 6)
   - "Ma a volte una malinconia, un dolore strano, non lo so, come una sorte di magia …" (r. 33–34)
   - La famiglia Caflisch è tornata in Svizzera; il Caffè Caflisch oggi è gestito da palermitani.
   - Pippo Pollina, nato a Palermo nel 1963, vive e lavora in Svizzera da tanti anni.

3. Il divario Nord-Sud

3.1 Il divario tra Nord e Sud Italia. "Un caso unico in tutta Europa"

Presentato ieri il rapporto Svimez 2009. Continuano i treni della speranza, lo Stato lascia correre, la disoccupazione sale al 22%. E in 60 anni la quota del Pil prodotta dalle regioni del Mezzogiorno è sempre la stessa.

Pil: prodotto interno lordo *(Bruttoinlandsprodukt)*

NOTA BENE

Il rapporto Svimez: L'Associazione per lo sviluppo dell'industria nel Mezzogiorno (Svimez) pubblica ogni anno delle statistiche sullo sviluppo del Mezzogiorno.

"Deve crescere nelle istituzioni, la consapevolezza che il divario tra Nord e Sud dev'essere corretto". Un richiamo alle coscienze da parte del presidente della Repubblica, Giorgio Napolitano, che giunge in occasione della presentazione, ieri a Roma, del Rapporto Svimez 2009 sull'economia del Mezzogiorno.

Un grido di allarme che a 148 anni di distanza dall'unità d'Italia, solleva ancora la "questione meridionale" come elemento di divisione del Paese. "Un caso unico in Europa", dove a un Nord sviluppato vivace e continentale, si contrappone ancora un Sud arretrato e sempre più vicino ai tanti "Sud del mondo". Nel Mezzogiorno non si investe e non si consuma, le banche spariscono, i cittadini emigrano.

Il gap con le regioni più avanzate del Centro-nord non accenna a ridursi: in dieci anni (dal 1995 al 2005) le regioni meridionali sono sprofondate nella classifica europea, fino agli ultimi posti. "Un processo – denuncia Nino Novacco, presidente di Svimez – in controtendenza con le altre aree deboli dell'Ue cresciute mediamente del 3% annuo mentre il Sud si è fermato al +0,3%". "Nel 1951 nelle regioni meridionali – si legge nel rapporto – veniva prodotto il 23,9% del Pil nazionale. Dopo sessant'anni la quota è rimasta immutata (23,8%)".

Quasi scomparsa l'industria e il settore manifatturiero, mentre ancora una volta è l'agricoltura a mostrare il volto migliore del Sud.

1 **la consapevolezza:** la coscienza 12 **il gap:** (parola inglese) il divario; **accennare:** *qui:* cominciare 13 **sprofondare:** *qui:* cadere, crollare 19 **immutato:** non cambiato, uguale 20 **scomparire, scomparso:** sparire; **manifatturiero:** di produzione manuale 21 **il volto:** *qui:* il carattere, l'aspetto

NOTA BENE

la questione meridionale: L'espressione "la questione meridionale" è stata usata per la prima volta nel 1873 per definire la sproporzione economica del Sud d'Italia in confronto alle altre regioni del Regno d'Italia.

La malattia dell'economia meridionale – secondo il rapporto – è la recessione. Dal 2001 al 2008 sono calati i consumi e gli investimenti. Un processo aggravato dal sempre maggiore disimpegno da parte dello Stato che indirizza risorse inferiori rispetto a quelle destinate al Nord. E per di più orientate allo sperpero più che agli investimenti strutturali. Le poche imprese che vogliono investire non sanno dove andare. E a rimetterci ovviamente è il lavoro: "Al Sud un cittadino su cinque è disoccupato mentre meno di un giovane su cinque, sotto i 24 anni, ha un'occupazione (unico caso in Europa); 1 milione e 300mila persone lavorano al nero con tassi di irregolarità del 12,8% nell'industria e del 19% nelle costruzioni".

Una situazione al limite del collasso, che non lascia spazio a sogni e speranze, costringendo ogni anno migliaia di persone a emigrare. I treni della speranza continuano a partire dal Sud: "Tra il 1997 e il 2008 – si legge nel rapporto – circa 700mila persone hanno abbandonato la propria terra. Nel solo 2008 sono stati oltre 122mila i residenti delle regioni del Sud partiti verso il Centro-nord, a fronte di un rientro di circa 60mila persone.

La maggior parte proviene dalla Campania ma anche dalla Puglia e dalla Sicilia. Sono per lo più giovani con un livello di studio medio-alto, il 24% è laureato". Molti rimangono pendolari, residenti cioè nel Mezzogiorno ma con un posto di lavoro altrove. Rientrano a casa solo nel weekend o un paio di volte al mese. Sono "cittadini a termine", con la necessità di partire e la speranza di tornare.

23 **calare:** diminuire

26 **lo sperpero:** *Verschwendung*

28 **rimetterci:** subire un danno

38 **a fronte di:** a confronto (*gegenüber*); **rientro:** ritorno

43 **altrove:** in un altro luogo

http://www.terranews.it/news/2009/07/il-divario-tra-nord-e-sud-italia-%C2%ABun-caso-unico-tutta-europa%C2%BB scaricato il 22.1.2012
Inviato da Redazione il Ven, 17/07/2009 Giuliano Rosciarelli

Lavoro sul testo

1. Riassumete il divario tra il Nord e Sud d'Italia presentato nei primi quattro paragrafi del testo.
2. Analizzate le ragioni per la situazione dell'Italia meridionale.
3. Spiegate e commentate come gli abitanti affrontano il problema. Si può parlare di un circolo vizioso?
4. Definite cosa sono i "treni della speranza" (r. 34/35).

Ricerc@

5. Che cos'è la cassa per il Mezzogiorno?

Attività creativa

6. Secondo il presidente Napolitano "deve crescere la consapevolezza che il divario tra Nord e Sud dev'essere corretto". Inventate degli slogan per una campagna di promozione e anti-discriminazione del Sud.

3.2 Giorgio Gaber, *Bambini G.*

È nato in un prato un fiore delicato,
è nato in un prato un fiore delicato.
È nato, è nato…

a. Io mi chiamo G.
b. Io mi chiamo G.
a. Non hai capito, sono io che mi chiamo G.
b. Sei tu che non hai capito, mi chiamo G anch'io.
a. Ah. Il mio papà è molto importante.
b. Il mio papà no.
a. Il mio papà è forte, sano e intelligente.
b. Il mio papà è debole, malaticcio e un po' scemo.
a. La mia mamma è molto bella assomiglia a Brigitte Bardot.
b. La mia mamma è brutta, bruttissima, la mia mamma assomiglia a la mia mamma non assomiglia!
a. Il mio papà ha tre lauree e parla perfettamente cinque lingue.
b. Il mio papà ha fatto la terza elementare e parla in dialetto, ma poco perché tartaglia.
a. Io sono figlio unico e vivo in una grande casa con diciotto locali spaziosi.
b. Io vivo in una casa piccola, praticamente un locale, però c'ho diciotto fratelli.
a. Il mio papà è molto ricco guadagna 31 miliardi al mese che diviso 31 che sono i giorni che ci sono in un mese, fa… un miliardo al giorno.
b. Il mio papà è povero guadagna 10.000 al mese che diviso 31 che sono i giorni che ci sono in un mese fa, circa … 10.000 al giorno … al primo giorno, poi dopo basta.

È nato in un prato un fiore colorato,
è nato in un prato un fiore già appassito,
il fiore colorato è stato concimato,
il fiore già appassito è stato trascurato.

Orbene affinché nel confronto quel fiore non ci perda diamogli un po' di merda!

17 **tartagliare:** *stottern*
18 **il locale:** *qui:* la stanza, la camera

22 **31 miliardi:** esagerato per milioni, naturalmente di lire, circa 16.000 €
24 **10.000 lire:** 5 €

28 **appassito:** un fiore che non è più fresco 29 **concimato:** *gedüngt* 30 **trascurato:** *vernachlässigt*

Lavoro sul testo

1. Elencate e analizzate i punti paragonati dai due bambini.
2. Quale bambino vi pare più simpatico? Quale più sicuro di sé? Perché?
3. Secondo voi, qual è il messaggio di questo dialogo?

Attività creativa

4. Alla fine discutete in classe: immaginate di fare una gita in Italia. Avete la scelta tra Palermo e Milano.

Rivoluzioni, guerre e speranze: L'Italia diventa Repubblica

7

L'Ottocento e il Novecento sono stati secoli di grandi rivoluzioni e di drammatiche guerre in Europa. Che cosa ne sapete?

1. Il Risorgimento

1.1 L'inno nazionale

Ascoltate l'inno nazionale italiano senza leggere il testo – che effetto vi fa la musica?

Fratelli d'Italia,
l'Italia s'è desta,
dell'elmo di Scipio
s'è cinta la testa.
Dov'è la vittoria?
Le porga la chioma,
che schiava di Roma
Iddio la creò.
Stringiamci a coorte
siam pronti alla morte
siam pronti alla morte,
l'Italia chiamò.
Stringiamci a coorte
siam pronti alla morte
siam pronti alla morte,
l'Italia chiamò!

Noi fummo da secoli
calpesti, derisi,
perché non siam popolo,
perché siam divisi.
Raccolgaci un'unica
bandiera, una speme:
di fonderci insieme
già l'ora suonò.
Stringiamci a coorte,
[...]

Uniamoci, amiamoci,
l'Unione e l'amore
rivelano ai popoli
le vie del Signore.
Giuriamo far libero
il suolo natio:
uniti, per Dio
chi vincer ci può?
Stringiamci a coorte,
[...]

Dall'Alpi a Sicilia
dovunque è Legnano,
ogn'uom di Ferruccio
ha il core, ha la mano,
i bimbi d'Italia
si chiaman Balilla,
il suon d'ogni squilla
i Vespri suonò.

http://www.quirinale.it/qrnw/statico/simboli/inno/inno.htm
(testo dell'inno di Goffredo Mameli)

NOTA BENE

3 **Scipio:** La cultura di Mameli è classica e forte è il richiamo alla romanità. È di Scipione l'Africano, il vincitore di Zama, l'elmo che indossa l'Italia pronta alla Guerra.
5 **La vittoria** si offre alla nuova Italia e a Roma, di cui la dea fu schiava per volere divino.
6 **Le porga la chioma:** Nell'antica Roma alle schiave venivano tagliati i capelli (la chioma).
9 **a coorte** La Patria chiama alle armi: la coorte, infatti, era la decima parte della legione romana.
22 **Bandiera:** Una bandiera e una speranza (speme) comuni per l'Italia, nel 1848 ancora divisa in sette Stati;
la speme: la speranza
36 **Legnano:** In questa strofa, Mameli ripercorre sette secoli di lotta contro il dominio straniero. Anzitutto, la battaglia di Legnano del 1176, in cui la Lega Lombarda sconfisse Barbarossa. Poi, l'estrema difesa della Repubblica di Firenze, assediata dall'esercito imperiale di Carlo V nel 1530, di cui fu simbolo il capitano Francesco Ferrucci.
40 **Balilla:** Sebbene non accertata storicamente, la figura di Balilla rappresenta il simbolo della rivolta popolare di Genova contro la coalizione austro-piemontese. Dopo cinque giorni di lotta, il 10 dicembre 1746 la città è finalmente libera dalle truppe austriache che l'avevano occupata e vessata per diversi mesi.
41 **ogni squilla/i Vespri:** Ogni squilla significa "ogni campana". E la sera del 30 marzo 1282, tutte le campane chiamarono il popolo di Palermo all'insurrezione contro i Francesi di Carlo d'Angiò, i Vespri Siciliani.

Lavoro sul testo

1. Ascoltate una seconda volta leggendo il testo: elencate i vocaboli che fanno pensare alla guerra. Perché secondo voi ce ne sono tanti?

Ricerc@

2. L'autore del testo si chiama Goffredo Mameli. Chi è? Quanti anni aveva quando ha scritto l'inno? Che cosa ha fatto nella vita? Per che cosa si è impegnato?

1.2 La musica nel Risorgimento

"Fratelli d'Italia", "Va' pensiero" e la musica nel Risorgimento

[...] nell'Italia dell'Ottocento la musica conobbe in assoluto un momento di grande successo, dovuto al fiorire di talenti che guadagnarono grande prestigio in tutta Europa. Si possono citare i nomi di Gioacchino Rossini, Vincenzo Bellini, Gaetano Donizetti, compositori che si distinsero soprattutto nell'opera lirica, o melodramma.

Il melodramma era la messa in scena cantata e musicata di vicende di argomento drammatico, e costituiva allora il genere musicale più popolare. Le rappresentazioni delle opere erano seguite con passione e suscitavano grandi entusiasmi, momenti di commozione e in qualche caso anche critiche feroci e sonora disapprovazione.

Il rappresentante più celebre e amato del melodramma italiano ottocentesco fu però senza dubbio Giuseppe Verdi.

Il compositore emiliano (nativo di Roncole di Busseto, presso Parma) suscitò con le sue opere l'amor patrio degli Italiani diffondendo presso il popolo gli ideali del Risorgimento.

Ciò avvenne soprattutto nel primo periodo della sua attività artistica (1842–49), nella quale compose opere come *I Lombardi alla prima crociata, Ernani, La battaglia di Legnano* e soprattutto il *Nabucco*. Quest'opera, benché trattasse di un argomento biblico (le sofferenze del popolo ebraico sotto il regno del re Nabuccodonosor di Babilonia), assunse per i patrioti un valore simbolico. Essa esprimeva infatti gli stessi patimenti e lo stesso struggente desiderio di libertà degli Italiani sottomessi agli stranieri.

La pagina più celebre del Nabucco è senz'altro il coro "Va' pensiero"; le cronache del tempo riferiscono che, quando ne veniva intonato il famoso verso "O mia patria sì bella e perduta", l'entusiasmo del pubblico presente scattava irrefrenabile, suscitando l'allarme delle autorità e delle milizie austriache.

E non è un caso, [...] che proprio quest'aria verdiana sia stata da più parti indicata come la più adatta a sostituire l'inno di Mameli (voi che ne pensate?).

La popolarità di Verdi si fece dunque negli anni sempre più ampia. Egli divenne un personaggio simbolico della lotta contro gli oppressori, tanto che anche il suo cognome si trasformò in una sorta di arguto "messaggio in codice". La scritta "viva V.E.R.D.I.", che apparve sui muri di tante città italiane, oltre ad esprimere l'affetto per il compositore stava infatti a significare Viva Vittorio Emanuele Re D'Italia.

10 **feroce:** *qui:* fortissimo; **la sonora disapprovazione:** *lautstarke Ablehnung*

14 **l'amor patrio:** l'amore per la patria

20 **ebraico:** *jüdisch, hebräisch*
21 **i patimenti:** le sofferenze, i dolori 22 **il desiderio struggente:** un desiderio forte, che ti fa soffrire tanto

26 **l'entusiasmo scattava irrefrenabile:** l'entusiasmo diventava grandissimo e non poteva più essere controllato
27 **suscitare:** destare, eccitare (l'interesse, la curiosità ...)

34 **arguto:** intelligente

Si può dunque a buona ragione concludere che mai come in questo periodo della nostra storia si verificò un intreccio tanto forte fra suggestioni musicali, passione civile e vita politica.

da: Renato Bordone, *La storia e noi, 2 Dal Rinascimento alla fine dell'Ottocento*, Torino 1997, p. 280

39 **l'intreccio:** *qui: Verflechtung, enge Verbindung*

Lavoro sul testo

1. Descrivete il ruolo della musica nell'800.
2. Spiegate l'enorme popolarità di Giuseppe Verdi.
3. Condividete l'opinione di molti italiani che il "Va' pensiero" sia l'inno nazionale più adatto? Rispondete giustificando la vostra opinione.
4. Chiedete al vostro prof d'italiano di farvi ascoltare il famoso coro "Va pensiero" dell'opera *Nabucco*. Forse vi dà anche il testo (con la traduzione in tedesco).
5. Secondo voi, che importanza ha un inno nazionale per un popolo?
6. Cosa pensate dell'inno italiano e dell'inno della vostra patria?
7. Vorreste cambiarlo? Perché sì o perché no?

1.3 Prima dell'unità – Cartina d'Italia dal 1820 al 1848

Ricerc@

Ecco la cartina ben diversa dall'Italia di oggi – cercate di localizzare i territori.

1. Ducato di Lucca
2. Ducato di Modena
3. Ducato di Parma
4. Granducato di Toscana
5. Nizza
6. Regno Lombardo-Veneto
7. Regno delle due Sicilie
8. Regno di Piemonte e Sardegna
9. Savoia
10. Stato pontificio

1.4 I padri della patria: Giuseppe Mazzini, Camillo Benso Conte di Cavour, Giuseppe Garibaldi e Vittorio Emanuele di Savoia

Fate un esercizio di vocabolario utile per parlare del Risorgimento. Leggete attentamente le parole e cercate di capirne il senso, poi inserite le parole nel contesto delle spiegazioni.

battaglie (la battaglia) / carboneria (Freimaurerloge) / dichiarare / elezioni (f. plurale) / governare / indipendenza / lotta / monarchia costituzionale / monarchici / oppressione del dominatore straniero / plebiscito / prestano servizio nell'esercito / proclamazione / regna / repubblicani / Risorgimento (1870) / rivolte o rivoluzioni / sconfitta (sconfiggere, sconfitto) / suffragio universale

L'Ottocento è un secolo di ▬, perché il popolo non vuole più la dominazione straniera, per esempio austriaca (nord) e borbonica (sud). C'è il forte desiderio di una riunificazione d'Italia, cioè del ▬.
Per realizzare l'unità d'Italia ci sono state tante guerre: molte ▬ purtroppo sono finite con la ▬ degli italiani, ma infine l'Italia ha vinto e ha potuto ▬ l'indipendenza con la ▬ di Vittorio Emanuele II Re d'Italia.
Quando il popolo (in latino: *plebs*) decide direttamente una questione, si parla di un ▬, ma quando il popolo vota per un governo o per un partito, va alle ▬. Oggi **tutti** i cittadini hanno il diritto di votare, uomini e donne dai 18 anni in su, c'è il ▬ ma non è stato sempre così: nell'Ottocento solo i cittadini ricchi – e solo uomini – potevano votare.
Nell'Ottocento in Italia c'erano delle società segrete che si opponevano ai governi. Siccome una di esse aveva tratto i suoi rituali dal mestiere dei carbonai, questa società segreta si chiamava ▬.
I sostenitori della monarchia si chiamano ▬, quelli della Repubblica ▬.
Se il potere del re è limitato da una costituzione, cioè da leggi scritte, si parla di una ▬.
Il governo ▬ un paese, il re ▬ su un territorio, i soldati ▬, il popolo ▬ per l'▬ e la libertà e contro l'▬.

I padri della patria (da sinistra a destra) Cavour, Garibaldi, Mazzini e Vittorio Emanuele II

Ricerc@

Attività in gruppo: Giuseppe Mazzini, Camillo Benso Conte di Cavour, Vittorio Emanuele II e Giuseppe Garibaldi.

1. Dividetevi in quattro gruppi – per esempio venti studenti in quattro gruppi di cinque persone. Ogni gruppo "adotta" uno dei personaggi e fa una ricerca in Internet – potete usare siti tedeschi e italiani, l'importante è indicare le vostre fonti! Se avete usato materiale non in italiano, non traducete, ma cercate **le informazioni** seguenti e scrivetele **in italiano**:
   - Date biografiche
   - Informazioni particolari
   - Formazione culturale
   - Ideali
   - Contributo al Risorgimento
   - Problemi
2. Adesso formate nuovi gruppi, in ogni nuovo gruppo ci deve essere un "esperto" per ogni personaggio dei gruppi di prima (se siete venti studenti formate cinque gruppi a quattro persone): informatevi a vicenda delle informazioni richieste e prendete appunti sugli altri personaggi. Naturalmente si parla solo italiano!
3. Completate insieme la "linea del tempo" del Risorgimento.

Il Risorgimento – linea del tempo

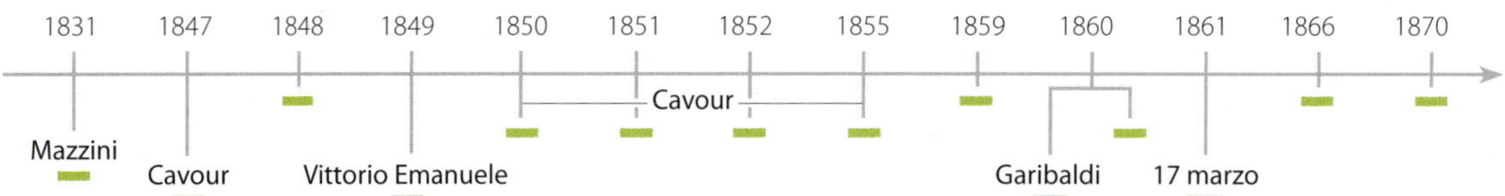

- alleanza di Cavour con Napoleone III; appoggio di Napoleone, seconda guerra d'indipendenza; l'Austria perde la Lombardia
- annessione di Roma; Roma diventa capitale d'Italia
- annessione del Veneto
- rivoluzioni e insurrezioni; le famose cinque giornate di Milano; Cavour convince Carlo Alberto a dichiarare la guerra all'Austria: la prima guerra dell'indipendenza: fallimento
- Cavour fonda la rivista *Il Risorgimento*
- Cavour primo ministro
- Garibaldi parte con mille volontari per liberare il regno delle due Sicilie e si proclama dittatore della Sicilia; riconosce Vittorio Emanuele Re d'Italia e gli affida i territori conquistati
- Mazzini fonda il movimento e la rivista la *Giovine Italia*
- il parlamento italiano proclama Vittorio Emanuele II re d'Italia
- plebisciti in Toscana e Emilia-Romagna; annessione al Regno di Sardegna; plebiscito anche in Francia: passaggio di Nizza e Savoia alla Francia
- la spedizione dei Mille parte da Quarto, vicino a Genova (5/6 maggio 1860)
- la spedizione arriva a Marsala, Sicilia: dopo diverse battaglie, Garibaldi libera il Sud dai Borboni (ottobre 1860)
- Vittorio Emanuele re della Sardegna

1.5 La libertà non è pane

L'autore di questa pagina di diario è uno dei mille volontari di Garibaldi. Proviene dalla Lombardia, cioè da una regione che, sotto l'amministrazione austriaca, ha risolto i più gravi problemi economici e sociali.

"22 maggio. Ancora a Parco.

Mi sono fatto un amico. Ha ventisette anni, ne mostra quaranta: è monaco e si chiama padre Carmelo. Sedevamo a mezza costa del colle, che figura il Calvario colle tre croci, sopra questo borgo, presso il cimitero. Avevamo in faccia Monreale, sdraiata in quella sua lussuria di giardini; l'ora era mesta, e parlavamo della rivoluzione. L'anima di padre Carmelo strideva.

Vorrebbe essere uno di noi, per lanciarsi nell'avventura col suo gran cuore, ma qualcosa lo trattiene dal farlo.

– Venite con noi, vi vorranno tutti bene.

– Non posso.

– Forse perché siete frate? Ce ne abbiamo già uno. E poi altri monaci hanno combattuto in nostra compagnia, senza paura del sangue.

– Vorrei, se sapessi che farete qualche cosa di grande davvero: ma ho parlato con molti dei vostri e non mi hanno saputo dire altro che volete unire l'Italia.

– Certo; per farne un grande solo popolo.

– Un solo territorio?! In quanto al popolo, solo o diviso, se soffre, soffre; ed io non so che vogliate farlo felice.

– Felice! Il popolo avrà libertà e scuole.

– E nient'altro! – interruppe il frate: – perché la libertà non è pane, e la scuola nemmeno. Queste cose basteranno forse per voi Piemontesi: per noi qui no.

– Dunque che ci vorrebbe per voi?

– Una guerra non contro i Borboni, ma degli oppressi contro gli oppressori grandi e piccoli, che non sono soltanto a Corte, ma in ogni città, in ogni villa.

– Allora anche contro di voi frati, che avete conventi e terre dovunque sono case e campagne!

– Anche contro di noi; anzi prima che contro d'ogni altro! Ma col Vangelo in mano e con la croce. Allora verrei. Così è troppo poco. Se io fossi Garibaldi, non mi troverei a quest'ora, quasi ancora con voi soli.

– Ma le squadre?

– E chi vi dice che non aspettino qualche cosa di più?

Non seppi più che rispondere e mi alzai. Egli mi abbracciò, mi volle baciare e tenendomi strette le mani, mi disse che non ridessi, che mi

1 **Parco:** un paese della provincia di Palermo 4 **il Calvario:** *Kreuzweg*; **il borgo:** il paese
5 **Monreale:** città della provincia di Palermo, célèbre per il Duomo e le opera d'arte; **la lussuria:** *qui:* la vegetazione abbondante
6 **mesta:** triste, malincolica
7 **strideva:** era agitata da opposti sentimenti

22 **voi Piemontesi:** per padre Carmelo è chiaro che dietro Garibaldi ci sono le direttive politiche della Monarchia piemontese

31 **il Vangelo:** *Evangelium*; **la croce:** *Kreuz*

34 **le squadre:** i Garibaldini non sono soli, ma ci sono anche le squadre di patrioti siciliani

raccomandava a Dio e che domani mattina dirà la messa per me. Mi sentiva una gran passione nel cuore, e avrei voluto restare ancora con lui. Ma egli si mosse, salì il colle, si volse ancora a guardarmi di lassù, poi disparve".

Villafratti, 26 giugno

A Prizzi, che deve essere un villaggio poco lontano, ci è gente che si è messa a far sangue e roba, come se non vi fosse più nessuno a comandare. Il padre Carmelo sapeva quel che diceva quando ci parlammo a Parco. Quaggiù vi sono beni grandi, ma goduti da pochi e male. Pane, pane! Non ho mai sentito mendicarlo con un linguaggio come questo della poveraglia di qui …

44 **far sangue e roba:** ammazzare i signori e saccheggiarne i beni

48 **la poveraglia:** la povertà

da: Giuseppe Cesare Abba, *Da Quarto al Volturno. Noterelle di uno dei Mille*, Milano: Mursia Editore 1967

Lavoro sul testo

1. Spiegate i motivi dei Garibaldini.
2. Che posizione prende padre Carmelo a questo proposito? Caratterizzatelo.
3. Analizzate l'impatto che ha padre Carmelo sul narratore.

Compito di grammatica

4. Copiate questa scheda e fate una lista di tutti i tempi usati in questo testo. Quando si usano? Servitevi di una grammatica.

presente	passato prossimo	passato remoto	imperfetto	futuro	condizionale	cong. pres.	cong. imperf.
ha	mi sono fatto	interruppe	sedevamo	vorranno	vorrebbe	vogliate	sapessi

5. Leggete il seguito del diario e completate le forme dei verbi seguenti:

(1) sapere – (2) essere – (3) avvicinarsi – (4) mettersi – (5) salire – (6) potere – (7) avere – (8) vedere – (9) sedere – (10) lasciare – (11) volere – (12) stare

Usate il passato prossimo, il passato remoto, l'imperfetto, il presente, il condizionale e il futuro.

23 maggio. Sopra Parco. Dopo mezzodì.
Alla fine i borbonici l' (1) dove noi (2), e nella notte (3). All'alba, in fretta in furia, noi (4) in movimento e (5) quassù. Un buon braccio (6) scagliare una pietra di qui sui tetti di Parco. Adesso (7) sotto di noi il Calvario e il cimitero a mezza costa; (io) (8) le pietre sulle quali (9) ieri, con frate Carmelo. Quel monaco mi (10) un non so che turbamento; (11) rivederlo.
Noi (12) a campo qui, tutto il giorno, e forse anche domani.

1 **mezzodì:** mezzogiorno
2 **all'alba:** alla prima mattina
3 **quassù:** qui sopra
4 **scagliare:** lanciare
5 **il Calvario:** *Kreuzweg;*
il cimitero: *Friedhof*
6 **il turbamento:** l'agitazione

2. Le guerre mondiali in Italia

2.1 La Grande Guerra

In Italia la prima guerra mondiale viene chiamata anche "la grande guerra" perché secondo voi?

I numeri della Grande Guerra

Vittime complessive	Oltre 9 milioni
Totale degli italiani richiamati alle armi	5.903.000
Vittime militari italiane	680.000
Vittime civili italiane	70.000
Militari italiani feriti	1.050.000

La prima guerra mondiale è passata alla storia come la Grande Guerra. Grande nelle dimensioni, nei numeri e nel dolore. Dal 1914 al 1918 sui vari fronti cadono oltre 9 milioni di soldati, per la prima volta la popolazione civile è coinvolta in un conflitto e si impiegano, come si usa chiamarle oggi, armi di distruzione di massa come i gas. Grandi sono la follia e l'entusiasmo di milioni di europei che inneggiano alla guerra, ma che poi restano scioccati dalle proporzioni di quella che Benedetto XV definisce "l'inutile strage". La fine del conflitto porta alla distruzione della Vecchia Europa e apre la strada a regimi dittatoriali come il fascismo e il nazionalsocialismo.

Cosa rappresenta la Grande Guerra per l'Italia?

Alla vigilia del conflitto l'Italia è una nazione frustrata. Legata alla Triplice Alleanza siglata nel 1882 con l'Impero tedesco e con l'Impero Austro-ungarico, il giovane stato italiano non ha ancora completato l'unità. All'appello mancano le cosiddette "terre irredente": il Trentino, la Venezia Giulia, Fiume e la Dalmazia. Sono territori che fanno parte dell'impero asburgico, l'alleato che però non ha intenzione di cedere alle richieste italiane. Allo scoppio delle ostilità, nell'estate del 1914, la posizione è chiara: appellandosi alla clausola che la obbliga a entrare nel conflitto solo se gli alleati vengono aggrediti, l'Italia resta neutrale. La neutralità diventa però strumento di pressione nei confronti dell'Austria-Ungheria. L'Italia è disposta a non entrare in guerra in cambio di concessioni territoriali cui ritiene di avere diritto proprio in base a un articolo della Triplice Alleanza: l'alleato che aggredisce un quarto paese e provoca una guerra deve infatti agli altri due compensazioni territoriali. Le trattative, che vedono la Germania nel ruolo di mediatrice, proseguono a rilento. Intanto il paese si spacca tra neutralisti e interventisti a fianco di Francia, Russia e Inghilterra e contro l'Austria-Ungheria. Sono pochi e isolati invece gli interventisti per il rispetto degli impegni presi con gli Imperi centrali (Austria e Germania). Il dibattito infiamma gli animi.

Tra i sostenitori della neutralità ci sono i socialisti, che vedono il conflitto come una guerra tra potenze imperialiste e capitaliste, i cattolici e i più numerosi giolittiani, che fanno capo a Giovanni Giolitti, politico

8 **inneggiare alla guerra:** celebrare

14 **la vigilia:** la sera prima
15 **la triplice Alleanza:** l'alleanza tra tre partner; **siglato:** firmato
17 **le terre irredente:** i territori italiani che erano sotto un governo straniero 18 **Fiume:** Rijeka 20 **lo scoppio:** *qui:* l'inizio

21 **appellarsi a:** *qui:* riferirsi a

29 **a rilento:** molto lentamente; **interventisti:** quelli che volevano partecipare alla guerra
34 **i sostenitori:** quelli che sostengono qualcosa (*Befürworter*)
36 **i giolittiani:** i sostenitori di Giolitti; **fare capo a:** *sich beziehen auf*

navigato ad esperto, convinto che la neutralità possa spingere l'Austria a fare concessioni. Sono interventisti i nazionalisti, i liberali di destra, i repubblicani, i socialisti riformisti e i socialisti rivoluzionari capeggiati da Benito Mussolini. I personaggi chiave dell'interventismo sono Mussolini, all'epoca direttore dell'*Avanti!*, organo del Partito socialista, e il poeta Gabriele D'Annunzio [...] che dalle colonne del *Corriere della Sera* soffia sui venti di guerra.

Il governo presieduto da Antonio Salandra, intanto, tratta su due tavoli: ufficialmente con gli alleati formali della Triplice Alleanza e in segreto con i paesi dell'Intesa (Francia e Inghilterra). Giolitti tenta sino alla fine di tenere fuori il paese dal conflitto. Il governo Salandra fa il passo decisivo: il 26 aprile 1915 firma segretamente il Patto di Londra, schierandosi al fianco di Francia, Inghilterra e Russia e impegnandosi a far entrare l'Italia in guerra entro un mese. Intanto D'Annunzio, in quelle che il poeta battezza con pathos "le radiose giornate di maggio", infiamma la piazza, che vuole la guerra. In caso di vittoria è prevista l'annessione all'Italia del Trentino e del Tirolo (Alto Adige fino al Brennero), della Venezia Giulia, dell'Istria, di parte della Dalmazia, di alcune isole dell'Adriatico, dell'arcipelago del Dodecaneso, della base di Valona in Albania e del bacino carbonifero di Adalia, in Turchia: Non vengono incluse nell'accordo Fiume [...] e le colonie tedesche. Al termine del conflitto saranno proprio la questione fiumana e l'esclusione delle colonie tedesche dal bottino italiano i principali motivi di delusione e di scontro con Francia, Stati Uniti e Inghilterra.

Il 24 maggio 1915 l'Italia dichiara guerra all'Austria-Ungheria. Iniziano tre anni durissimi, costellati di inutili quanto sanguinose battaglie. Il fronte si sposta di pochi chilometri in una logorante guerra di posizione. Si contano ben 12 battaglie sull'Isonzo. La vita di trincea e le spesso assurde decisioni dei generali, che mandano al massacro migliaia di soldati, sfiancano le truppe. Chiuso il fronte russo dopo la Rivoluzione

37 **navigato:** che ha tanta esperienza nella vita

39 **capeggiare:** dirigere, essere il capo

42 **la colonna (di un giornale):** *Kolumne*

48 **schierarsi a fianco di:** mettersi dalla parte di qualcuno

51 **battezzare:** *taufen*; **radioso:** splendido, felice

56 **il bacino carbonifero:** *Kohlerevier* 58 **fiumano:** della città di Fiume 59 **il bottino:** *Kriegsbeute* 62 **costellato di:** *übersät mit/von* 63 **logorante:** *aufreibend* 64 **Isonzo:** Fiume che scorre in parte nel Goriziano sloveno e in parte in Friuli-Venezia Giulia. Nei dintorni di questo fiume ci furono 12 battaglie, in parte nell'alta montagna; **la trincea:** *Schützengraben* 66 **sfiancare:** *zermürben*

Battaglia sull'Isonzo

d'ottobre, gli austriaci, appoggiati dai tedeschi, sfondano il fronte a Caporetto, nell'ottobre del 1917. Le truppe italiane, colte di sorpresa dalla nuova strategia adottata dai tedeschi, ripiegano sul fiume Piave, lasciando sul campo 11.000 morti, 19.000 feriti e 400.000 fra dispersi e disertori. È una disfatta.
Caporetto, nell'immaginario collettivo degli italiani, diventa il simbolo della sconfitta senza appello, che mette in pericolo la stessa esistenza della patria. Il comandante supremo dell'esercito italiano, Luigi Cadorna, dopo la disfatta viene sollevato dall'incarico e sostituito da Armando Diaz. Sul Piave gli italiani resistono e gettano le basi per la vittoria finale di Vittorio Veneto, nel novembre del 1918. Segue l'armistizio, la guerra è vinta.

Finisce la tragedia, ma il futuro non promette nulla di buono. La stessa vittoria diventa motivo di delusione e di frustrazione. In realtà gli Alleati mantengono molti degli impegni presi nel Patto di Londra, che era stato negoziato quando il crollo degli Imperi centrali non si poteva prevedere. Nelle nuove condizioni e dopo una guerra nella quale ritiene di avere avuto un ruolo decisivo, l'Italia non può accettare che la Dalmazia e Fiume vengano concesse al nuovo Stato dei serbi, croati e sloveni, ma non trova ascolto presso gli Alleati.
La delegazione italiana alla Conferenza di pace di Parigi, che si tiene a Versailles, guidata da Vittorio Emanuele Orlando e da Baron Sidney Sonnino, abbandona il tavolo delle trattative in segno di protesta verso gli Alleati "irriconoscenti". L'insoddisfazione per la "vittoria mutilata", slogan coniato da D'Annunzio per indicare appunto una vittoria incompleta, parziale, è immensa. Il mito della "vittoria mutilata" sarà uno dei fattori di destabilizzazione del giovane e debole stato liberale italiano, insieme alla paura del comunismo dopo la Rivoluzione d'ottobre, agli scioperi, alla massa dei reduci di guerra che non riusciranno ad adattarsi alla normalità. Il fascismo sfrutterà questi elementi, trascinando l'Italia nella dittatura. La Grande Guerra ha cambiato il mondo.

67 **sfondare il fronte:** *die Verteidigungslinie durchbrechen* 68 **Caporetto:** la battaglia di Caporetto era l'ultima delle 12 battaglie sull'Isonzo e è ancora oggi sinonimo di "terribile sconfitta"; **cogliere di sorpresa:** sorprendere (nel senso negativo!) 69 **ripiegare:** ritirarsi 70 **il disperso:** *Vermisster*

77 **Vittorio Veneto:** luogo della terza battaglia del Piave; **l'armistizio:** *Waffenstillstand*

90 **irriconoscente:** *undankbar*; **mutilato:** ferito gravemente, chi ha perso un braccio o una gamba 91 **coniato:** *geprägt*

95 **i reduci di guerra:** quelli che tornano dalla guerra

Lavoro sul testo

Leggete la prima parte (r. 1–33).

1. Spiegate che cos'è la Triplice Alleanza.
2. Perché gli italiani non sono contenti?
3. Quale conflitto ne deriva?

Leggete la seconda parte (r. 34 – 43).

4. Quali gruppi vogliono essere neutrali?
5. Cosa vuol dire essere interventista?

Leggete la terza parte (r. 44 – 60).

6. Spiegate la doppia strategia del governo.
7. Quando e come l'Italia decide di entrare in guerra?
8. Come reagisce il paese? Perché?

Leggete la quarta parte (r. 61– 78).

9. Come procede la guerra?

Leggete l'ultima parte (r. 79–97).

10. Perché gli italiani non sono contenti?
11. Dopo aver letto tutto il testo discutete in classe se secondo voi è giusto che l'Italia si sia lasciata coinvolgere nella prima guerra mondiale.

Benito Mussolini, 1943

2.2 La marcia su Roma

Cercate su Internet un video storico documentario sulla marcia su Roma. Descrivete l'atteggiamento degli uomini che vedete e cercate di capire alcune parole di propaganda.

Ricerc@

1. Qual è la situazione economica e politica in Italia dopo la prima guerra mondiale?
2. Raccogliete informazioni sull'"uomo forte", Benito Mussolini.
3. Riassumete lo sviluppo e la presa del potere dei fascisti italiani.

In italiano

4. Un amico italiano è molto interessato alla storia tedesca e vuole sapere come Hitler sia riuscito a prendere il potere in Germania. Spiegategli che cosa si intende per la *Machtergreifung* oppure *Machtübertragung* dei nazisti in Germania.

2.3 Mussolini ha sempre ragione

Lavoro sul testo

1. Prima di ascoltare il testo leggete tutti i compiti.
2. Completate questo riassunto:

   Le voci critiche contro il governo di Mussolini ___ e lui stesso è diventato ___. Per avere il ___ del paese Mussolini usava ___. Gli Italiani celebravano Mussolini come uomo di grande ___.
3. Mussolini amava farsi adorare come uomo forte e vigoroso. Datene due esempi.

NOTA BENE

il Duce: Un'altra parola legata al mondo fascista dal latino "dux", der Führer (ne conosci già un altro …) Attenzione: in italiano "duce" è sinonimo di Benito Mussolini e veniva usato soprattutto da quelli che lo sostenevano. Se vuoi parlare di un "Führer" che ti fa vedere un paese sconosciuto, sia una persona che un libro, devi dire "la guida" (anche se si tratta di un uomo)!

4. Cercate le risposte giuste:
   1. Mussolini era un oratore convincente perché
      a. i suoi discorsi erano semplici, ma non aggressivi.
      b. lusingava gli italiani per la loro bravura e la loro storia.
      c. aveva uno stile elaborato e raffinato.
   2. La riforma della scuola
      a. aveva lo scopo di migliorare la qualità dell'insegnamento.
      b. voleva liberare il sistema arretrato da un regolamento esagerato.
      c. dava molta importanza allo sport e alla preparazione militare.
5. Vero o falso? Se non è vero spiegate anche perché.
   - L'accordo fra lo Stato italiano e il Vaticano era più importante per Mussolini che per il papa.
   - Papa Pio XI è stato chiamato "L'uomo della provvidenza".

2.4 L'ora fatale

A partire dal 1930 gli effetti della grande crisi economica del 1929 si fecero sentire anche in Italia. Ci furono disagi per tutti e per molti tornò la fame.
Il regime cercò di rimediare sia portando avanti una vasta serie di lavori pubblici, sia favorendo in tutti i modi i prodotti nazionali. La crisi comunque scosse il prestigio del regime, e Mussolini pensò di riacquistarlo con una prova di forza sul piano della politica estera.
Fu scelta la conquista dell'Etiopia, l'ultimo Stato africano rimasto indipendente. Le operazioni militari furono molto rapide poiché l'esercito italiano aveva armi più potenti e fu facile vincere. Il 5 maggio 1936 il Duce annunciò che l'Italia aveva finalmente un suo Impero e ciò piacque alla gente. I contadini speravano ancora una volta di poter avere terra da coltivare, i borghesi nazionalisti avevano la soddisfazione di vedere vendicata la sconfitta di Adua.
Questa soddisfazione non fu tuttavia priva di conseguenze. L'impresa etiopica, fatta con l'opposizione di Francia e Inghilterra, aveva infatti posto l'Italia in una posizione di isolamento nei confronti delle altre nazioni che incoraggiò l'avvicinamento alla Germania di *Hitler*. I rapporti fra Italia e Germania, i cui regimi si rifacevano agli stessi principi, presero poi la forma di un'alleanza vera e propria (il Patto d'acciaio) che in caso di guerra prevedeva l'intervento dell'Italia a fianco della Germania. Poco dopo, la guerra ci fu davvero (1 settembre 1939), ma Mussolini, a cui erano state nascoste le vere intenzioni di *Hitler*, fu colto di sorpresa ed essendo consapevole della mancanza di preparazione militare dell'Italia, non osò muoversi.
Già verso il gennaio del 1940 tuttavia il Duce cominciava ad avere dei dubbi; temeva di arrivare troppo tardi. Il ministro degli esteri, Galeazzo Ciano, era contrario a questa guerra e non aveva molta simpatia per i Tedeschi. Egli non riuscì tuttavia a trattenere Mussolini, sempre più convinto che il conflitto sarebbe stato di breve durata e di sicuro successo.
"Ho bisogno – aveva detto Mussolini – di alcune migliaia di morti per sedermi al tavolo della pace".
Nel Paese non c'era nessun entusiasmo per la guerra e per tutto il mese di aprile il Duce criticò i suoi connazionali perché si dimostravano stupidi non volendo capire che solo la guerra avrebbe determinato la grandezza della nazione. Si dette anche molto da fare con la propaganda. Si faceva credere alla gente che Mussolini conosceva, meglio di ogni altro, le armi e la scienza necessarie alla guerra moderna, che gli inglesi erano troppo vigliacchi per battersi sul serio e che pertanto la vittoria era sicura.
Quando l'esercito tedesco avanzò in Belgio e in Francia, aumentò il

13 **i borghesi:** i cittadini
14 **la sconfitta:** *Niederlage*
15 **privo di:** senza

NOTA BENE
la sconfitta di Adua:
Già alla fine dell'800 gli italiani avevano delle ambizioni coloniali, ma il 1° marzo 1896 le truppe italiane sono state sconfitte dall'esercito abissino.

21 **l'intervento:** *Eingriff*

40 **vigliacco:** contrario di coraggioso

numero di coloro che pensavano che il Duce poteva avere ragione e molti capi fascisti si lasciarono del tutto convincere.
Il 10 giugno 1940 Mussolini dichiarò guerra a Francia e Inghilterra e annunciò al popolo italiano che era giunta "l'ora fatale".
"La notizia della guerra non sorprende nessuno – scrisse nel suo diario Galeazzo Ciano – e non desta eccessivi entusiasmi. Io sono triste: molto triste. L'avventura comincia. Che Dio assista l'Italia".

da: M. Cristina Peccianti, *Storie della storia d'Italia*, Casale Monferrato: Marietti-Manzuoli 1988, p. 110–111

47 **destare:** svegliare

Lavoro sul testo

1. Perché Mussolini voleva conquistare l'Etiopia?
2. Qual era la reazione del popolo alla notizia della conquista?
3. Perché l'Italia si avvicinò alla Germania?
4. Qual era l'atteggiamento di Mussolini all'inizio del 1940? E quello del popolo?
5. Che cosa succedette il 10 giugno 1940?

2.5 Resistenza. Dopo un raccolto ne viene un altro

Dopo terribili bombardamenti fra la popolazione cresceva la rabbia contro il fascismo e contro Mussolini che non cercava neanche di separarsi dall'alleanza con i tedeschi. Quindi per molti fu chiaro che la prima cosa da fare era liberarsi dal Duce. Il Re Vittorio Emanuele III fece arrestare Mussolini e mise Pietro Badoglio, un vecchio militare piemontese, al capo del nuovo governo. Badoglio non voleva finire la guerra ma dopo tanti bombardamenti da parte degli alleati finalmente accettò la resa senza condizioni e fuggì col Re a Brindisi, nel Sud d'Italia che ormai era stato liberato grazie alle forze alleate. Al nord i Tedeschi liberarono Mussolini e lo misero a capo di un nuovo governo fascista, la Repubblica di Salò, sul Lago di Garda. L'Italia era divisa e la tragedia era completa.

Nell'ottobre 1943 Badoglio dichiarò guerra alla Germania e in Italia cominciarono ad operare i primi gruppi di partigiani organizzati dal Partito comunista e dagli altri Partiti antifascisti.
I partigiani erano soldati che si rifugiavano in montagna per sfuggire ai Tedeschi, giovani che non volevano finire nel nuovo esercito fascista, volontari dei Partiti antifascisti. Ogni Partito aveva i suoi gruppi partigiani, ma nella lotta contro tedeschi e fascisti fu unità e nel 1944 tutti i partigiani furono posti sotto il comando unificato del "Corpo Volontari della libertà".
Dalle montagne del Piemonte e delle altre regioni del Centro-Nord i partigiani scatenavano operazioni di guerriglia, sabotaggi, attentati;

NOTA BENE
fascista: la parola fascismo è stata introdotta da Mussolini stesso. Deriva da *fascio*, latino fascis, ted. *Rutenbündel*, che nell'antica Roma veniva portato dai littori e rappresentava l'autorità politica. Da una parte i fasci dovevano simboleggiare il potere assoluto sulla vita e sulla morte, dall'altro lato facevano pensare allo splendore dell'antica Roma come superpotenza.

7 **gli alleati:** soprattutto gli americani; **la resa senza condizioni:** *bedingungslose Kapitulation*

13 **i partigiani:** quelli che si opponevano al regime fascista nella Resistenza 15 **rifugiarsi:** fuggire 16 **l'esercito:** tutti i soldati di uno stato

22 **la guerriglia:** la lotta armata contro un esercito regolare; **il sabotaggio:** *Sabotage*

agivano nelle città e nelle campagne occupate dai Tedeschi. I risultati della Resistenza partigiana furono importanti sia sul piano militare sia su quello morale poiché vi collaborò tutta la popolazione. I contadini fornivano cibo e stalle in cui nascondersi. Le donne, nelle città distribuivano giornali clandestini, portavano messaggi e qualche volta bombe nascoste nella borsa della spesa.

Alle azioni dei partigiani i nazisti e i fascisti rispondevano con terribili vendette. Nelle fosse Ardeatine, presso Roma, per vendicare 32 morti fra le SS tedesche furono uccisi 335 italiani.

A Marzabotto (Bologna) furono uccise 2.000 persone, fra cui 200 bambini, perché si diceva che tutta Marzabotto era partigiana. E molti altri furono i delitti commessi contro la popolazione civile.

A Reggio Emilia furono fucilati i sette fratelli Cervi a cui il padre aveva insegnato ad amare la libertà e ad odiare la violenza e che dopo l'armistizio collaborarono con i partigiani.

Anche papà Cervi viene preso insieme ai figli, ma rilasciato dopo qualche giorno di carcere. Quando sa della morte dei figli fa questa amara e bellissima riflessione: "Ma alla morte, alla morte non ci avevo mai pensato. Ben meritato è il rimorso, per me superbioso, che vi credevo intoccabili dalla morte. E se anche in carcere lo dicevo, che potevate essere morti, il sangue non ci credeva e si ribellava. Ma i padri e le madri sono fatti così, adesso lo capisco. Pensano che loro moriranno, che anche il mondo morirà, ma che i loro figli non li lasceranno mai, nemmeno dopo la morte, e che staranno sempre a scherzare coi loro bambini, che hanno cresciuto per tanti anni, e la morte è un'estranea. Che ne sa la morte dei nostri sacrifici, dei baci che voi mi avete dati fino a grandi, delle veglie che ho fatto io sui vostri letti, sette figli, che prendono tutta una vita".

Dopo questa riflessione Alcide Cervi pianse un poco, ma subito disse: "Dopo un raccolto ne viene un altro. Andiamo avanti". E siccome il

Due bambini di nazionalità italiana e tedesca mettono dei fiori al monumento dei caduti a Marzabotto

30 **la vendetta:** *Rache;* **la fossa:** *Graben;* **vendicare:** *rächen*

34 **il delitto:** il reato

36 **l'armistizio:** *Waffenstillstand*

41 **meritare:** *verdienen;* **il rimorso:** il pentimento; **superbioso:** arrogante

47 **l'estraneo:** lo straniero

48 **il sacrificio:** *Opfer;* **la veglia:** una notte senza sonno

raccolto non viene da sé, si mise ad insegnare agli undici nipoti quello che aveva già insegnato ai figli.
Oltre ai fratelli Cervi la Resistenza italiana ebbe molti altri eroi, protagonisti di episodi più o meno noti, che lottarono e morirono per la libertà. Quando gli alleati riuscirono ad arrivare nell'Italia del Centro-Nord (25 aprile 1945) le città erano già state liberate dalle forze partigiane che avevano anche salvato i principali impianti industriali. La guerra era finita.
Due giorni dopo Mussolini fu fermato a Dongo, sul Lago di Como, dai partigiani, mentre tentava di lasciare l'Italia. Venne fucilato il 28 aprile insieme alla sua donna, Clara Petacci, che aveva insistito per morire con lui.

da: M. Cristina Peccianti, *Storie della storia d'Italia*, Casale Monferrato: Marietti-Manzuoli 1988, p. 116–117

58 **l'impianto:** *Einrichtung, Anlage*

Lavoro sul testo

1. Che cosa rappresentava il "Corpo Volontari della libertà"?
2. Come agivano i partigiani?
3. In che maniera hanno reagito i tedeschi alla lotta partigiana?
4. Riassumete come si è svolta la fine della guerra.
5. Commentate la reazione di Alcide Cervi a proposito dell'omicidio dei suoi sette figli.

3. Dopo la guerra

3.1 Monarchia o Repubblica?

Il 2 giugno 1946 in un plebiscito la maggioranza degli italiani (il 54,9%) ha deciso che non voleva più la monarchia, ma una repubblica. Ma c'erano circa due milioni di voti nulli e così la maggioranza per la repubblica non era veramente forte, solo dello 0,9% oppure di 453.506 voti. Soprattutto al Sud tanti avevano votato per la monarchia.

Compito di grammatica

Ripassate il periodo ipotetico e completate queste frasi con un po' di fantasia:

1. Se Vittorio Emanuele II fosse stato ancora vivo il 2 giugno 1946 ▬
2. Se gli italiani avessero votato per la monarchia oggi ▬
3. Se gli italiani avessero un Re ▬
4. Certamente i giornalisti sarebbero molto felici se ▬
5. Forse il Re d'Italia si vergognerebbe se ▬

3.2 La Costituzione repubblicana

Ecco i risultati delle elezioni del 2 giugno 1946:

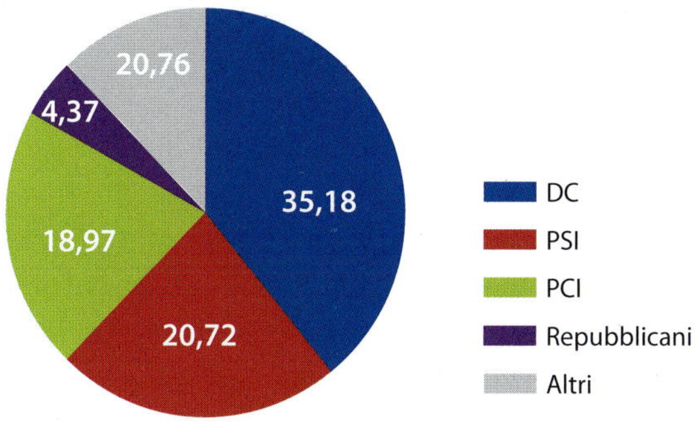

NOTA BENE

DC: Democrazia Cristiana, fino al suo scioglimento nel 1992 a causa di "Mani Pulite" quasi sempre il partito più forte

PSI: partito socialista italiano che si è sciolto nel 1994 anche a causa di Tangentopoli

PCI: partito comunista italiano che si è sciolto nel 1989 a causa della caduta del muro di Berlino e si è trasformato nel partito democratico di sinistra (PDS) e Rifondazione comunista (PRS)

La Costituzione Italiana

La Costituzione della Repubblica Italiana entrò in vigore il primo gennaio del 1948.

Fu stilata e approvata dopo un lungo lavoro di elaborazione condotto dall'Assemblea Costituente e dopo un dibattito culturale e politico che coinvolse l'intero Paese. L'Italia era reduce da una dittatura, quella fascista, durata un ventennio e da una guerra terribile che aveva ridotto la nazione allo stremo.

Dopo il referendum del 1946, che aveva sancito la fine della monarchia, occorreva risollevare il Paese dalle macerie e costruire la nascente Repubblica su basi nuove e solide.

[...]

La Costituzione della Repubblica Italiana contiene 139 articoli e 18 disposizioni transitorie e finali. Dopo l'enunciazione dei *Principi fondamentali* (articoli 1–12) segue la prima parte, che si occupa di *Diritti e doveri*, articolata in *Rapporti civili* (articoli 13–28), *Rapporti etico-sociali* (articoli 29–34), *Rapporti economici* (articoli 35–47) e *Rapporti politici* (articoli 48–54). La seconda parte si occupa dei complessi meccanismi che regolano l'*Ordinamento della repubblica*, cioè le funzioni del Parlamento, del Presidente della Repubblica, del Governo, della Magistratura, di regioni, province e comuni, nonché delle garanzie costituzionali.

La Costituzione Italiana è un documento che possiede valore giuridico [...] [e] un carattere che [...] viene definito "rigido", in contrapposizione ai testi costituzionali detti "flessibili" [...]. Ciò rappresenta una garanzia per i cittadini, i cui diritti non sono più alla mercé degli umori di qualsivoglia maggioranza governativa.

[...]

La Costituzione riconosce i diritti umani più importanti: libertà di pensiero, di religione, di associazione, di stampa, di movimento, libere elezioni con voto segreto. Tutela le minoranze linguistiche, riconosce il diritto al lavoro, stabilisce l'uguaglianza dei cittadini e si impegna a rimuovere gli ostacoli che impediscono il pieno sviluppo della persona umana, promuove lo sviluppo della cultura e la ricerca scientifica e tecnica, tutela il paesaggio e il patrimonio storico e artistico, sancisce la parità uomo-donna, riconosce il diritto di sciopero.

3 **stilare:** redigere, scrivere 6 **reduce:** chi esce da una situazione negativa (guerra, malattia)

34 **qualsivoglia:** qualsiasi

Stabilisce il primato della politica sull'economia e della solidarietà sul profitto economico individuale.

In sintesi, la Costituzione stabilisce le regole del gioco democratico, all'interno del quale i cittadini esercitano la loro libertà. Nonostante sia stata promulgata più di sessant'anni fa, sono pochi i cittadini che conoscono, anche solo per sommi capi, il testo costituzionale. Soprattutto le giovani generazioni, quelle che dovrebbero raccogliere il testimone e garantire la compiuta realizzazione della Repubblica, la piena modernizzazione dell'Italia e il suo maturo allineamento alle democrazie più evolute del pianeta, sembrano disinteressarsene, in questo condizionate dalla cultura dominante, ripiegando sul privato e su una visione della vita limitata dall'apatia, dall'indifferenza e dal culto dell'interesse immediato. Eppure interessarsi di politica significa occuparsi della *polis*, ossia dei problemi della città e della comunità e quindi, anche secondo l'ottica dell'interesse personale, significa curare al meglio i propri stessi affari, contribuendo a migliorare la qualità della vita quotidiana, anche della propria.

[...]

Oggi soprattutto la Costituzione è fatta oggetto di attacco da parte di forze che la vogliono piegare agli interessi delle aziende e del mercato. In nome della globalizzazione e della competizione economica si vogliono erodere i diritti dei lavoratori. Il profilarsi di pericoli pur minacciosi, come il terrorismo internazionale, induce molti a chiedere, in nome della sicurezza, il restringimento delle libertà individuali; la guerra, ripudiata dalla nostra Costituzione, viene ancora usata forse con troppa leggerezza come strumento di soluzione dei conflitti internazionali. [...]

Certo, anche la Costituzione non è un documento immodificabile, un totem da adorare e da non sottoporre ad esame critico. Senza entrare nel merito di delicate questioni giuridiche, [...] una revisione che sappia rendere più efficiente e veloce il funzionamento dello Stato, in linea con le esigenze dei cittadini e anche delle aziende, può essere, secondo il parere di molti esperti accreditati, accettata. [...]

Detto ciò, va ribadita l'attualità della Costituzione, [...] la sua validità nell'orientare i nostri comportamenti rispetto alla comunità nazionale, la famiglia, la scuola, il rispetto per l'ambiente, la libertà, l'uguaglianza, la valorizzazione della scienza e delle arti. La Costituzione suggerisce un concetto di politica, ispirato ai valori dell'onestà e della competenza, che sia servizio verso il cittadino e non esercizio oppressivo del potere. Ideali più che mai attuali. I giovani rappresentano la più grande speranza per la realizzazione di tali ideali.

da: Giangiulio Ambrosini, *La Costituzione spiegata a mia figlia*, Torino: Einaudi 2005

66 **polis:** città in greco antico

Lavoro sul testo

1. Riassumete i punti più importanti della Costituzione.
2. Perché secondo voi la Costituzione era tanto importante nel 1946? Perché lo è ancora oggi?
3. Spiegate l'opinione dell'autore sulle giovani generazioni (rr. 55–71). Condividete questo atteggiamento? Rispondete giustificando la vostra risposta.

3.3 Il sessantotto

Siete contenti della situazione al vostro liceo? Che cosa cambiereste, se poteste?

Tra il 1967, il 1968 e parte del 1969 si sviluppò in Italia, come in altri Paesi, quel movimento di protesta giovanile, diffuso fra gli studenti, che prese il nome di contestazione.
Tutto era cominciato dalla protesta contro il potere dei professori nelle università, ma ben presto la protesta si era estesa al "sistema", cioè allo Stato che l'università rappresentava.
I sessantottini, come si chiameranno più tardi i giovani che parteciparono alle contestazioni di quegli anni, rifiutavano tutte le istituzioni borghesi, ritenute autoritarie ed ingiuste: la scuola, i partiti politici, la famiglia, la Chiesa. Ritenevano che potesse divenire reale la società che loro immaginavano: una società di liberi e di uguali, con una democrazia diretta, basata sul potere delle assemblee. "Via i padroni, via i burocratici, via i colonnelli, il potere è di chi sa inventare" era uno slogan di quel periodo.
Il movimento studentesco italiano portò avanti la sua lotta mirando soprattutto alla didattica e all'organizzazione dell'università, che veniva paragonata ad una fabbrica con i suoi padroni-professori. Scrivevano gli studenti in quei giorni: "Il sistema dei voti e degli esami è fondato sul principio di premiare il più brillante e il più svelto e di penalizzare il meno appariscente e il più lento. L'indice di produttività richiesto dalla scuola allo studente diventa sempre più il grado di accettazione

3 **la contestazione:** la protesta

9 **borghese:** *bürgerlich*

12 **l'assemblea:** la riunione

20 **appariscente:** *auffällig*

delle norme scolastiche stesse, esattamente come nella fabbrica, dove è più 'bravo' l'operaio che ha interiorizzato più degli altri l'interesse del padrone".

Sembrava insopportabile il modo con cui venivano fatti gli esami "più simili a veri e propri interrogatori che ad una libera discussione su argomenti che dovevano essere approfonditi insieme. In molte facoltà gli esami sono la principale causa del basso livello culturale degli studenti, specie quando non possono frequentare per mancanza di borse di studio o di aule. Si è giunti all'assurdo di 600 esaminati in tre giorni da un solo professore".

Le proposte alternative erano i gruppi di studio, o seminari, diretti dagli studenti, in cui si studiava, si discuteva, si parlava di politica e di problemi personali. I professori venivano chiamati come esperti, anche perché alla fine si dovevano fare degli esami, sia pure di gruppo e con voto uguale per tutti. Si riteneva che il lavoro di gruppo fosse il modo migliore per "crescere" insieme, ma l'analisi, la ricerca e la documentazione sui contenuti ne rimanevano sacrificati.

In tutta Italia, ma specialmente a Roma, Milano, Torino, Venezia, Pisa, Firenze, si ebbero occupazioni delle facoltà universitarie, con interventi della polizia e scontri con gli studenti, cortei per le vie delle città, con tanta partecipazione, slogan e scritte che si rifacevano alla lotte di *Che Guevara* e *Ho Chi Min*.

Di fronte a tutto ciò il mondo politico e parlamentare non seppe dare ai giovani nessuna risposta seria. Fu così favorita la contestazione stessa e l'affermazione dei *leaders* sessantottini.

Verso la fine del '68 il movimento studentesco cominciò ad indirizzare le sue proteste e le sue richieste al campo politico e sociale e cercò di collegarsi con la classe operaia e le femministe. Ma nel '69 esso stava già perdendo la sua vivacità e la forza delle sue illusioni.

La calma sarebbe tornata presto.

da: M. Cristina Peccianti, *Storie della storia d'Italia*, Casale Monferrato: Marietti-Manzuoli 1988, p. 129–130

23 **interiorizzato:** *verinnerlicht*

29 **la borsa di studio:** *Stipendium*

Lavoro sul testo

1. Riassumete i punti di critica degli studenti.
2. Spiegate e commentate le alternative proposte dagli studenti.
3. Come sono andate a finire le proteste degli anni Sessanta? Secondo voi, sono servite a qualcosa?

Un paese – mille lingue

8

L'italiano – che cos'è?

L'italiano fa parte del gruppo delle lingue romanze o lingue neolatine perché si è sviluppato dal latino. Il latino appartiene alla grande famiglia linguistica delle lingue indoeuropee (circa la metà della popolazione mondiale parla una lingua indoeuropea).

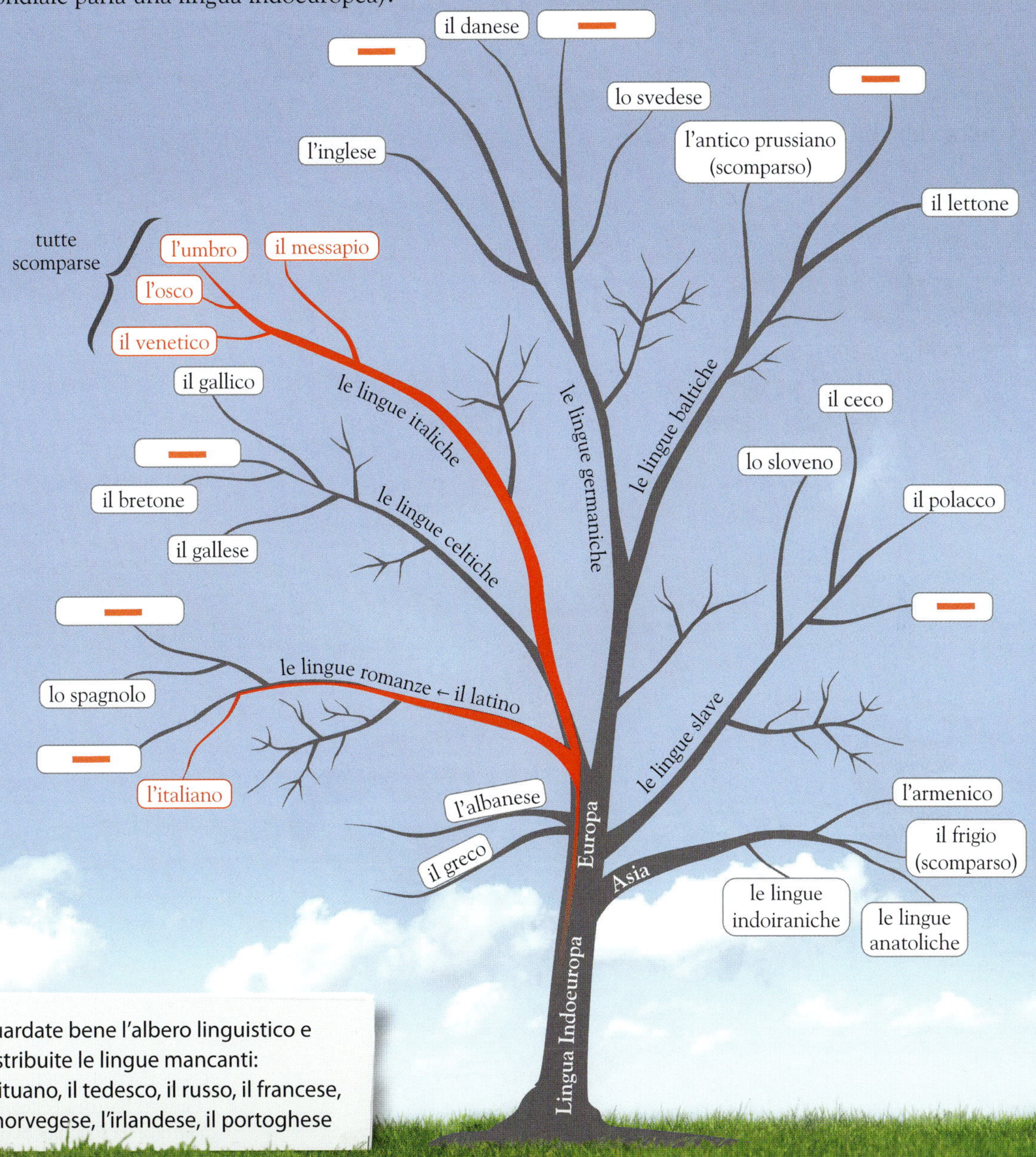

Guardate bene l'albero linguistico e distribuite le lingue mancanti: il lituano, il tedesco, il russo, il francese, il norvegese, l'irlandese, il portoghese

1. L'Italia dei dialetti

1.1 Ma quanti dialetti ci sono?

La varietà dialettale italiana è la più alta all'interno delle lingue romanze: ogni minima comunità, frazione di comune o, addirittura gruppo di case presenta una propria parlata, che differisce da quelle vicine anche per poche caratteristiche. Lo studioso Giovan Battista Pellegrini ha provato a raggruppare i dialetti e ha elaborato questa carta dei dialetti d'Italia stabilendo in grosso modo una tripartizione dei dialetti italiani.

6 elaborare: sviluppare

Carta dei dialetti d'Italia

Carta dei dialetti d'Italia di Giovan Battista Pellegrini, adattata da Joachim Schuff

> **NOTA BENE**
>
> **Che cos'è il dialetto?**
>
> Espressione indicante le centinaia di lingue locali parlate sul territorio italiano. I dialetti non derivano in alcun modo dall'italiano standard e non rappresentano adattamenti locali o corruzioni della lingua nazionale, ma sono idiomi indipendenti, direttamente evolutisi dal latino e dotati di fonetica, grammatica e lessico autonomi. (Encarta)

Lavoro sul testo

1. Con l'aiuto della carta inserite le parti mancanti:

Pur nella loro varietà, i dialetti italiani si possono distinguere in tre grandi gruppi:
i dialetti settentrionali (colore giallo), che si delimita dal toscano (colore ___) attraverso una linea fittizia che va da La Spezia a Rimini, e i dialetti centromeridionali (color rosa/viola).
In Calabria, in Puglia e in ___ si parla per esempio un dialetto meridionale-estremo. A Napoli si parla un dialetto ___.
Nel ___, in Umbria e nelle Marche si parla un dialetto ___.
Nell'Italia settentrionale prevale il dialetto ___, solo nella regione Veneto si parla un dialetto diverso, il dialetto ___.
Poi esistono altre parlate non-italiche in Italia, le cosiddette minoranze linguistiche (chiamate anche lingue tagliate): a ovest al confine con la Francia la gente parla un dialetto ___ e in Valle d'Aosta un dialetto ___. Nel Trentino Alto Adige c'è un numeroso gruppo di persone di origine tedesca che parla ovviamente il ___. E poi a est troviamo il ladino, il friulano e lo ___. Nel Sud d'Italia troviamo alcune isole linguistiche, cioè paesini in cui si parla ancora il greco e l'albanese. Anche il sardo fa parte delle minoranze linguistiche. Molti pensano che il sardo sia un dialetto però è una lingua propria con due varianti dialettali. Nel Nord dell'isola c'è il dialetto ___ e al centro-sud della Sardegna si parla il dialetto ___. Una particolarità incontriamo nella zona di Alghero, a ovest dell'isola dove si parla ancora un dialetto catalano.

Corriere della Sera, 12.10.2009

Ricerc@

2. Come mai in Sardegna, ad Alghero si parla il catalano e nel Sud d'Italia esistono paesini, i cui abitanti parlano il greco o l'albanese?
3. Informatevi sull'espressione "Lingue tagliate". Spiegate cosa sono.
4. Formate l'aggettivo. Consultate il dizionario se necessario.

-ano -o -ale -ino -e -itano/-etano -ese

1. La Toscana	→ il tosc**ano**	Firenze	→ il fiorent**ino**
2. La Liguria	→ ___	Genova	→ ___
3. La Lombardia	→ ___	Milano	→ ___
4. Il Veneto	→ ___	Venezia	→ ___
5. L'Umbria	→ ___	Perugia	→ ___
6. Il Piemonte	→ ___	Torino	→ ___
7. La Puglia	→ ___	Bari	→ ___
8. La Calabria	→ ___	Catanzaro	→ ___
9. La Sicilia	→ ___	Palermo	→ ___
10. La Campania	→ ___	Napoli	→ ___
11. Il Lazio	→ ___	Roma	→ ___
12. La Sardegna	→ ___	Cagliari	→ ___

1.2 Caratteristiche dei dialetti

1. Leggete le particolarità dei dialetti.
2. Ascoltate i testi e cercate di individuare da quale parte d'Italia viene il parlante.

Alcune particolarità dei dialetti del Nord Italia

▷ Mancanza di consonanti doppie: bella → bela, capodanno → capodano
▷ Le consonanti *c/z* vengono pronunciate come una *s* e la *t* come una *d*: braccio → bras, ragazza → ragassa, fratello → fradel
▷ Presenza dell'umlaut (solo nei dialetti nord-occidentali): piove → piöv, fiume → fiüm
▷ Perdita di lettere finali: cavallo → caval, mangiare → mangiar
▷ Influenze francesi in Piemonte: latte → lait, testa → teta
▷ Nel Veneto troviamo spesso forme abbreviate: latte → lat, vuole → vol

Toscano

Fra i dialetti italiani il toscano è quello che subì meno cambiamenti e si mantenne più simile al latino; grazie al prestigio letterario della sua variante fiorentina, le sue caratteristiche sia fonetiche sia grammaticali diventarono in parte quelle della lingua italiana.
Tra le peculiarità prettamente locali del toscano vi sono la cosiddetta gorgia, ovvero la pronuncia aspirata della c dura dopo una vocale in alcuni casi ("hasa" per l'italiano standard "casa").

Alcune particolarità dei dialetti del Sud Italia

▷ Al Sud spesso si pronuncia la consonante doppia al posto della semplice: subito → subbito, tragedia → traggedia
▷ La consonante *b* viene pronunciata come una *v*: bocca → vucca (specialmente a Napoli)
▷ La vocale *o* aperta interna diventa spesso una *u*: colore → culure, rosso → russo
▷ Le consonanti forti diventano deboli: sempre → sembre, antico → andico
▷ Le consonanti *nd/mb* vengono pronunciate come *nn/mm*: quando → quanno, mondo → munno
▷ Le vocali finali diventano deboli: coppa → coppe [koppə]
▷ In siciliano la doppia *ll* diventa *dd*: bella → bedda
▷ Uso di *stare* al posto di *essere* e uso di *tenere* al posto di *avere*: ho sete → tengo sete, sono triste → sto triste
▷ Uso del passato remoto nella lingua parlata: Ieri sono andato da mia madre. → Ieri andai da mia madre.

Il sardo è considerato una lingua a se stante. È rimasta molto vicina al latino.

1.3 Una poesia in dialetto

Lingua e dialettu

A un populu,
mittitici i catini
spugghiatilu
attuppatici a vucca,
ed è ancora libiru.

Livatici u travagghiu
u passaportu
u lettu unni dormi
a tavula unni mancia
ed è ancora riccu.

Un populu,
diventa poviro e servu,
quannu ci arrobbanu a lingua
addutta di patri,
a perdi pi sempri.

Ignazio Buttitta

(Ignazio Buttitta è un poeta siciliano, nato nel 1899 a Bagheria, vicino a Palermo e morto nel 1997.)

Lavoro sul testo

1. Di seguito trovate la versione "italiano Standard" della poesia però i versi non sono nell'ordine giusto. Scrivete il verso giusto accanto al verso corrispondente della poesia dialettale!

> Levategli il lavoro / diventa povero e servo / il letto dove dorme / tappategli la bocca, / il passaporto / Un popolo / A un popolo / ed è ancora ricco. / ed è ancora libero. / quando gli rubano / la lingua / ereditata dai padri / mettete le catene / quando la perde per sempre. / la tavola dove mangia, / spogliatelo
>
> Versione di Tullio de Mauro, linguista italiano: Lingua e dialetto

2. Interpretate la poesia prendendo in considerazione anche il disegno.
3. Commentate l'importanza di un dialetto, di una lingua propria per una persona, un paese, un popolo.
4. Individuate alcune caratteristiche tipiche del dialetto siciliano/meridionale estremo (cfr. pagina 170).

1.4 Italiano standard o dialetto?

Parlate delle statistiche con il vostro partner. (→ Per parlare di statistiche vedete Capitolo 2)

COME PARLANO GLI ITALIANI

(numero di persone su 100 abitanti con più di 6 anni)

in famiglia	Solo o prevalentemente italiano	45,5%
	Solo o prevalentemente dialetto	16,0%
	Sia italiano che dialetto	32,5%
	Altra lingua	5,1%
tra amici	Solo o prevalentemente italiano	48,9%
	Solo o prevalentemente dialetto	13,2%
	Sia italiano che dialetto	32,8%
	Altra lingua	3,9%
con estranei	Solo o prevalentemente italiano	72,8%
	Solo o prevalentemente dialetto	5,4%
	Sia italiano che dialetto	19,0%
	Altra lingua	1,5%

REGIONI ITALIANE DOVE, NELLE CONVERSAZIONI TRA ESTRANEI, L'USO DEL DIALETTO È PIÙ (O MENO) DIFFUSO

(numero di persone su 100 abitanti con più di 6 anni)

più diffuso	
Veneto	15,7%
Basilicata	10,2%
Campania	10,0%
Sicilia	9,8%

meno diffuso	
Trentino Alto Adige	0,2%
Valle d'Aosta	0,4%
Sardegna	0,5%
Toscana	1,1%
Piemonte	1,4%

PARLANO SOLO O PREVALENTEMENTE IN DIALETTO

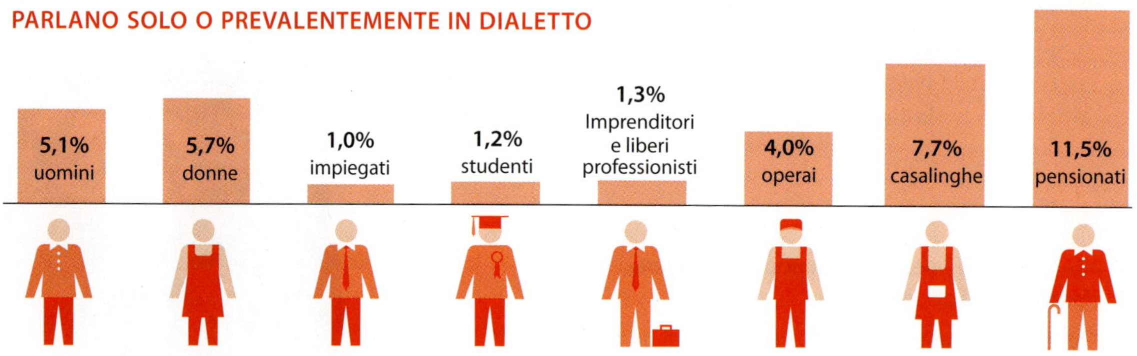

da: Venerdì di Repubblica, 25.9.2009

Lavoro sul testo

1. Scambiate le vostre idee con il partner.

   1. Com'è la situazione dialettale in Germania? Parlate dialetto in casa?
   2. Quando usate il dialetto e quando il tedesco standard?
   3. L'uso del dialetto dovrebbe essere incoraggiato oppure no?
   4. Bisogna conservare i dialetti, secondo voi? Insegnarli magari a scuola?

Attività creativa

2. Per il tuo amico italiano parlare il dialetto è molto importante. Tu non sei dello stesso avviso. Mettete in scena il vostro dialogo.

1.5 La provocazione: dialetto obbligatorio a scuola

➜ Raccogliete informazioni su Umberto Bossi e sul suo partito "Lega Nord".

Bossi: "Dialetto obbligatorio a scuola"

Per il leader leghista va insegnato 'in qualche modo accattivante'. Non tutto il PdL condivide l'idea: La Russa. "È il sole di agosto." Cazzola: "Per trovare lavoro bisogna sapere l'inglese, non il bergamasco."

Ponte di Legno (Bs), 14 agosto 2009 – L'insegnamento del dialetto deve essere diffuso in tutta Italia e dovrebbe essere obbligatorio. Lo afferma il leader della Lega Umberto Bossi, secondo cui il problema è di trovare un metodo di insegnamento che non annoi i ragazzi: "Mia moglie, che se ne occupa da anni, dice che deve essere legato alla musica, al ritmo, ai modi di dire, a qualcosa che abbia una cadenza quasi musicale". Va trovato, spiega conversando con i giornalisti a Ponte di Legno, dove è giunto ieri in tarda serata assieme alla famiglia per le vacanze di Ferragosto, un modo di insegnare il dialetto che sia "in qualche modo accattivante". E a chi gli fa notare le difficoltà legate all'elevato numero di diversi dialetti in Italia, Bossi replica: "Non ti preoccupare, uno che parla milanese parla in tutta la Lombardia.".

http://quotidianonet.ilsole24ore.com

Ecco alcune reazioni in proposito

14/08/2009 18:17 ***lella 75***

Come idea potrebbe essere carina ... ma ci tolgono ore di insegnamento e ci aumentano le materie ... c'è qualcosa che non quadra :-(

15/08/2009 09:03 ***Carla***

Mia figlia laureata da alcuni mesi, ha trovato lavoro facendo molti colloqui e test, molti dei quali fatti interamente in inglese. Sappiate quindi che per trovare lavoro, oggi, non servono i dialetti ma la lingua inglese. La Lega è un partito che non ha futuro perché invece di avere idee progressiste tende a voler fermare il tempo, anzi a portarci indietro. Se volete parlare il dialetto fatelo pure in casa vostra, ma se non lo avete capito, per progredire e lavorare dobbiamo essere a livello di tutti gli altri paesi. Ovunque, anche in quelli che noi consideriamo terzo mondo, sanno la lingua inglese perfettamente. Se ascoltate la Lega, saremo presto, non il terzo, ma il quarto mondo! Svegliatevi italiani e iniziate a guardare oltre il vostro orticello!

15/08/2009 12:09 *Renato Piccioni*

L'eminente glottologo austriaco Friederick Shure, studioso degli idiomi dialettali ha stabilito che, per esempio, in Romagna non esiste "un solo dialetto" ma una variatissima quantità di "parlate di Romagna". Quale di queste centinaia di variabili dovrebbe essere prescelta per l'insegnamento?

15/08/2009 16:46 ***flavio***

Bossi alle elezioni ha avuto molti voti (soprattutto di protesta) che praticamente hanno molto ridimensionato la sinistra. Quelli che l'hanno votato si aspettano interventi per la crisi, per il lavoro precario, per il federalismo ... e i padani si stanno chiedendo a cosa servono i dialetti per affrontare la crisi e per il futuro dei nostri giovani ??????

15/08/2009 16:47 ***pietro***

Immaginiamo un imprenditore, ad esempio di Pordenone, che faccia affari in una futuribile Italia atomizzata dai dialetti ... pensa forse Bossi che in Germania si avvieranno corsi per imparare i 1.000 dialetti che si trovano percorrendo il nostro paese? Ma proprio non sa di che parlare ... vabbè, è agosto e fa caldo

15/08/2009 18:30 ***daniele***

Salve, mi meraviglio della meraviglia di tutti quanti, sono padre di un ragazzino che ha frequentato la 5ª elementare in provincia di Ravenna e l'insegnamento del dialetto e delle tradizioni romagnole esiste già, mio figlio l'ha fatto. Ogni tanto, 3/4 volte l'anno, vengono in quella scuola o un poeta dialettale romagnolo o attori dialettali che insegnano a pronunciarlo e capirlo bene e poi ogni tanto vanno nel ristorante romagnolo per eccellenza, La Casa delle Aie, a imparare a fare strozzapreti, chiudere cappelletti, fare piadina, inoltre ogni tanto vanno nei musei contadini a imparare come si viveva 100 anni fa, poi ancora arrivano i burattinai che raccontano tradizioni romagnole. Ma perché tanto rumore per nulla???? Per una cosa che già c'è? Forse perché l'ha detto Bossi e non D'Alema?

15/08/2009 19:47 ***SUPERGIGI***

Il futuro è dell'informatica, delle lingue più diffuse nel mondo, come inglese e spagnolo, e non certamente nel dialetto. Ed ora dopo tanto sforzo per andare dalle Alpi a Lampedusa senza perdersi nei meandri dell'incomprensione, si vuol ritornare al paleolitico! Penso che un corso informativo su storia, costumi, tradizioni locali geograficamente interpretato possa essere un bene per uno studente, ma assolutamente no all'insegnamento del dialetto.

16/08/2009 01:51 ***Komandirskie***

Vogliono introdurre il dialetto a scuola? Bene, sia strutturato su base volontaria: chi vuol impararlo lo impara, chi non lo vuole fare non lo fa. C'è gente che viene da molto lontano e che del posto in cui va a scuola non gliene può fregar di meno, perché allora costringerlo a impararsi "Romagna mia". Le tradizioni locali devono essere un valore aggiunto al proprio bagaglio culturale, non la base di partenza di tutto.

Lavoro sul testo

1. Individuate gli argomenti che sostengono l'opinione di Bossi e quelli che criticano la sua posizione. Inserite gli argomenti in una tabella. Quali potrebbero essere altri argomenti pro o contro? Aggiungeteli!
2. Voi cosa ne pensate? Scrivete un commento anche voi.

2. La lingua italiana sempre meno italiana

2.1 Capite l'italiese?

L'inglese ha ormai influenzato moltissimo la lingua italiana. La stampa usa un numero enorme di anglicismi. Qui vedete alcuni esempi dal quotidiano *Corriere della Sera* e dalla rivista *Donna Moderna*.
Come si potrebbe dire in italiano? Consultate il dizionario se non vi viene in mente una parola italiana.

L'HOMELESS è un bell'affare

Appuntamento goloso per le single

VICOLUNGO OUTLETS
DIFENDE IL TUO SHOPPING DAGLI SCIVOLONI

Make up d'autunno
Colori tenui, sfumature delicate Il make up punta sugli occhi. Nel beauty servono una palette …

HIT WEEK
Show a Los Angeles per Battiato e Allevi

_LA FICTION CULT
Domeniche di suspense dal 4 al 25 ottobre su Hallmark (canale 127 di Sky). Alle

Obama premiato come miglior giocatore di basket

Pdl all'attacco: subito al voto «E si tuteli la privacy di tutti»

Qui i futuri sposi diventano le star di un film

2015
data prevista per la terza pista, cargo city, e per il nuovo terminal dei voli „low cost" allo scalo di Malpensa

Il nuovo terminal e la terza pista per un ruolo da hub

Il caso
Successo del thriller erede

23 _Il gioco dei vip_ Fiammetta Cicogna, Fabrizio Corona

Michelle Obama mette gli shorts, si sente in

è ancora Fashion

Manda un sms, puoi vincere un netbook

Il camper di Barbie gira l'Italia. Con tante sorprese

meglio! Gli slip? Non li tolgo!"»
Questi deliziosi completini und

L'EVOLUZIONE ITALIANA DEL JEANS:

NEWS SUL GOSSIP DEL MOMENTO
Invia un SMS on VIP SI al 48461 e attiva l'abbonamento a

I big di Wall Street incassano 140 miliardi

Dai laboratori arrivano nuovi test molecolari

Le star dettano legge in fatto di moda e beauty. Quando esagerano scatenano il gossip

Parla Lizzie Miller, 80 chili di top model

guarda che look

3 minuti scarica gratuitamente dal sito www.th…
la canzone Bloom. E il brano rock che fa da colonna sonora allo spot Breil ed è stato scritto dalla band, tutta al femminile, The Jains.

CARLÀ & LE ALTRE
NON CI SONO PIU LE FIRST LADY DI UNA VOLTA

I must della settimana. Assolutamente da non perdere

Attività creativa
Scrivete un articolo di giornale su un tema a scelta vostra e inserite il maggior numero possibile di parole inglesi di questa pagina.

2.2 Tante parole straniere

A. Anglicismi

Per molte parole inglesi esiste anche un sinonimo italiano.
Abbinate la parola italiana alla rispettiva parola inglese!

1. il weekend
2. il/la babysitter
3. il trainer
4. i mass media
5. il relax
6. lo snack
7. il feeling
8. il/la manager
9. il boss
10. il bodyguard
11. il reporter
12. lo sketch
13. il/la fan
14. la hostess
15. il job
16. il ticket
17. il drink
18. il best seller
19. il teenager
20. il business
21. il target
22. il meeting
23. il trend
24. l'audience

a. il libro più venduto
b. il tifoso
c. il riposo/lo svago
d. il giornalista
e. il dirigente/l'amministratore
f. l'incontro
g. l'assistente passeggeri e turisti
h. il fine settimana
i. la scenetta comica
j. lo spuntino
k. l'affare, il commercio
l. i mezzi di comunicazione di massa
m. il ragazzino
n. l'allenatore
o. la guardia del corpo
p. intensa e immediata simpatia
q. l'obiettivo
r. l'impiego/l'occupazione
s. il biglietto
t. la tendenza
u. la bambinaia
v. l'indice di ascolto
w. la bibita
x. il capo

B. Germanismi

Nella lingua italiana ci sono anche alcune parole tedesche. I germanismi però rappresentano solo circa il 2,3% delle parole straniere entrate nella lingua italiana. I campi semantici maggiormente interessati sono:

- il settore culturale: Weltanschauung, Kitsch
- il settore gastronomico: Würstel, Strudel, Knödel, Sacher
- il settore storico: Länder, Reich, Führer
- altro: Wandern, Heimweh, Hinterland

Spiegate queste 12 parole tedesche a un italiano che non sa cosa vogliono dire.

C. Villaggio Globale

Negli ultimi decenni si è assistito a un cospicuo incremento del numero di parole straniere entrate nell'italiano senza che siano state adattate al nostro sistema di suoni e di forme. Questo fenomeno è dovuto soprattutto al potenziamento e all'enorme diffusione dei mezzi di comunicazione di massa e alla maggiore circolazione di notizie, nomi, mode provenienti anche da lingue con le quali fino a poco fa l'italiano aveva avuto scarsissimi contatti.

Dove il Sì suona, p. 36

cospicuo: *beachtlich*;
l'incremento: l'aumento

Individuate da quali lingue provengono queste parole straniere entrate nel lessico italiano. Controllate il significato su un dizionario.

tailleur menù équipe fon skipass foulard karaoke chef
golpe dossier griffe gazebo burka leitmotiv putsch roulotte
dépliant ensemble glasnost kamikaze apartheid telenovela

Ricerc@

Potete aggiungere altre parole straniere?

2.3 Un'invasione di parole straniere

Blockbuster, outlet, transgender, scrolling, skywatching, unplugged … E potremmo continuare con altre 3.990 parole straniere, soprattutto inglesi, ospitate nel nuovo dizionario della lingua italiana 2000–2001 di Giacomo Devoto e Giancarlo Oli, edito da Le Monnier. Si tratta di un'invasione straniera da record, che ha subito provocato discussioni animate tra gli intellettuali. Già alcuni anni fa uomini di cultura come gli scrittori Guido Ceronetti, Vincenzo Consolo e il musicista Francesco de Gregori avevano pubblicato un manifesto in cui invitavano gli italiani a limitare l'uso di parole straniere e chiedevano gli autori dei vocabolari di fare una selezione più accurata (infatti molti ne inseriscono alcune che vengono utilizzate solo in settori limitati ed estremamente specifici).

Ma quand'è che una parola straniera ha diritto di entrare in un vocabolario d'italiano? "Quando non ne esiste una equivalente nella nostra lingua" spiega Eugenia Citernesi, capo redattore del Devoto-Oli. E il direttore editoriale della Le Monnier, Franco Ghilardi, tiene a precisare: "C'è una preoccupante corsa al vocabolario-carrello del super-

3 ospitare: inserire, contenere

13 il diritto: *Recht*

17 il carrello: *Einkaufswagen*

mercato, dove metti dentro tutto quanto è possibile. Questo non ci riguarda: il nostro è un vocabolario di tradizione ma flessibile alla lingua d'uso, che registra un italiano in corso di arricchimento, senza eccessi. Ogni edizione del Devoto-Oli ha una sua particolarità: in quella del '90 c'era una grande quantità di parole del mondo del calcio, quella del '95 risentiva dello scandalo politico di Tangentopoli, e ora è la volta dell'informatica e di Internet, con le sue parole inglesi intraducibili (cookie, faq, proxy ecc.) e con quelle italianizzate, come chattare (al posto di to chat) o linkare (al posto di to link).

Questa abbondanza di parole straniere significa che l'italiano si sta impoverendo? Ghilardi ci rassicura dicendo: "L'italiano si difende bene, le strutture sintattiche sono solide e non sono cambiate con l'entrata di parole straniere. Il punto è che non ce la fa a stare al passo con i tempi e quindi chiede aiuto ad altre lingue."

Molto più critico e preoccupato è lo scrittore Vittorio Sermonti. "Mi sentirei ridicolo, dice, se chiamassi "topo" il mouse, ma non amo gli abusi. Meno purista e più flessibile all'evoluzione della lingua si dichiara il linguista Giovanni Nencioni, ex-presidente dell'Accademia della Crusca. "Anche il latino, dice, si lasciò influenzare dal greco. Quindi non è uno scandalo che le parole straniere entrino nel nostro vocabolario, è una cosa naturale. D'altra parte anche l'italiano ha prestato parole ad altre lingue, per esempio nei settori della musica (adagio, allegro, andante ecc.) o della cucina (spaghetti, pizza, pasta ecc.)".

Italia & Italia, Firenze, Marzo 2002

20 **l'arricchimento:** *Bereicherung*; **l'eccesso:** l'esagerazione

23 **Tangentopoli:** *Schmiergeldskandal*

28 **difendersi:** *sich verteidigen*

30 **stare al passo di:** *im gleichen Tempo gehen*

34 **l'abuso:** *Missbrauch*

38 **prestare:** *leihen*

Lavoro sul testo

1. Completa le frasi:

1. Giacomo Devoto e Giancarlo Oli ▬.
2. Tra gli intellettuali ci sono state discussioni perché secondo loro ▬.
3. Alcuni uomini di cultura hanno pubblicato un manifesto con cui volevano ▬.
4. Una parola straniera può entrare in un vocabolario d'italiano quando ▬.
5. L'espressione vocabolario-carrello significa ▬.
6. La particolarità del dizionario del '90 era ▬.
7. Nel 1995 c'erano molte parole che ▬.
8. Adesso sono entrate molte parole dal mondo dell' ▬.
9. Per esempio cookie è una parola ▬ e chattare ▬.
10. Secondo Ghilardi, l'italiano non si sta impoverendo perché ▬.
11. Vittorio Sermonti non direbbe mai "topo" al mouse del computer perché ▬.
12. Giovanni Nencioni è dell'avviso che non fa niente se ▬.

Ricerc@

2. Il nuovo millennio è stato influenzato da molti eventi che hanno lasciato anche le loro impronte (Spuren) sulla lingua italiana. Sono state introdotte nuove parole come millennium bug, 9/11, Ground Zero, Twitter, NEET, ecc. In quali settori sono stati influenzati l'italiano e/o il tedesco dopo l'anno 2000? Cercate esempi.

Commento personale

"La lingua italiana è in pericolo. L'uso sempre più frequente di vocaboli stranieri – quasi tutti inglesi – nel linguaggio di ogni giorno rischia di cancellare l'identità della nostra lingua e di svalutare un inestimabile patrimonio culturale."

Questa tesi viene sostenuta dai membri dell' Accademia della Crusca, l'istituzione che da secoli si occupa di redigere il dizionario ufficiale della lingua italiana.

(da: Alessandro Coppini, *L'uso eccessivo di parole straniere, Articoli scelti da Italia & Italia*, Novembre 1992)

3. Gli anglicisimi sono un arricchimento o un impoverimento per una lingua? Pensate anche alla vostra lingua madre e scrivete un commento personale.

NOTA BENE

Accademia della Crusca

Il Vocabolario degli Accademici della Crusca fu stampato a Venezia e uscì nel 1612, suscitando immediatamente grande interesse e altrettanto accese dispute riguardo ai criteri adottati; in particolare, a molti non piacque l'aperto fiorentinismo arcaizzante proposto dal Vocabolario, che comunque rappresentò per secoli, in un'Italia politicamente e linguisticamente divisa, il più prezioso e ricco tesoro della lingua comune, il più forte legame interno alla comunità italiana, quindi lo strumento indispensabile per tutti coloro che volevano scrivere in buon italiano.

Ebbe grande fortuna in tutta Europa e divenne modello di metodo lessicografico per le altre accademie europee nella redazione dei vocabolari delle rispettive lingue nazionali.

http://www.accademiadellacrusca.it

stampare: *drucken*
suscitare: creare; **la disputa:** la discussione; **arcaizzante:** antico

indispensabile: non ci si può rinunciare

NOTA BENE

L'Accademia della Crusca fu fondata nel 1583 a Firenze. Nel 1590 si scelse come simbolo dell'Accademia il "frullone", lo strumento che si adoperava per separare il fior di farina dalla crusca, e come motto il verso del Petrarca "il più bel fior ne coglie". Si stabilì anche che tutti gli oggetti e la mobilia dell'Accademia dovessero avere nomi attinenti al grano, alla crusca, al pane, compresi gli stemmi personali degli accademici, pale di legno in cui era dipinta un'immagine simbolica accompagnata dal nome accademico e dal motto scelto.

Esempio: Descrizione della pala "Ardito" di Tommaso Segni (accademico dal 7 maggio 1603)
La pala raffigura l'interno di una bottega di fornaio con le mostre protette da una grata di ferro, sulle quali sono esposti i pani: un cane si rizza sulle zampe e ruba un pane.
Motto: Quanto men ti sperai tanto più caro.

http://www.accademiadellacrusca.it

separar il fior di farina dalla crusca: *die Spreu vom Weizen trennen*; **attinente a:** che ha da fare con; **il grano:** *Korn*
lo stemma: *Wappen*
la pala: *Schaufel*; **la grata di ferro:** *Eisenrost*; **men:** meno

rizzarsi: mettersi;
la zampa: la gamba

Auf Deutsch

4. Spiegate in tedesco a un vostro amico tedesco cos'è l'Accademia della Crusca, qual è l'obiettivo dei "cruscanti" e cosa significano le pale.

Ricerc@

5. Esiste anche in Germania qualcosa di paragonabile all'Accademia della Crusca? Se sì di che cosa si occupa?

3. Studiare l'italiano

NOTA BENE

La lingua italiana

L'italiano è la lingua ufficiale della Repubblica italiana, della Repubblica di San Marino, dello Stato del Vaticano e, insieme al tedesco, il francese e il romancio, della Confederazione Elvetica.

Oltre che dagli abitanti di questi stati, l'italiano è parlato da alcuni milioni di persone nel mondo, discendenti dei cittadini italiani emigrati all'estero e stranieri. L'Italia è stata infatti, nei due ultimi secoli, un paese di grande emigrazione. Tra il 1874 e il 1974 più di 26 milioni di italiani hanno lasciato il territorio nazionale per trasferirsi principalmente in nord o sud America, in altri paesi dell'Europa o in Australia. Si deve a questi grandi flussi migratori e all'interesse di natura intellettuale e colta che si è sviluppato fin dal Cinquecento per lo studio della lingua e della cultura italiana, l'ampia diffusione dell'italiano all'estero.

Autore: Donatella Troncarelli

http://www.euro-languages.net/italy/?action=one_lang&act=read_lang&langid=6

In italiano

1. Un amico italiano vi ha chiesto sulla situazione dello studio della lingua italiana in Germania. Voi gli scrivete un'e-mail e gli riassumete i punti importanti del seguente articolo.

Immer mehr Deutsche lernen Italienisch

Angelika Rockel, Pressestelle, Universität Bremen

19.11.2003 11:38

Der Bremer Sprachwissenschaftler und Italianist Professor Hans P. Krings hat herausgefunden, dass die italienische Sprache zur Zeit so beliebt ist, wie nie zuvor. Allein an den deutschen Volkshochschulen haben sich im vergangenen Studienjahr über 200.000 Erwachsene eingeschrieben. Damit hat sich nicht nur die absolute Zahl der Kursteilnehmer in 30 Jahren versechsfacht, sondern auch der relative Anteil an allen Sprachkursen stieg überproportional von vier auf elf Prozent.

Touristenschelte hin, Kanzlerurlaub her – die Deutschen lassen sich ihre traditionelle Liebe zu Italien von Politikern nicht vermiesen. Italienische Küche, italienische Mode, italienisches Design erfreuen sich in Deutschland nach wie vor größter Beliebtheit. In manchen Punkten sind die Deutschen sogar italienischer als die Italiener. So stehen in deutschen Küchen mehr Espresso- und Cappuccino-Maschinen als in italienischen und das typisch italienische Eiscafé in Deutschland ist ein Lokal, das es in dieser Form in Italien so gut wie gar nicht gibt.

Doch die Italienliebe der Deutschen erstreckt sich nicht nur auf Land und Leute, sondern immer mehr auch auf die italienische Sprache. Darauf wies jetzt Professor Hans Krings hin, Sprachwissenschaftler und Italianist an der Universität Bremen. Krings betreut sei 14 Jahren den Beitrag über das Italienische im Standardwerk *Handbuch Fremdsprachenunterricht* und recherchiert dazu regelmäßig alle verfügbaren Statistiken. Nach seinen Untersuchungen haben sich allein an den deutschen Volkshochschulen im vergangenen Studienjahr über 200.000 Erwachsene in einen der rund 19.000 Italienischkurse eingeschrieben. Damit hat sich nicht nur die absolute Zahl der Kursteilnehmer in 30 Jahren versechsfacht, sondern auch der relative Anteil an allen Sprachkursen stieg überproportional von vier auf elf Prozent.

Krings überraschen diese Zahlen nicht. „Italien ist die siebtgrößte Volkswirtschaft der Welt und der viertwichtigste Handelspartner Deutschlands", erklärt er. Deutschland exportiert nicht nur für rund 40 Milliarden Euro Waren nach Italien, sondern Italien führt für fast den gleichen Betrag Waren nach Deutschland ein. Außerdem leben in Deutschland über 600.000 Italiener. Und jedes Jahr verbringen vier Millionen Deutsche ihren Urlaub in Italien. Hinzu komme schließlich noch das große Interesse an der Kulturnation Italien mit seiner einzigartigen Geschichte, das sich nicht in Zahlen fassen lasse. Da sei es nicht verwunderlich, wenn es eine starke Nachfrage nach Italienisch gebe. „Italienisch ist nach Englisch, Französisch und Spanisch unangefochten die viertwichtigste Fremdsprache in Deutschland, das zeigen alle Bedarfsuntersuchungen", betont Krings.

Auch an den öffentlichen Schulen gibt es immer mehr Interesse für Italienisch. Allein in den vergangenen vier Jahren verdoppelte sich die Zahl der Schüler, die Italienisch lernen. Die Gesamtzahl sei mit 39.000 allerdings vergleichsweise gering. Auf einen Italienisch-Schüler kämen immer noch 19 Lateinschüler, 48 Französischschüler und 190 Englischschüler. „Vom Bedarf her sind diese Größenverhältnisse nicht zu rechtfertigen", meint Krings. Wenig erfreulich ist für ihn auch, dass das Land Bremen zusammen mit Brandenburg und Thüringen in Sachen Italienischunterricht an den Schulen das Schlusslicht bildet. „Bei uns an der Universität kommen kaum Studierende aus Bremen mit Italienischvorkenntnissen an. In Nordrhein-Westfalen und Baden-Württemberg hingegen ist Italienisch schon lange ein wählbares Abiturfach".

Die eigentliche Hochburg des Italienischen ist aber Bayern. Kein Wunder, meint Krings mit einem Augenzwinkern, hat doch niemand anderes als Franz-Josef Strauß schon vor vielen Jahren in einer Rede einmal gesagt, in Bayern müsse man außer der bayerischen Muttersprache zwei Fremdsprachen beherrschen: Deutsch und Italienisch.

http://idw-online.de/pages/de/news72424

Attività creative

2. Una vostra amica italiana vi ha chiesto come mai nella vostra scuola ci sono tanti giovani tedeschi che studiano la lingua italiana. Voi le scrivete una lettera e le spiegate perché avete deciso di imparare l'italiano.
3. Avete deciso di imparare l'italiano come terza lingua straniera. Una vostra amica straniera invece pensa che lo spagnolo o il cinese siano più importanti perché sono "lingue mondiali". Discutetene in italiano e mettete in scena il vostro dialogo.

Ricerc@

4. Dieci buoni motivi per imparare il tedesco: componete un dépliant informativo per giovani italiani che vogliono studiare il tedesco. Informatevi per esempio sulla homepage del Goethe Institut.

Compito di grammatica: indefiniti

5. Giovanna è un'italiana che vorrebbe studiare il tedesco in Germania. Leggete la sua storia e completatela con i pronomi indefiniti adatti.

"Frequento il liceo linguistico e le lingue mi piacciono ▬ (sehr). Alle medie ho scelto il tedesco come seconda lingua straniera e non me ne sono mai pentita. Anche se ▬ (mancher) prof ha fatto notare che le ▬ (anderen) lingue romanze come il francese o lo spagnolo sono più facili, devo dire che il tedesco non è così difficile. Quasi ▬ (ganze) la mia classe ha scelto il tedesco. Abitando in una località visitata da ▬ (vielen) turisti, in primo luogo tedeschi, il tedesco è una lingua importante per noi.

Alle superiori io ed ▬ (einige) alunne della mia classe abbiamo partecipato a uno scambio con un liceo in Germania. ▬ (Jede) di noi è rimasta contenta. Siamo rimaste sorprese dalla cordialità con cui siamo state accolte. Anche se il cibo tedesco ha una ▬ (gewissen) fama, abbiamo sempre mangiato bene in Germania. Con la mia partner ho parlato ▬ (viel) e in poco tempo siamo diventate amiche per la pelle e via Facebook siamo in contatto quasi ▬ (jeden) giorno. Tra ▬ (einigen) mese, quando lei avrà finito la scuola, verrà a trovarmi per ▬ (einige) giorni. Anche poi in Italia tra ▬ (einige) settimane finirà la scuola e a me piacerebbe ▬ (sehr) studiare in Germania. Non ho preferenze; ▬ (jeder) parte della Germania andrebbe bene per me. ▬ (Jeder, der / wer auch immer) abbia delle informazioni su dove andare mi può scrivere un'e-mail."

Ricerc@

Quiz: Proverbi dialettali

6. Con l'aiuto della lista delle caratteristiche dei dialetti individuate in quale dialetto è scritto il proverbio (napoletano, piemontese, siciliano, toscano, veneziano).

1. Accussi va 'o munno, chi nata e chi va 'nfunno.
   (Così va il mondo, chi nuota e chi va a fondo.)
2. El cor de le done e fato a melon.
   (Il cuore delle donne è fatto a melone.)
3. Prest a let e prest fora del let a fan l'om san e perfet.
   (Presto a letto e presto su dal letto, fanno l'uomo sano e perfetto.)
4. Quannu 'u piru e mature cari sulu.
   (Quando la pera è matura cade da sola.)
5. A bocca chiusa non c'entran mosche.
   (A bocca chiusa non entrano mosche.)

7. Interpretazione: Abbinate la spiegazione corretta al proverbio.

a. Alcuni sono fortunati e ce la fanno, altri no.
b. Le donne hanno un cuore grande.
c. È meglio andare a dormire presto e alzarsi presto.
d. Col passare del tempo le situazioni si chiariscono da sole.
e. Non bisogna parlare troppo o a sproposito.

Grandi della letteratura 9

Descrivete le immagini e fate una ricerca sulle biografie di Dante Alighieri, Giovanni Boccaccio, Francesco Petrarca, Giacomo Leopardi, Niccolò Machiavelli e Giovanni Verga. Chi è chi sulle immagini?

fig. 1

fig. 2

fig. 3

fig. 4

fig. 5

fig. 6

1. Vita e società nel Medioevo

Come cambiano la vita e la società medievale con lo sviluppo del libero comune?

Ambrogio Lorenzetti, *Allegoria del Buon Governo* (Siena, Palazzo Comunale)

Lavoro sul testo

1. Osservate l'affresco di Ambrogio Lorenzetti che ci racconta molto della vita comunale nel Medioevo.
Localizzate e descrivete le parti dove vi sembra di rintracciare:

1. lo sviluppo di un'economia del mercato, non più basata sullo scambio, ma sul denaro, sempre più anche sulla presenza di un sistema bancario,
2. l'importanza della produzione artigianale,
3. l'emergere di un nuovo ceto dominante accanto ai nobili, i borghesi, il cui benessere e la cui fiducia non risultano dalle tipiche strutture del feudalesimo (proprietà terriera, armi, masse di dipendenti), ma dal successo delle loro attività economiche,
4. l'importanza crescente dell'insegnamento e dello studio,
5. la convivenza nello spazio ristretto della città,
6. il ruolo dell'architettura come espressione del benessere di alcuni, ma anche della diversità sociale,
7. il rapporto tra gli abitanti della città e la gente della campagna.

Per articolare meglio le vostre osservazioni servitevi delle espressioni presentate a pagina 237.

Ricerc@

2. Il pittore chiama il suo affresco *Allegoria*. Che cosa è un'allegoria?
Consultate un dizionario di termini letterari.

2. Tra il latino e l'italiano: la questione della lingua nei tempi delle tre corone

Nel contesto di una polemica con gli umanisti, i quali difendono l'uso della lingua latina come lingua scritta e combattono contro l'uso del 'volgare', Giovanni da Prato (1360 – ca. 1440), notaio e poeta di Padova, scrive in un trattato:

"Scusimi ancora l'ardentissima voglia che continuamente mi sprona il mio edioma materno con ogni possa sapere essaltare e quello nobilitare, come che da tre corone fiorentine principalmente già nobilitato ed essaltato si sia ..." (*Il Paradiso degli Alberti*)

„Man entschuldige noch einmal den brennenden Wunsch, der mich stets anspornt, meine Muttersprache bestmöglich zu preisen und zu adeln, wie sie zuerst bereits von den drei Dichterfürsten aus Florenz gepriesen und geadelt wurde ..."

Commento personale

1. Secondo voi, perché autori come Dante o Petrarca, che scrivono la maggior parte delle loro opere in latino, sentono il bisogno di un volgare nazionale?

Auf Deutsch

2. Fasst die wichtigsten Informationen der folgenden Abschnitte auf Deutsch zusammen.

Le tesi di Dante Alighieri

I. Il primo scrittore che pone il problema di una lingua nazionale e che elabora un tentativo per risolverlo, è Dante Alighieri. Il testo in cui ne parla è *De Vulgari Eloquentia* (Sulla retorica in volgare), scritto in esilio verso il 1304, in latino, perché rivolto ai chierici, cioè ai letterati di professione: è quindi un'opera specialistica. (Si interrompe al cap. XIV del II° libro). Scrivendolo, Dante si rifà a quell'esigenza di unità linguistica, culturale e nazionale che molti intellettuali, anche prima di lui, sentivano in varie parti d'Italia. Lo scopo del trattato è quello di definire un idioma volgare che possa conseguire un'alta dignità letteraria, elevandosi al di sopra delle varie parlate regionali e sottraendosi all'egemonia del latino. Dante era convinto che i tempi fossero maturi per trattare temi di alta cultura e di alta poesia anche in lingua volgare (dal latino "vulgus" = popolo).

[...] Nella *Divina Commedia* Dante diede il primo esempio di come fosse possibile usare il volgare (in questo caso il fiorentino) ottenendo effetti poetici di grande valore e affrontando astratti problemi filosofici, politici, culturali. Il Petrarca e il Boccaccio proseguono sulla strada da lui indicata. Qui tuttavia va precisato che la lingua della Commedia è il fiorentino parlato medio e non tanto il volgare illustre di Firenze: si può anzi dire che l'opera sia plurilinguistica, a causa dei suoi molti gallicismi, latinismi, lombardismi, idiotismi vari e neologismi.

[…] Dopo la morte del Petrarca (1374) e del Boccaccio (1375), per un secolo circa, i letterati italiani più colti interrompono l'iniziativa intrapresa nei primi decenni del Duecento di scrivere in volgare e ritornano al latino, non a quello medievale ma addirittura a quello classico della Roma antica. Di qui il disprezzo per quelle opere di Dante, Petrarca, Boccaccio, ecc. scritte in volgare (benché Petrarca e Boccaccio, ad es., per il loro tormentato distacco dalla scala di valori umani e spirituali del Medioevo anticipassero in un certo senso i temi dell'Umanesimo).

da: http://www.homolaicus.com/letteratura/questione_lingua.htm

3. Due poeti e l'Italia

Lavoro sul testo

1. Gruppo 1:

1. Leggete insieme la prima strofa e un pezzo della quarta strofa della Canzone di Petrarca, "Italia mia" (Canzoniere, 128) con l'aiuto delle annotazioni e della traduzione.
2. Spiegate di che cosa si lamenta Petrarca e datene prova con citazioni del testo.
3. Informatevi della situazione politica dell'Italia nel tempo del Petrarca e spiegate a chi lui dà la colpa della situazione del paese.
4. Esponete da chi Petrarca si aspetta la salvezza.
5. Fate ascoltare il testo con il CD e presentate i vostri risultati alla classe.

Italia mia, benché 'l parlar sia indarno
a le piaghe mortali
che nel bel corpo tuo sí spesse veggio,
piacemi almen che' miei sospir' sian quali
spera 'l Tevero e l'Arno
e 'l Po, dove doglioso e grave or seggio.
Rettor del cielo, io cheggio
che la pietà che ti condusse in terra
ti volga al tuo diletto almo paese:
vedi, Segnor cortese,
di che lievi cagion che crudel guerra;
e i cor, che 'ndura e serra
Marte superbo e fero,
apri tu, Padre, e 'ntenerisci e snoda;
ivi fa che 'l tuo vero,
qual io mi sia, per la mia lingua s' oda.
[…]
Cesare taccio, che per ogni piaggia
fece l'erbe sanguigne

Italien mein, sei auch umsonst das Grollen
bei Deinen Todeswunden,
die ich an deinem Leib so zahlreich sehe –:
ach würden meine Seufzer doch befunden,
wie Tiber sie und Arno hören wollen
und Po, an dem ich trüb und trauernd stehe:
O Himmelsfürst, ich flehe,
daß, was Dich zu uns führte, sich das hohe
Erbarmen deinem heiligen Land zukehre!
Sieh, Edler, was für Heere!
Aus nichtigem Grund welch kriegerische Lohe!
Die Herzen, die der rohe
Mar fesselte: zur Klarheit
erlöse, Vater, öffne und beschwöre
sie, daß man deine Wahrheit,
wer ich auch sei, durch meine Stimme höre!
[…]
Von Cäsar schweig ich, der an allen Stränden
das Gras bis in die Ferne,

di lor vene ove 'l nostro ferro mise.
Or par, non so per che stelle maligne,
che 'l cielo in odio n'aggia:
vostra mercé, cui tanto si commise.
Vostre voglie divise
guastan del mondo la più bella parte.

wo unser Eisen fiel, mit Blut betaute.
Jetzt scheint (nicht weiß ich, durch welch böse Sterne)
der Himmel uns zu schänden
dank euer, denen er so viel vertraute.
Durch eures Willens laute
Entzweiung stirbt der schönste Teil der Erde.

da: Francesco Petrarca, *Canzoniere*, Italienisch – Deutsch.
Nach einer Interlinearversion übers. von Geraldine Gabor, in deutsche Verse gebracht von Ernst-Jürgen Dreyer, Basel/Frankfurt am Main: Stroemfeld/Roter Stern 1989

---

1 **indarno:** inutile 3 **veggio:** vedo 6 **doglioso:** pieno di dolore; **seggio:** siedo 7 **rettor del cielo:** Dio; **cheggio:** chiedo 9 **almo:** ricco, fertile 11 **lieve:** leggero, *qui:* poco importante; **cagion:** ragione 12 **'ndura:** rende duro; **serrra:** chiude 13 **Marte:** il dio romano della guerra; **fero:** fiero 14 **'nteneriscì:** rendi teneri (i cuori); **snoda:** apri 16 **oda:** senta 17 **piaggia:** spiaggia 19 **delle vene di quelli su cui ha messo il ferro** 21 **n'aggia:** abbia noi italiani 22 **grazie a voi,** Signori, a cui è stata affidata la responsabilità del paese

Lavoro sul testo

2. Gruppo 2:

Ca. 500 anni dopo il Petrarca Giacomo Leopardi, nel 1818, si occupa di nuovo della situazione dell'Italia:

1. Leggete insieme l'inizio della poesia "All'Italia" di Giacomo Leopardi con l'aiuto delle annotazioni e della traduzione.
2. Ricercate com'è la situazione politica del paese nell'anno 1818.
3. Spiegate l'immagine che Leopardi usa per descrivere lo stato dell'Italia.
4. Evidenziate quale epoca, secondo Leopardi, è quella più gloriosa dell'Italia.
5. Esponete da chi Leopardi aspetta la salvezza.
6. Presentate i vostri risultati alla classe.

O patria mia, vedo le mura e gli archi
E le colonne e i simulacri e l'erme
Torri degli avi nostri,
Ma la gloria non vedo,
Non vedo il lauro e il ferro ond'eran carchi
I nostri padri antichi. Or fatta inerme,
Nuda la fronte e nudo il petto mostri.
Oimè quante ferite,
Che lividor, che sangue! oh qual ti veggio,
Formosissima donna! Io chiedo al cielo
E al mondo: dite dite;

Mein Vaterland, ich seh' die Mauern ragen,
Die Bogen, Säulen, Bildnisse, die leeren
Thürme der Väterzeit;
Doch seh' ich nicht den Ruhm,
Den Lorbeer und das Schwert, die sie getragen,
Die großen Ahnen. Machtlos, dich zu wehren,
Mit nackter Brust und Stirne trägst du Leid.
Weh, welche Wunden seh' ich
Und Todesblässe! Muß ich so dich schauen,
Du aller Frauen schönste? Sagt, o sagt,
Euch, Erd' und Himmel, fleh' ich:

Chi la ridusse a tale? E questo è peggio,
Che di catene ha carche ambe le braccia;
Sì che sparte le chiome e senza velo
Siede in terra negletta e sconsolata,
Nascondendo la faccia
Tra le ginocchia, e piange.
Piangi, che ben hai donde, Italia mia,
Le genti a vincer nata
E nella fausta sorte e nella ria.
[...]
Perché, perché? dov'è la forza antica,
Dove l'armi e il valore e la costanza?
Chi ti discinse il brando?
Chi ti tradì? qual arte o qual fatica
O qual tanta possanza
Valse a spogliarti il manto e l'auree bende?
Come cadesti o quando
Da tanta altezza in così basso loco?
Nessun pugna per te? non ti difende
Nessun de' tuoi? L'armi, qua l'armi: io solo
Combatterò, procomberò sol io.

Wer hat ihr das gethan? und wer – o Grauen! –
Belastet' ihr mit Ketten beide Arme,
Daß sie gelös'ten Haars, von Gram zernagt,
Am Boden sitzt, verlassen, schleierlos,
Und ihr Gesicht, die Arme,
Im Schooße birgt und weint?
Ja, wein', Italien! Du hast Grund zu weinen;
Dir fiel das herbe Loos,
An Glück und Elend unerreicht zu scheinen!
[...]
Warum? Warum? Ging deine Kraft in Stücke?
Wo sind die Waffen, wo dein Siegerglauben?
Wer nahm das Schwert dir ab?
Und welcher Macht gelang es, welcher Tücke,
Den Mantel dir zu rauben
Und deiner Stirn das goldne Band, du Schöne?
Wie stürztest du hinab
So tief von solcher Höh' und brachst zusammen?
Und Niemand schirmt dich? Keiner deiner Söhne
Steht für dich auf? Ha, Waffen! Ich allein
Will in den Kampf, will kämpfend für dich fallen.

da: Giacomo Leopardi, *Gedichte und Prosaschriften*, Übers. v. Paul Heyse, Berlin: Verlag von Wilhelm Hertz 1889

---

2 ermo: solitario, deserto **5 ond':** di cui; **carchi:** carichi, ricchi **6 inerme:** senza armi, senza difesa
9 lividor: colpi **13 carche:** cariche **14 chiome:** capelli **18 donde:** ne **20 rio:** brutto, malvagio
23 discindere: distruggere; **brando:** spade **25 possanza:** forza, potenza **26 benda:** vela
31 procombere: cadere, morire

Lavoro sui testi in plenum

3. Confrontate i vostri risultati per quanto riguarda le poesie del Petrarca e del Leopardi: Dove sono le parallele, dove sono le differenze?

4. Amore

4.1 "Donna"

Si comincia a trattare l'argomento sui banchi di scuola: "Le donne, i cavalier, l'arme, gli amori / le cortesie, le audaci imprese io canto ..."; "Tanto gentile e tanto onesta pare la donna mia ..."; "Meglio era sposar te, bionda Maria ...", e poi si continua. Sarà il tema di tutta la vita. "L'italiano di una donna non può proprio fare a meno: prima la mamma, poi la moglie, l'amica, fino all'ultimo, quando la buona suorina gli chiude gli occhi" dice Lina Wertmüller.

da: Enzo Biagi, "Donna", *"I" come Italiani*
Roma/Milano: Rizzoli 1993, p. 58

Una visitatrice della mostra "Gesichter der Renaissance" nel 2011 a Berlino ammira un quadro di Botticelli

Lavoro sul testo

1. Enzo Biagi cita versi di poesie d'amore di tre famosissimi poeti italiani: Ludovico Ariosto, Dante Alighieri e Giosuè Carducci e afferma il loro ruolo nell'educazione scolastica.
   Anche sui banchi di scuola in Germania sono presenti le poesie d'amore?
   - Se sì, quali?
   - Se no, perché no, secondo voi?

Commento personale

2. Scegliete un tema e scrivete un commento.
   - Un libro o una poesia che ha influito sulla mia vita.
   - Essere cavaliere – che cosa significa oggi?
   - Quello che dice Lina Wertmüller contraddice all'idea dell'emancipazione femminile.

4.2 Due sonetti

Lavoro sul testo

La classe è divisa in due gruppi: Gruppo A tratta il sonetto A, gruppo B tratta il sonetto B.

1. Leggete la poesia con l'aiuto del dizionario monolingue.
2. 'Traducete' la poesia in prosa italiana.
3. Trovate una risposta alle domande seguenti:
   - Che tipo di donna presenta il sonetto?
   - Che cosa significa amore?
   - Chi sta al centro della poesia?
   - L'amore e l'immagine della donna corrispondono al concetto dell'amore oggi?
4. Presentate i vostri risultati all'altro gruppo.

NOTA BENE

Il sonetto B fa parte del *Canzoniere*, una raccolta di poesie di vari tipi, scritta dopo il 1348 e intitolata dal Petrarca stesso per via di una 'captatio benevolentiae' *rerum vulgarum fragmenta*. La raccolta comprende in tutto 366 poesie, di cui 317 sonetti, 29 canzoni (anche Italia mia), 9 sestine, 7 ballate e 4 madrigali. Nei sonetti Petrarca tratta il suo amore per Laura, una giovane donna, che presumibilmente ha conosciuto durante il suo soggiorno a Vaucluse nel sud di Francia. I sonetti del Petrarca diventano il modello per la poesia d'amore in tutta l'Europa: i 'petrarchisti' imitano lo stile, le tematiche e le immagini e dominano il periodo tra il 1400 e il 1600, soprattutto nell'ambito delle corti rinascimentali in Italia, Francia e Inghilterra (vedi anche sotto, 4.3).

Sonetto A: Dante Alighieri

Tanto gentil e tanto onesta pare
la donna mia quand'ella altrui saluta,
ch'ogne lingua deven tremando muta,
e li occhi no l'ardiscon di guardare.

Ella si va, sentendosi laudare,
benignamente d'umiltà vestuta;
e par che sia una cosa venuta
da cielo in terra a miracol mostrare.

Mostrasi sì piacente a chi la mira,
che dà per li occhi una dolcezza al core,
che 'ntender non la può chi no la prova;

e par che de la sua labbia si mova
uno spirito soave pien d'amore,
che va dicendo a l'anima: Sospira.

2 **altrui:** un'altra persona
3 **deven:** diviene
4 **ardire:** osare
6 **benigno:** di buona volontà; **vestuta:** vestita
9 **mirare:** guardare
11 **'ntender:** intendere
12 **la labbia:** labbra
13 **soave:** dolce

Sonetto B: Francesco Petrarca

Pace non trovo, et non ò da far guerra;
e temo, et spero; et ardo, et son un ghiaccio;
et volo sopra 'l cielo, et giaccio in terra;
et nulla stringo, et tutto 'l mondo abbraccio.

Tal m'à in pregion, che non m'apre né serra,
né per suo mi riten né scioglie il laccio;
et non m'ancide Amore, et non mi sferra,
né mi vuol vivo, né mi trae d'impaccio.

Veggio senza occhi, et non ò lingua et grido;
et bramo di perir, et cheggio aita;
et ò in odio me stesso, et amo altrui.

Pascomi di dolor, piangendo rido;
egualmente mi spiace morte et vita:
in questo stato son, donna, per voi.

1 **ò:** ho
3 **giaccio:** giacere
5 **pregion:** prigione
6 **il laccio:** vincolo, trappola
7 **ancide:** uccide; **sferra:** libera
8 **impaccio:** imbarazzo
9 **veggio:** vedo
10 **bramo:** desidero; **perir:** morire; **cheggio:** chiedo; **aita:** aiuto
12 **pascomi:** mi nutrisco
14 **per:** *qui:* a causa di

4.3 Un sonetto del tutto diverso: William Shakespeare, *Sonnet 130*

NOTA BENE

Il sonetto d'amore in onore di una donna diventa popolare in tutta l'Europa nel Quattrocento e nel Cinquecento. Vengono scritti tali sonetti soprattutto in Francia e in Inghilterra. A un certo punto questo tipo di poesia comincia a diventare oggetto di rituale, cliché. Conseguentemente alcuni scrittori cominciano a burlarsi di questa moda, nasce il movimento del cosiddetto 'anti-petrarchismo'. Shakespeare prende una posizione abbastanza differenziata in questo rispetto, come vedrete.

William Shakespeare (1564–1616)

Lavoro sul testo

1. Leggete la poesia con l'aiuto di un dizionario.
2. Che immagine della donna amata crea Shakespeare?
3. Confrontate la donna di Shakespeare con le donne di Dante e Petrarca.
4. In che senso le ultime due righe, chiamate in inglese 'couplet', sono sorprendenti?

My mistress' eyes are nothing like the sun;
Coral is far more red than her lips' red;
If snow be white, why then her breasts are dun;
If hairs be wires, black wires grow on her head.

I have seen roses damasked, red and white,
But no such roses see I in her cheeks;
And in some perfumes is there more delight
Than in the breath that from my mistress reeks.

I love to hear her speak, yet well I know
That music hath a far more pleasing sound;
I grant I never saw a goddess go;
My mistress when she walks treads on the ground.

And yet, by heaven, I think my love as rare
As any she belied with false compare.

(ca. 1609)

4.4 Dante Alighieri, *La Divina Commedia*

Domenico di Michelino, *La Divina Commedia di Dante* (1465)

NOTA BENE

Domenico di Michelino, *La Divina Commedia di Dante* (1465) – L'affresco si trova nella chiesa di Santa Maria del Fiore, il duomo di Firenze.
Vediamo Dante che ci presenta la sua opera. A destra c'è la Firenze storica. La parte sinistra con dei peccatori indica l'Inferno, mentre sullo sfondo si trova il monte del Purgatorio con il Paradiso terrestre in cima. Sopra si estendono i primi cieli del Paradiso.

Ascoltate i primi 12 versi della Commedia.

Nel mezzo del cammin di nostra vita
mi ritrovai in una selva oscura,
ché la diritta via era smarrita.
Ahi quanto a dir qual era è cosa dura
esta selva selvaggia e aspra e forte
che nel pensier rinova la paura!
Tant'è amara che poco è più morte;
ma per trattar del ben ch'i' vi trovai,
dirò de l'altre cose ch'i' v'ho scorte.
Io non so ben ridir com'io v'entrai,
tant'era pien di sonno a quel punto
che la verace via abbandonai.

2 la selva: il bosco **3 ché:** perché; **smarrita:** persa **4 era:** ero (lat.: eram) **5 esta:** questa **8 vi:** ci **9 scorgere:** scoprire **10 ridir(e):** raccontare **12 verace:** vero, giusto

Gustave Doré, Inferno, La Selva

Lavoro sul testo

1. Spiegate il valore simbolico della selva scura.
2. Che emozione provocano i ricordi di Dante?
3. Abbandonare la verace via: spiegatene il senso figurativo.

Ricerc@

4. Quali personaggi guidano e aiutano Dante nel suo viaggio dall'entrata nell'Inferno fino all'arrivo nel Paradiso?

Inferno V, 70 – 142

Guardate le illustrazioni che sono ispirate dall'episodo di Paolo e Francesca e ipotizzate sul contenuto della storia di Paolo e Francesca.

Gradara, Paolo e Francesca da Rimini

A. Cabanel (1823-1889), Gradara, Francesca da Rimini

Leggiamo uno degli episodi più famosi del capolavoro di Dante, quello di Paolo e Francesca: nella seconda cerchia dell'Inferno, dove si trovano i lussuriosi, quelli che hanno oltrepassato i limiti a causa dei loro sentimenti amorosi. Dante incontra i due amanti che gli raccontano del loro amore. Le parti in grassetto vanno lette in versione originale.

Poscia ch'io ebbi il mio dottore udito
nomar le donne antiche e ' cavalieri,
pietà mi giunse, e fui quasi smarrito.

Als ich gehört hatte, wie mein gelehrter Führer die Damen und die Ritter alter Zeiten nannte, ergriff mich Mitleid, ich war wie von Sinnen.

I' cominciai: "Poeta, volontieri
parlerei a quei due che 'nsieme vanno,
e paion sì al vento esser leggieri".

Mühsam sagte ich: „Dichter, gerne würde ich mit den beiden sprechen, die dort gemeinsam kommen und im Wind gar so leicht erscheinen."

Ed elli a me: "Vedrai quando saranno
più presso a noi; e tu allor li priega
per quello amor che i mena, ed ei verranno".

Darauf er zu mir: „Du sollst sie sehen, wenn sie erst näher bei uns sind; dann kannst du sie heranbitten, bei jener Liebe, die sie umtreibt, und sie werden kommen."

Sì tosto come il vento a noi li piega,
mossi la voce: "O anime affannate,
venite a noi parlar, s'altri nol niega!".

Sobald der Wind sie zu uns her geblasen hatte, erhob ich die Stimme: „Ihr schwer gequälten Seelen, kommt und sprecht mit uns, wenn das denn nicht verboten ist!"

Quali colombe dal disio chiamate
con l'ali alzate e ferme al dolce nido
vegnon per l'aere, dal voler portate;

Gleich wie die Tauben, vom Begehr gerufen, mit unbeweglich breiten Flügeln sich durch die Luft zum weichen Nest hin schweben lassen, getragen vom Verlangen,

cotali uscir de la schiera ov'è Dido,
a noi venendo per l'aere maligno,
sì forte fu l'affettuoso grido.

so lösten diese sich ab von der Schar um Dido und kamen auf uns zu durch den üblen Dunst; so stark war mein liebevoller Anruf.

A questo punto Francesca si rivolge a Dante:

"O animal grazioso e benigno
che visitando vai per l'aere perso
noi che tignemmo il mondo di sanguigno,

„Belebtes Wesen, du, anmutig und wohlgesonnen, du suchst uns auf hier in der finsteren Luft, uns, die wir doch die Welt mit Blut getränkt haben.

1 dottore: nel senso etimologico (cfr. lat. doceo): maestro: Virgilio **2 nomar:** nominare, elencare
5 che 'nsieme vanno: Soli tra i peccatori trascinati dalla bufera, Paolo e Francesca sono uniti per l'eternità. Francesca da Polenta, moglie di Gianciotto Malatesta, signore di Rimini, uomo deforme e zoppo, amò il fratello di questi, Paolo. Gianciotto vendicò il suo onore, uccidendoli entrambi.
9 per quello amor che i mena: in nome di quell'amore che li ha perduti e che li conduce ancora uniti nella violenta bufera
12 s'altri nol niega: se l'imperscrutabile potenza divina non lo vieta
16 cotali uscir: similmente uscirono dalla schiera ove è Didone
18 l'affettuoso grido: il vocativo "O anime affannate" del v. 80
19 O animal grazioso: o creatura cortese
20 perso: è un colore "misto di purpureo e di nero" ma vince il nero **21 tignemmo:** abbiamo colorato

se fosse amico il re de l'universo,
noi pregheremmo lui de la tua pace,
poi c'hai pietà del nostro mal perverso.

Wäre der Herr der Welt uns fremd, wir würden bei ihm um Frieden für dich flehen, denn du empfindest Mitleid mit unserem rasenden Leid.

Di quel che udire e che parlar vi piace,
noi udiremo e parleremo a voi,
mentre che 'l vento, come fa, ci tace.

Wovon ihr hören und sprechen möchtet, davon wollen wir zu euch sprechen und von euch hören, solange der Wind hier schweigt, wie eben jetzt.

Siede la terra dove nata fui
su la marina dove 'l Po discende
per aver pace co' seguaci sui.

Der Ort, an dem ich geboren wurde, liegt an der Küste, dort, wo der Po hinab fließt, um Ruhe zu finden, samt seinen Begleitern.

Amor, ch'al cor gentil ratto s'apprende
prese costui de la bella persona
che mi fu tolta; e 'l modo ancor m'offende.

Liebe, wie sie in edlen Herzen ach so schnell verfängt, hatte den dort ergriffen, Liebe zu der schönen Gestalt, die mir hernach entrissen wurde. Noch immer komme ich darüber nicht hinweg.

Amor, ch'a nullo amato amar perdona,
mi prese del costui piacer sì forte,
che, come vedi, ancor non m'abbandona.

Liebe, die ja keinen Geliebten mit Lieben verschont, sie ergriff auch mich, und ich fand so starkes Gefallen an ihm, dass es mich – du kannst es sehen – noch immer nicht verlässt.

Amor condusse noi ad una morte:
Caina attende chi a vita ci spense".
Queste parole da lor ci fuor porte.

Liebe brachte uns beiden gemeinsamen Tod. KAINSORT* erwartet aber den, der uns aus dem Leben gelöscht hat." Dies waren die Worte, die die beiden an uns richteten.

Quand'io intesi quell'anime offense,
china' il viso e tanto il tenni basso,
fin che 'l poeta mi disse: "Che pense?".

Als ich diese gequälten Seelen zu Ende gehört hatte, verhielt ich mit gesenktem Haupt, so lange, bis der Dichter mich ansprach: „Was denkst du?"

Quando rispuosi, cominciai: "Oh lasso,
quanti dolci pensier, quanto disio
menò costoro al doloroso passo!".

Als ich wieder sprechen konnte, antwortete ich ihm: „O je! Wie viele innige Gedanken, wie viel süßes Verlangen führten diese doch zu einem Ende voller Pein!"

Poi mi rivolsi a loro e parla' io,
e cominciai: "Francesca, i tuoi martìri
a lagrimar mi fanno tristo e pio.

Dann aber wandte ich mich zu ihnen und sprach zu ihnen und sagte zu ihnen: „Francesca, deine Qualen stimmen mich traurig und rühren mich zu Tränen.

---

22 il re de l'universo: Dio **27 ci tace:** Paolo e Francesca si trovano momentaneamente al di fuori della bufera infernale **29 su la marina:** Francesca nacque a Ravenna, città situata presso la foce ove sbocca il Po con i suoi affluenti ("seguaci sui") **31 ratto s'apprende:** fa rapida presa **33 e 'l modo:** la morte violenta che non le permise di pentirsi **34 Amor:** l'amore che non consente a nessuno che sia amato di non riamare
35 del costui piacer: della bellezza di questi
37 ad una morte: a morire insieme
38 Caina: è la parte del nono cerchio dell'Inferno dove sono dannati i traditori dei parenti (*Kainsort: Kunstwort der Übersetzung, das hier den 9. Kreis des Inferno bezeichnet, in dem Kain wohnt (= Ort der Brüdermörder) **40 offense:** offese, cioè colpite prima dalla travolgente passione, poi dalla fatale tragedia
43 Oh lasso: espressione di doloroso rammarico: ohimé!
44 quanto disio: quanto desiderio condusse costoro al tragico passaggio dalla vita alla morte eterna **48 tristo e pio:** mi rendono ("mi fanno") triste e pietoso, tanto da piangere ("a lagrimar")

Ma dimmi: al tempo de' dolci sospiri,
a che e come concedette amore
che conosceste i dubbiosi disiri?".

Aber sag mir: zur Zeit der süßen Seufzer, woran und wie ließ Amor euch euer zögerndes Sehnen erkennen?"

Francesca continua a raccontare:

E quella a me: "Nessun maggior dolore
che ricordarsi del tempo felice
ne la miseria; e ciò sa 'l tuo dottore.

Und sie zu mir: „Nichts schmerzt doch mehr, als an die Zeit des Glücks zu denken, wenn man im Elend ist; das weiß auch dein gelehrter Führer.

Ma s'a conoscer la prima radice
del nostro amor tu hai cotanto affetto,
dirò come colui che piange e dice.

Aber da dir so sehr daran liegt, zu hören, wo die erste Wurzel unserer Liebe war, will ich es dir erzählen, nur wird erzählen und weinen dabei eins sein:

Noi leggiavamo un giorno per diletto
di Lancialotto come amor lo strinse;
soli eravamo e sanza alcun sospetto.

Wir lasen eines Tages zum Vergnügen von Lanzelot, wie den die Liebe packte; wir waren allein und wir ahnten noch nichts.

Per più fiate li occhi ci sospinse
quella lettura, e scolorocci il viso;
ma solo un punto fu quel che ci vinse.

Ein paar Male ließ dies Lesen uns schon gegenseitig in die Augen blicken, und wir waren blass dabei geworden. An einer Stelle aber war es um uns geschehen:

Quando leggemmo il disiato riso
esser basciato da cotanto amante,
questi, che mai da me non fia diviso,

Als wir lasen, wie der lächelnde, begehrte Mund von einem solchen Liebhaber geküsst wurde, da hat auch er, der nun nie mehr von mir getrennt ist,

la bocca mi basciò tutto tremante.
Galeotto fu 'l libro e chi lo scrisse:
quel giorno più non vi leggemmo avante".

mich heftig bebend auf den Mund geküsst. Den Mittler dabei spielte für uns das Buch und der's geschrieben hat. Weiterlesen konnten wir an diesem Tage nicht mehr."

Mentre che l'uno spirto questo disse,
l'altro piangea; sì che di pietade
io venni men così com'io morisse.
E caddi come corpo morto cade.

Während die eine Schattenseele dies erzählte, weinte die andere; so sehr, dass mir vor Mitleid die Sinne schwanden, als müsste ich sterben.

Und ich fiel zu Boden, wie ein toter Körper fällt.

51 i dubbiosi disiri: l'amore, che ancor non si era rivelato **54 e ciò sa:** anche Virgilio è passato dal "tempo felice" all'infelicità ("miseria"); abita, infatti, il Limbo **56 affetto:** se desideri sapere di più del nostro amore **59 Lancialotto:** Lancillotto, cavaliere della Tavola Rotonda, innamorato della regina Ginevra, moglie di re Artù, è il protagonista del "Lancelot du Lac", romanzo francese del sec. XII: In esso si legge che Ginevra fu indotta a baciare il suo cavaliere dal principe Galeotto, che fungeva da mezzano. **61 Per più fiate:** più volte quella lettura ci indusse ("sospinse") a spiare i reciproci, segreti sentimenti.

Testo e annotazioni da: www.mediasoft.it/dante Dante Alighieri, *La Commedia / Die göttliche Komödie:* I. Inferno Deutsche Übersetzung von Hartmut Köhler, Stuttgart: Reclam 2010, S. 80–89

Lavoro sul testo

5. Raccontate l'episodio a parole vostre.
6. Che cosa induce Paolo e Francesca a baciarsi?
7. Che cosa gli capita come conseguenza?

4.5 Dante ispira

"Amor che a nullo amato amar perdona": Ecco uno dei versi più famosi della poesia italiana.
Ancora oggi tutti gli italiani lo (ri-)conoscono. Lo troviamo anche in una canzone di Jovanotti:

Jovanotti

Jovanotti, *Serenata Rap*

Se t'incontro per strada non riesco a parlarti
mi si bloccano le parole non riesco a guardarti
negli occhi mi sembra di impazzire
se potessi amplificare
il battito del mio cuore sentiresti
un batterista di una band di metallo pesante
ed è per questo che sono qui davanti
perché mi viene molto più facile cantarti una canzone
magari che la sentano i muri e le persone
piuttosto che telefonarti e dirti tutto faccia a faccia
rischiando di fare una figuraccia;
sono timido ma l'amore mi dà coraggio
per dirti che da quando io ti ho visto è sempre maggio
e a maggio il mondo è bello e invitante di colori
ma ancora sugli alberi ci sono solo fiori
che prima o poi si dice diverranno pure frutti
e allora tu che fai? golosamente aspetti,
aspetti che quel desiderio venga condiviso
io sono qui davanti che ti chiedo un sorriso,
affacciati alla finestra amore mio.
Affacciati al balcone rispondimi al citofono
sono venuto qui col giradischi e col microfono
insieme al mio complesso per cantarti il sentimento
e se tu mi vorrai baciare sarò contento
e questa serenata è la mia sfida col destino
vorrei che per la vita noi due fossimo vicino
una serenata rap per dirti che di te
mi piace come mi guardi mi piace come sei con me
mi piace quel tuo naso che s'intona con il mondo
mi piace il tuo sedere così rotondo
da rendere satellite ogni essere vivente
mi piaci perché sei intelligente
si vede dalle tue mani come le muovi
mi provochi pensieri e sentimenti sempre nuovi
nei tuoi fianchi sono le alpi nei tuoi seni le dolomiti
mi piace quel tuo gusto nello scegliere i vestiti
quel tuo essere al di sopra delle mode del momento
sei un fiore che è cresciuto sull'asfalto e sul cemento

---

3 **impazzire:** diventare matto/pazzo; perdere il controllo di se stesso 4 **amplificare:** rendere più grande, forte; *qui:* in musica con mezzi elettronici 6 **il batterista:** uno che suona la batteria in una band; **il metallo pesante:** *Heavy Metal* 8 **mi viene più facile:** è più facile per me 11 **fare una figuraccia:** comportarsi in un modo imbarazzante 17 **goloso:** uno che non ha mai abbastanza, vuole sempre di più 20 **affacciarsi:** farsi vedere 21 **il citofono:** impianto per controllare il portone di grandi palazzi 22 **il giradischi:** apparecchio per ascoltare dischi

Affacciati alla finestra amore mio,
affacciati alla finestra amore mio
affacciati alla finestra amore mio
per te da questa sera ci sono io

Serenata rap serenata metropolitana
mettiti con me non sarò un figlio di puttana
non ci credere alle cose che ti dicono di me
sono tutti un po' invidiosi chissà perché
io non ti prometto storie di passioni da copione
di cinema, romanzi e che ne so di una canzone
io ti offro verità corpo anima e cervello
amore solamente amore solo solo quello

Affacciati alla finestra amore mio
affacciati alla finestra amore mio
affacciati alla finestra amore mio
per te da questa sera ci sono io

Amor che a nullo amato amar perdona porco cane
lo scriverò sui muri e sulle metropolitane
di questa città milioni di abitanti
che giorno dopo giorno ignorandosi vanno avanti
e poi chissà perché perché chissà
per come nessuno sa perché perché chissà
per come due sguardi in un momento sovrappongono un destino
palazzi, asfalto e smog si trasformano in giardino
persone consacrate dallo scambio di un anello
e un monolocale che diventerà un castello,
affacciati alla finestra amore mio.

Nei tuoi fianchi sono le alpi nei tuoi seni le dolomiti
mi piace quel tuo gusto nello scegliere i vestiti
questo essere al di sopra delle mode del momento
sei un fiore che è cresciuto sull'asfalto e sul cemento.

Affacciati alla finestra amore mio
affacciati alla finestra amore mio
affacciati alla finestra amore mio
affacciati alla finestra amore mio

affacciati alla finestra amore mio
affacciati alla finestra amore mio
per te da questa sera ci sono io.

---

44 la puttana (volgare): prostituta **47 il copione:** il libretto secondo il quale viene fatto un film
55 porco cane (volgare): una bestemmia abbastanza forte **61 sovrapporre:** superare
64 il monolocale: un appartamento con una camera sola

Lavoro sul testo

1. A parte la citazione si trovano altre parallele a Dante in questo testo. Cercate di individuarli.
2. Individuate e descrivete i mezzi stilistici tipici delle poesie d'amore nella canzone.
3. Caratterizzate il ruolo del personaggio che parla.
4. Riassumete la posizione che la canzone prende verso l'amore per una donna in generale.

Ricerc@

5. Conoscete altre canzoni moderne (tedesche, inglesi o italiane) che citano i classici?

4.6 Giovanni Boccaccio, *Il Decameron*

NOTA BENE

Anche nel capolavoro del Boccaccio il numero 100 ha un ruolo importante: Durante la peste che colpisce la città di Firenze nell'anno 1348 dieci ragazzi (sette femmine e tre maschi) trovano rifugio nella campagna toscana. Per passare il tempo decidono di raccontarsi delle novelle: ogni giorno ognuno deve presentarne una; dopo dieci giorni tornano in città. In un periodo di dieci giorni, da cui il titolo, in greco *deka* significa 10, hemera giorno, vengono raccontate in tutto 100 novelle.

VI giornata, novella 7

Francesco Podesti (1800–1895), *The Storytellers of the Decameron*

Filostrato, uno dei tre ragazzi viene invitato a 'novellare' (= raccontare una novella). Racconta di una donna di nome Madonna Filippa, che viene accusata davanti a un tribunale di aver tradito suo marito. Ma grazie alla sua eloquenza e la sua intelligenza riesce a difendersi, e non solo:

Nella città di Prato esisteva una legge, in verità ingiusta e dura, che puniva con il rogo ogni donna che commettesse adulterio, senza distinguere se questa lo facesse per denari o per amore.

Accadde che mentre questa norma era in vigore, una donna nobile, bella e molto innamorata, di nome madonna Filippa, fu sorpresa dal marito Rinaldo de' Pugliesi di notte in camera sua, tra le braccia dell'amante. Questi, Lazzarino de' Guazzagliotri, era un giovane di Prato, nobile e bello che madonna Filippa amava quanto se stessa. Il marito rimase sconvolto a quella vista e, se avesse seguito il suo impulso, li avrebbe uccisi tutti e due immediatamente, ma temeva per se stesso le conseguenze

1 **la verità:** *Wahrheit;* **ingiusto:** *ungerecht* 2 **punire:** *bestrafen;* **il rogo:** *Tod auf dem Scheiterhaufen;* **commettere:** *begehen;* **l'adulterio (m.):** *Ehebruch* 4 **accadere:** *succedere;* **essere in vigore:** *in Kraft sein;* **nobile:** *edel, Edel-* 5 **la madonna:** *die Madonna* (Maria), *hier: Dame;* **essere sorpreso:** *überrascht sein/werden* 6 **l'amante:** *Liebhaber/-in* 8 **sconvolto:** *erschüttert* 9 **la vista:** *Anblick;* **l'impulso:** *Impuls* 10 **immediatamente:** *unmittelbar;* **temere:** *(be-)fürchten;* **la conseguenza:** *Folge*

del suo gesto. Per questo riuscì a frenare la collera e pensò di esigere dalla legge ciò che non era lecito a lui, cioè la condanna a morte della donna.

Al mattino, senza pensarvi oltre, avendo prove in abbondanza, si recò a denunciare il fallo di sua moglie e la fece chiamare in tribunale. La donna, molto coraggiosa, come sono di solito le vere innamorate, rifiutò le raccomandazioni di amici e parenti e decise di comparire in tribunale, perché preferiva morire con coraggio confessando la verità, piuttosto che darsi vilmente alla fuga, essere condannata in contumacia, vivere in esilio, rendendosi indegna dell'uomo che amava.

Accompagnata in tribunale da molti amici e amiche che la invitavano a negare ogni addebito, giunta dinanzi al podestà, chiese con il volto e la voce che non tradivano l'emozione il motivo della convocazione.

Il podestà avvertì subito il fascino della bellezza e dei modi di madonna Filippa perché, da come si esprimeva, era chiaro che si trattava di una donna di animo non comune. Cominciò per questo a temere per lei e sperava che non confessasse colpe per cui lui fosse costretto, come magistrato, a condannarla a morte.

Non potendo evitare una domanda precisa su quanto le veniva attribuito, le disse: "Madonna, Rinaldo, vostro marito qui presente, vi accusa di adulterio e chiede l'applicazione dello statuto vigente che prevede per questa colpa la pena di morte, ma io non potrò emettere una condanna se voi non confesserete; per cui badate a ciò che risponderete e ditemi se è vero quello di cui vostro marito vi accusa."[...]

da: Claudio Bura; M. Antonietta Morettini: *Dieci novelle dal Decameron di Giovanni Boccaccio, "tradotte" e commentate con testo originale a fronte*. Perugia: Guerra Edizioni 1997

11 **il gesto:** *Gebärde, Geste;* **frenare:** *bremsen;* **la collera:** *la rabbia;* **esigere:** *fordern;* **lecito:** permesso 12 **la condanna:** *Verurteilung, Strafe* 14 **il mattino:** *Morgen;* **senza pensarvi oltre:** senza ripensarci; **prove in abbondanza:** *Beweise im Überfluss;* **recarsi a:** andare a 15 **denunciare:** *anzeigen;* **il fallo:** l'errore; **il tribunale:** *Gericht* 16 **coraggioso:** *mutig;* **di solito:** *gewöhnlich;* **rifiutare:** *verzichten* 17 **la raccomandazione:** *Empfehlung;* **comparire:** andare 18 **confessare:** *beichten, zugeben* 19 **darsi vilmente alla fuga:** *feige die Flucht ergreifen;* **condannare qn. in contumacia:** *jdn. in Abwesenheit verurteilen* 20 **indegno:** *unwürdig* 22 **negare:** dire che non è vero; **ogni addebito:** ogni colpa; **giungere:** *erreichen;* **dinanzi a:** davanti a; **il podestà:** *qui:* il giudice; **il volto:** *Gesicht* 23 **la voce:** *Stimme;* **tradire (-isc-):** *verraten, betrügen;* **la convocazione:** *Zusammenkunft* 24 **avvertire:** rendersi conto di; **il fascino:** *Zauber* 25 **esprimersi:** *sich ausdrücken* 26 **l'animo:** *Gemüt, Seele;* **non comune:** *nicht gewöhnlich* 27 **la colpa:** *Schuld;* **essere costretto:** *gezwungen sein* 28 **il magistrato:** *Richter* 29 **su quanto le veniva attribuito:** *bezüglich der Sache, die man ihr vorwarf* 30 **accusare:** *anklagen* 31 **l'applicazione:** *Anwendung;* **lo statuto:** *Satzung, Statut;* **vigente:** in vigore; **prevedere:** *vor(her)sehen* 32 **emettere una condanna:** condannare qn 33 **badate (badare):** state attenta

Lavoro sul testo

1. Quali delle affermazioni seguenti sono vere, quali falsi? Correggete quelle false.

1. Una legge a Prato prevede di trattare donne infedeli come se fossero prostitute.
2. Madonna Filippa e suo marito si amano veramente.
3. Rinaldo vendica subito il tradimento di sua moglie.
4. Amici e parenti consigliano a Madonna Filippa di andare al tribunale.
5. Il podestà capisce subito che Madonna Filippa è una donna particolare.
6. Il podestà non vede un'alternativa alla condanna a morte.

Attività creative

2. Come finisce il processo contro Madonna Filippa?

3. Mettete in scena il processo secondo la vostra versione.

Lavoro sul testo

4. Ascoltate la seconda parte della novella e decidete se le affermazioni seguenti siano vere o false. Se false, correggete:

1. Madonna Filippa nega tutto davanti al tribunale.
2. Il podestà è abbastanza comprensivo nei confronti di Madonna Filippa.
3. La testimonianza di Rinaldo convince il podestà.
4. Madonna Filippa non accetta l'applicazione della legge per il suo caso.
5. Madonna Filippa accetta l'autorità del podestà.
6. In realtà Madonna Filippa ama solo suo marito.
7. Alla fine riesce a convincere il tribunale della sua innocenza.
8. La legge rimane in vigore.

5. Ricostruite l'argomentazione di Madonna Filippa.

Attività creativa

6. Scrivete un dialogo tra Madonna Filippa e suo marito dopo il processo.

Commento personale

7. Il *Decameron* porta il sottotitolo "Prencipe Galeotto". In che senso questo potrebbe essere considerato un commento ironico all'episodio di Paolo e Francesca?

4.7 Niccolò Machiavelli, *La Mandragola* (1518 – 1520)

NOTA BENE

Nella sua commedia *La Mandragola* Machiavelli, pensatore politico, teorico del potere, che vada esercitato senza ogni scrupolo morale e abbia come unica meta la sopravvivenza e il bene dello Stato, presenta un gioco d'amore rinascimentale, che è ugualmente caratterizzato dal pragmatismo e dal principio dell'utilità:
Lucrezia, una giovane bella e intelligente, è sposata con Messer Nicia, dottore in legge, ricco e benestante.
Dato che Nicia è molto più anziano di Lucrezia, la coppia però non riesce ad avere figli. Callimaco, un giovane attraente ed intelligente, innamorato di Lucrezia, fa finta di essere dottore e propone a Nicia di usare la mandragola *(die Springwurz)*: Lucrezia deve prenderne, però dopo il primo uomo che starebbe insieme con lei sarebbe morto. Nicia accetta e come 'vittima' viene scelto un ragazzo – addirittura Callimaco. Non muore, Lucrezia è contenta e alla fine tutti si arrangiano. Dopo la prima notte Callimaco racconta al suo amico Ligurio quello che è successo:

Come io t'ho detto, Ligurio mio, io stetti di mala voglia insino alle nove ore: e benché io avessi grande piacere e' non mi parve buono. Ma poi che io me le fu' dato a conoscere e che io l'ebbi dato ad intendere lo amore che io le portavo, e quanto facilmente per la semplicità del marito noi potavàno vivere felici sanza infamia alcuna, promettendole che qualunque volta Dio facessi altro di lui di prenderla per donna; ed avendo ella, oltre alle vere ragione, gustato che differenzia è dalla iacitura mia a quella di Nicia, e da e baci d'uno amante giovane a quelli d'uno marito vecchio, doppo qualche sospiro disse: "Poi che l'astuzia

1 **insino:** fino
2 **e':** questo
5 **potavàno:** potevamo
8 **e:** i

tua, la sciocchezza del mio marito, la semplicità di mia madre e la tristizia del mio confessoro mi hanno condotta a fare quello che mai per me medesima arei fatto, io voglio giudicare che e' venga da una celeste disposizione che abbi voluto cosi, e non sono sufficiente a recusare quello che 'l cielo vuole che io accetti. Però io ti prendo per signore, padrone, guida: tu mio padre, tu mio defensore, e tu voglio che sia ogni mio bene; e quello che 'l mio marito ha voluto per una sera, voglio ch'egli abbia sempre. Fara'ti adunque suo compare, e verrai questa mattina alla chiesa, e di quivi ne verrai a desinare con esso noi; e l'andare e lo stare starà a te, e potreno ad ogni ora e sanza sospetto convenire insieme." Io fui, udendo queste parole, per morirmi per la dolcezza. Non potetti rispondere alla minima parte di quello che io arei desiderato. Tanto che io mi truovo el più felice e contento uomo che fussi mai nel mondo; e, se questa felicità non mi mancassi o per morte o per tempo, io sarei più beato ch'e beati, più santo che e santi.

Atto Quinto, Scena Quarta, da: Niccolò Machiavelli, *Il Principe, La Mandragola*, La Spezia: Fratelli Melitta Editore 1988, p. 179s.

11 confessoro: confessore
12 arei: avrei
17 compare: compagno
19 potreno: potremo
23 fussi: fosse; **mancassi:** mancasse

Lavoro sul testo

1. Caratterizzate Callimaco.
2. Come si sente dopo aver conquistato Lucrezia?
3. Come giustifica Lucrezia il suo adulterio?
4. Confrontate Lucrezia con Madonna Filippa.

Commento personale

5. Il compromesso e il pragmatismo non dovrebbero importare nei rapporti umani.

4.8 Giovanni Verga, *Cavalleria rusticana* (1880)

NOTA BENE
La novella *Cavalleria rusticana* fa parte di una raccolta di novelle, intitolata *Vita dei Campi*, in cui Verga racconta della vita dura dei contadini siciliani. Verga è il rappresentante del cosiddetto *Verismo*, corrente letteraria che si sente obbligata di descrivere le cose come sono (vere). Perciò usa anche il dialetto nei dialoghi dei suoi personaggi.

Turiddu Macca, il figlio della gnà Nunzia, come tornò da fare il soldato, ogni domenica si pavoneggiava in piazza coll'uniforme da bersagliere e il berretto rosso, che sembrava quella della buona ventura, quando mette su banco colla gabbia dei canarini. Le ragazze se lo rubavano cogli occhi, mentre andavano a messa col naso dentro la mantellina, e i monelli gli ronzavano attorno come le mosche. Egli aveva portato anche una pipa col re a cavallo che pareva vivo, e accendeva gli zolfanelli sul dietro dei calzoni, levando la gamba, come se desse una pedata.

Ma con tutto ciò Lola di massaro Angelo non si era fatta vedere né alla messa, né sul ballatoio, ché si era fatta sposa con uno di Licodia, il quale faceva il carrettiere e aveva quattro muli di Sortino in stalla. Dapprima Turiddu come lo seppe, santo diavolone! voleva trargli fuori le budella della pancia, voleva trargli, a quel di Licodia! Però non ne fece nulla, e si sfogò coll'andare a cantare tutte le canzoni di sdegno che sapeva sotto la finestra della bella.

– Che non ha nulla da fare Turiddu della gnà Nunzia, – dicevano i vicini, – che passa la notte a cantare come una passera solitaria?

Finalmente s'imbatté in Lola che tornava dal viaggio alla Madonna del Pericolo, e al vederlo, non si fece né bianca né rossa quasi non fosse stato fatto suo.

– Beato chi vi vede! – le disse.

– Oh, compare Turiddu, me l'avevano detto che siete tornato al primo del mese.

– A me mi hanno detto delle altre cose ancora! – rispose lui. – Che è vero che vi maritate con compare Alfio, il carrettiere?

– Se c'è la volontà di Dio! – rispose Lola tirandosi sul mento le due cocche del fazzoletto.

– La volontà di Dio la fate col tira e molla come vi torna conto! E la volontà di Dio fu che dovevo tornare da tanto lontano per trovare ste belle notizie, gnà Lola! –

Il poveraccio tentava di fare ancora il bravo, ma la voce gli si era fatta roca; ed egli andava dietro alla ragazza dondolandosi colla nappa del berretto che gli ballava di qua e di là sulle spalle. A lei, in coscienza, rincresceva di vederlo così col viso lungo, però non aveva cuore di lusingarlo con belle parole.

– Sentite, compare Turiddu, – gli disse alfine, – lasciatemi raggiungere le mie compagne. Che direbbero in paese se mi vedessero con voi? ...

– È giusto, – rispose Turiddu; – ora che sposate compare Alfio, che ci ha quattro muli in stalla, non bisogna farla chiacchierare la gente. Mia madre invece, poveretta, la dovette vendere la nostra mula baia, e quel pezzetto di vigna sullo stradone, nel tempo ch'ero soldato. Passò quel tempo che Berta filava, e voi non ci pensate più al tempo in cui ci parlavamo dalla finestra sul cortile, e mi regalaste quel fazzoletto, prima d'andarmene, che Dio sa quante lacrime ci ho pianto dentro nell'andar via lontano tanto che si perdeva persino il nome del nostro paese. Ora addio, gnà Lola, *facemu cuntu ca chioppi e scampau, e la nostra amicizia finiu* –. La gnà Lola si maritò col carrettiere; e la domenica si metteva sul ballatoio, colle mani sul ventre per far vedere tutti i grossi anelli d'oro che le aveva regalati suo marito. Turiddu seguitava a passare e ripassare per la stradicciuola, colla pipa in bocca e le mani in tasca, in aria d'indifferenza, e occhieggiando le ragazze; ma dentro ci si rodeva che il marito di Lola avesse tutto quell'oro, e che ella fingesse di non accorgersi di lui quando passava.

– Voglio fargliela proprio sotto gli occhi a quella cagnaccia! – borbottava.

Di faccia a compare Alfio ci stava massaro Cola, il vignaiuolo, il quale era ricco come un maiale, dicevano, e aveva una figliuola in casa. Turiddu tanto disse e tanto fece che entrò camparo da massaro Cola, e cominciò a bazzicare per la casa e a dire le paroline dolci alla ragazza.

– Perché non andate a dirle alla gnà Lola ste belle cose? – rispondeva Santa.

– La gnà Lola è una signorona! La gnà Lola ha sposato un re di corona, ora!

– Io non me li merito i re di corona.

– Voi ne valete cento delle Lole, e conosco uno che non guarderebbe la gnà Lola, né il suo santo, quando ci siete voi, ché la gnà Lola, non è degna di portarvi le scarpe, non è degna.

– La volpe quando all'uva non poté arrivare ...

– Disse: come sei bella, *racinedda* mia!

– Ohè! quelle mani, compare Turiddu.

– Avete paura che vi mangi?

– Paura non ho né di voi, né del vostro Dio.

– Eh! vostra madre era di Licodia, lo sappiamo! Avete il sangue rissoso! Uh! che vi mangerei cogli occhi.

– Mangiatemi pure cogli occhi, che briciole non ne faremo; ma intanto tiratemi su quel fascio.

– Per voi tirerei su tutta la casa, tirerei!

Ella, per non farsi rossa, gli tirò un ceppo che aveva sottomano, e non lo colse per miracolo.

– Spicciamoci, che le chiacchiere non ne affastellano sarmenti.

– Se fossi ricco, vorrei cercarmi una moglie come voi, gnà Santa.

– Io non sposerò un re di corona come la gnà Lola, ma la mia dote ce l'ho anch'io, quando il Signore mi manderà qualcheduno.

– Lo sappiamo che siete ricca, lo sappiamo!

– Se lo sapete allora spicciatevi, ché il babbo sta per venire, e non vorrei farmi trovare nel cortile –.

Il babbo cominciava a torcere il muso, ma la ragazza fingeva di non accorgersi, poiché la nappa del berretto del bersagliere gli aveva fatto il solletico dentro il cuore, e le ballava sempre dinanzi gli occhi. Come il babbo mise Turiddu fuori dell'uscio, la figliuola gli aprì la finestra, e stava a chiacchierare con lui ogni sera, che tutto il vicinato non parlava d'altro.

– Per te impazzisco, – diceva Turiddu, – e perdo il sonno e l'appetito.

– Chiacchiere. – Vorrei essere il figlio di Vittorio Emanuele per sposarti!

– Chiacchiere. – Per la Madonna che ti mangerei come il pane!

– Chiacchiere! – Ah! sull'onor mio!

– Ah! mamma mia! –

Lola che ascoltava ogni sera, nascosta dietro il vaso di basilico, e si faceva pallida e rossa, un giorno chiamò Turiddu.

– E così, compare Turiddu, gli amici vecchi non si salutano più?

– Ma! – sospirò il giovinotto, – beato chi può salutarvi!

– Se avete intenzione di salutarmi, lo sapete dove sto di casa! – rispose Lola.

Turiddu tornò a salutarla così spesso che Santa se ne avvide, e gli batté la finestra sul muso. I vicini se lo mostravano con un sorriso, o con un moto del capo, quando passava il bersagliere. Il marito di Lola era in giro per le fiere con le sue mule.

– Domenica voglio andare a confessarmi, ché stanotte ho sognato dell'uva nera! – disse Lola.

– Lascia stare! lascia stare! – supplicava Turiddu.

– No, ora che s'avvicina la Pasqua, mio marito lo vorrebbe sapere il perché non sono andata a confessarmi.

– Ah! – mormorava Santa di massaro Cola, aspettando ginocchioni il suo turno dinanzi al confessionario dove Lola stava facendo il bucato dei suoi peccati. – Sull'anima mia non voglio mandarti a Roma per la penitenza! –

Compare Alfio tornò colle sue mule, carico di soldoni, e portò in regalo alla moglie una bella veste nuova per le feste.

– Avete ragione di portarle dei regali, – gli disse la vicina Santa, – perché mentre voi siete via vostra moglie vi adorna la casa! –

Compare Alfio era di quei carrettieri che portano il berretto sull'orecchio, e a sentir parlare in tal modo di sua moglie cambiò di colore come se l'avessero accoltellato. – Santo diavolone! – esclamò, – se non avete visto bene, non vi lascierò gli occhi per piangere! a voi e a tutto il vostro parentado!

– Non son usa a piangere! – rispose Santa, – non ho pianto nemmeno quando ho visto con questi occhi Turiddu della gnà Nunzia entrare di notte in casa di vostra moglie.

–Va bene, – rispose compare Alfio, – grazie tante –.

Turiddu, adesso che era tornato il gatto, non bazzicava più di giorno per la stradicciuola, e smaltiva l'uggia all'osteria, cogli amici. La vigilia di Pasqua avevano sul desco un piatto di salsiccia. Come entrò compare Alfio, soltanto dal modo in cui gli piantò gli occhi addosso, Turiddu comprese che era venuto per quell'affare e posò la forchetta sul piatto.

– Avete comandi da darmi, compare Alfio? – gli disse.

– Nessuna preghiera, compare Turiddu, era un pezzo che non vi vedevo, e voleva parlarvi di quella cosa che sapete voi –.

Turiddu da prima gli aveva presentato un bicchiere, ma compare Alfio lo scansò colla mano. Allora Turiddu si alzò e gli disse:

– Son qui, compar Alfio –.

Il carrettiere gli buttò le braccia al collo.

– Se domattina volete venire nei fichidindia della Canziria potremo parlare di quell'affare, compare.

– Aspettatemi sullo stradone allo spuntar del sole, e ci andremo insieme –.

Con queste parole si scambiarono il bacio della sfida. Turiddu strinse fra i denti l'orecchio del carrettiere, e così gli fece promessa solenne di non mancare.

Gli amici avevano lasciato la salsiccia zitti zitti, e accompagnarono Turiddu sino a casa. La gnà Nunzia, poveretta, l'aspettava sin tardi ogni sera.

– Mamma, – le disse Turiddu, – vi rammentate quando sono andato soldato, che credevate non avessi a tornar più? Datemi un bel bacio come allora, perché domattina andrò lontano –.

Prima di giorno si prese il suo coltello a molla, che aveva nascosto sotto il fieno, quando era andato coscritto, e si mise in cammino pei fichidindia della Canziria.

– Oh! Gesummaria! dove andate con quella furia? – piagnucolava Lola sgomenta, mentre suo marito stava per uscire.

– Vado qui vicino, – rispose compar Alfio, – ma per te sarebbe meglio che io non tornassi più –.

Lola, in camicia, pregava ai piedi del letto, premendosi sulle labbra il rosario che le aveva portato fra Bernardino dai Luoghi Santi, e recitava tutte le avemarie che potevano capirvi.

– Compare Alfio, – cominciò Turiddu dopo che ebbe fatto un pezzo di strada accanto al suo compagno, il quale stava zitto, e col berretto sugli occhi, – come è vero Iddio so che ho torto e mi lascierei ammazzare. Ma prima di venir qui ho visto la mia vecchia che si era alzata per vedermi partire, col pretesto di governare il pollaio, quasi il cuore le parlasse, e quant'è vero Iddio vi ammazzerò come un cane per non far piangere la mia vecchierella.

– Così va bene, – rispose compare Alfio, spogliandosi del farsetto, – e picchieremo sodo tutt'e due –.

Entrambi erano bravi tiratori; Turiddu toccò la prima botta, e fu a tempo a prenderla nel braccio; come la rese, la rese buona, e tirò all'anguinaia.

– Ah! compare Turiddu! avete proprio intenzione di ammazzarmi!

– Sì, ve l'ho detto; ora che ho visto la mia vecchia nel pollaio, mi pare di averla sempre dinanzi agli occhi.

– Apriteli bene, gli occhi! – gli gridò compar Alfio, – che sto per rendervi la buona misura –. Come egli stava in guardia tutto raccolto per tenersi la sinistra sulla ferita, che gli doleva, e quasi strisciava per terra col gomito, acchiappò rapidamente una manata di polvere e la gettò negli occhi all'avversario.

– Ah! – urlò Turiddu accecato, – son morto –. Ei cercava di salvarsi, facendo salti disperati all'indietro; ma compar Alfio lo raggiunse con un'altra botta nello stomaco e una terza alla gola. – E tre! questa è per la casa che tu m'hai adornato. Ora tua madre lascerà stare le galline –. Turiddu annaspò un pezzo di qua e di là tra i fichidindia e poi cadde come un masso. Il sangue gli gorgogliava spumeggiando nella gola e non poté profferire nemmeno: – Ah, mamma mia! –

da: Giovanni Verga, *Tutte le novelle*, Volume primo, Tarquinia: Fratelli Melitta Editore 1987, p. 162–167

Lavoro sul testo

1. Caratterizzate
   - Turiddu
   - Compare Alfio
   - Lola
   - Santa.
2. Quali mezzi stilistici usa l'autore per sottolineare il realismo della novella?
3. Lavoro sui testi 4.6, 4.7, 4.8: i tre testi di Boccaccio, Machiavelli e Verga hanno una tematica in comune: l'affare d'amore.
   1. Dividetevi in gruppi e analizzate come viene risolto il dilemma nel testo di
      - Boccaccio
      - Machiavelli
      - Verga.
   2. Quale soluzione vi sembra la più accettabile, la meno accettabile, la più diffusa?
   3. In che senso i tre esiti potrebbero essere considerati uno specchio delle società in cui sono ambientati i testi?

Un paesaggio siciliano

Il piacere di leggere 10

Quale fotografia rappresenta al meglio il vostro rapporto con i libri?
Spiegate che cosa significa leggere per voi.

ingegnarsi: *hier:* sich etwas einfallen lassen

1. Il piacere di leggere – sondaggio

1. Quanto tempo leggete a settimana? ___ ore

2. Che cosa leggete?
   a. giornali
   b. romanzi
   c. fumetti
   d. fantascienza
   e. altro: ___

3. Quando leggete di solito?
   a. la mattina
   b. di pomeriggio
   c. la sera
   d. durante gli spostamenti in metro/treno/bus
   e. solo in vacanza
   f. ogni minuto libero

4. Leggete anche ebook?
   a. Sì, spesso.
   b. Qualche volta.
   c. No, mai.

5. Quale libro avete letto ultimamente che vi è piaciuto tanto?

6. Quale libro avete letto ultimamente che non vi è piaciuto per niente?

7. Immaginate di essere su un'isola deserta per sei mesi senza TV, computer, ecc. Potete portare con voi tre libri. Quali scegliete?

2. Il giallo italiano

1. Il fascino del giallo: descrivete le scene e inventate un breve dialogo o monologo.
2. Secondo voi, perché a tanta gente piacciono i gialli?
3. Raccogliete gli "ingredienti" giusti per un buon giallo.

Ricerc@

1. Come sapete in Italia per garantire l'ordine pubblico e risolvere reati non esiste solo la "polizia" come da noi. Informatevi sui compiti e la gerarchia:
   - della polizia statale
   - dei carabinieri
   - della guardia di finanza.
2. Nella letteratura mondiale ci sono dei detective famosi. Sceglietene uno e fatene un breve ritratto.

In italiano

3. Un tuo amico italiano ama i gialli e ha sentito parlare di questa serie tedesca famosa. Spiegagli l'idea e il concetto di questa serie che esiste ancora dopo tanti anni. Se non la conosci chiedi ai tuoi genitori o informati su Internet.

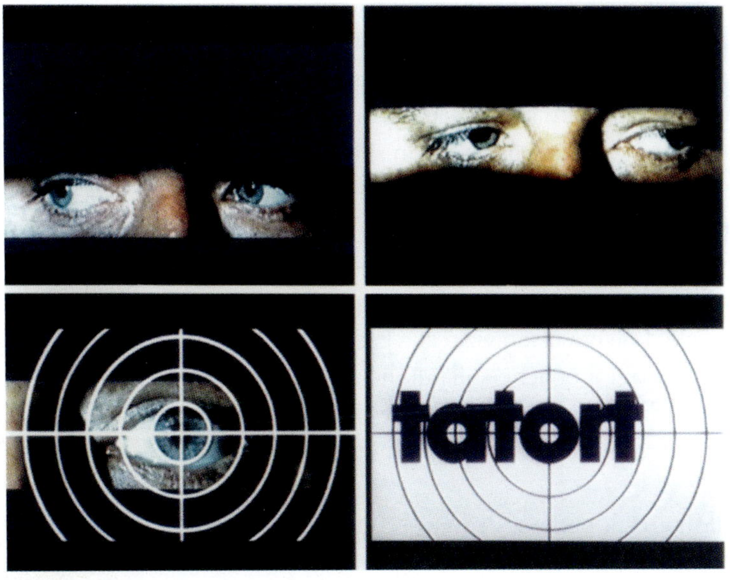

2.1 Leonardo Sciascia, *Il giorno della civetta (L'incipit)*

Immaginate di essere testimone di un assassinio. Quali potrebbero essere le vostre prime reazioni?

L'autobus stava per partire, rombava sordo con improvvisi raschi e singulti. La piazza era silenziosa nel grigio dell'alba, sfilacce di nebbia ai campanili della Matrice: solo il rombo dell'autobus e la voce del venditore di panelle, panelle calde panelle, implorante ed ironica. Il bigliettaio chiuse lo sportello, l'autobus si mosse con un rumore di sfasciume. L'ultima occhiata che il bigliettaio girò sulla piazza, colse un uomo vestito di scuro che veniva correndo; il bigliettaio disse all'autista – un momento – e aprì lo sportello mentre l'autobus ancora si muoveva. Si sentirono due colpi squarciati: l'uomo vestito di scuro, che stava per saltare sul predellino, restò per un attimo sospeso, come tirato su per i capelli da una mano invisibile; gli cadde la cartella di mano e sulla cartella lentamente si afflosciò.

Il bigliettaio bestemmiò: la faccia gli era diventata colore di zolfo, tremava. Il venditore di panelle, che era a tre metri dall'uomo caduto, muovendosi come un granchio cominciò ad allontanarsi verso la porta della chiesa. Nell'autobus nessuno si mosse, l'autista era come impietrito, la destra sulla leva del freno e la sinistra sul volante. Il bigliettaio guardò tutte quelle facce che sembravano facce di ciechi, senza sguardo; disse – l'hanno ammazzato – si levò il berretto e freneticamente cominciò a passarsi la mano tra i capelli; bestemmiò ancora.

– I carabinieri – disse l'autista – bisogna chiamare i carabinieri.

Si alzò ed aprì l'altro sportello – ci vado – disse al bigliettaio.

Il bigliettaio guardava il morto e poi i viaggiatori. C'erano anche donne sull'autobus, vecchie che ogni mattina portavano sacchi di tela bianca, pesantissimi, e ceste piene di uova; le loro vesti stingevano odore di trigonella, di stallatico, di legna bruciata; di solito lastimavano e imprecavano, ora stavano in silenzio, le facce come dissepolte da un silenzio di secoli.

– Chi è? – domandò il bigliettaio indicando il morto.

Nessuno rispose. Il bigliettaio bestemmiò, era un bestemmiatore di fama tra i viaggiatori di quella autolinea, bestemmiava con estro: già gli avevano minacciato licenziamento, ché tale era il suo vizio alla bestemmia da non far caso alla presenza di preti e monache sull'autobus. Era della provincia di Siracusa e in fatto di morti ammazzati aveva poca pratica: una stupida provincia, quella di Siracusa; perciò con più furore del solito bestemmiava.

Vennero i carabinieri, il maresciallo nero di barba e di sonno. L'apparire dei carabinieri squillò come allarme nel letargo dei viaggiatori: e

1 **rombare, il rombo:** (fare) il suono forte di un vecchio motore; **il raschio:** *Räuspern, Husten* 2 **il singulto,** *oggi:* il singhiozzo: *Schluckauf;* **le sfilacce:** *qui:* pezzi di nuvole 5 **un rumore di sfasciume:** come se si rompesse

9 **squarciati:** *qui:* colpi brevi e forti 10 **il predellino:** *Trittbrett*

12 **afflosciarsi:** *in sich zusammensinken* 13 **lo zolfo:** *Schwefel*
15 **il granchio:** un animale che marcia all'indietro

26 **la trigonella:** una pianta mangiata dal bestiame (*Bockshornklee*); **di stallatico:** di stalla e animali; **lastimare:** lamentarsi, piagnucolare

31 **con estro:** con ispirazione
32 **ché:** perché; **il vizio:** un difetto del carattere, una cattiva abitudine

dietro al bigliettaio, dall'altro sportello che l'autista aveva lasciato aperto, cominciarono a scendere. In apparente indolenza, voltandosi indietro come a cercare la distanza giusta per ammirare i campanili, si allontanavano verso i margini della piazza e, dopo un ultimo sguardo, svicolavano. Di quella lenta raggera di fuga il maresciallo e i carabinieri non si accorgevano. Intorno al morto stavano ora una cinquantina di persone, gli operai di un cantiere-scuola ai quali non sembrava vero di aver trovato un argomento così grosso da trascinare nell'ozio delle otto ore. Il maresciallo ordinò ai carabinieri di fare sgombrare la piazza e di far risalire i viaggiatori sull'autobus: e i carabinieri cominciarono a spingere i curiosi verso le strade che intorno alla piazza si aprivano, spingevano e chiedevano ai viaggiatori di andare a riprendere il loro posto sull'autobus. Quando la piazza fu vuota, vuoto era anche l'autobus: solo l'autista e il bigliettaio restavano. – E che – domandò il maresciallo all'autista – non viaggiava nessuno oggi?

– Qualcuno c'era – rispose l'autista con la faccia smemorata.

– Qualcuno – disse il maresciallo – vuol dire quattro cinque sei persone: io non ho mai visto questo autobus partire, che ci fosse un solo posto vuoto.

– Non so – disse l'autista, tutto spremuto nella forza di ricordare – non so, qualcuno, dico, così per dire; certo non erano cinque o sei, erano di più, forse l'autobus era pieno … Io non guardo mai la gente che c'è: mi infilo al mio posto e via … Solo la strada guardo, mi pagano per guardare la strada.

Il maresciallo si passò sulla faccia una mano stirata dai nervi. – Ho capito – disse – tu guardi solo la strada; ma tu – e si voltò inferocito verso il bigliettaio – tu stacchi i biglietti, prendi i soldi, dai il resto: conti le persone e le guardi in faccia … e se non vuoi che te ne faccia ricordare in camera di sicurezza, devi dirmi subito chi c'era sull'autobus almeno dieci nomi devi dirmeli … Da tre anni fai questa linea, da tre anni ti vedo ogni sera al caffè Italia: Il paese lo conosci meglio di me … Meglio di lei il paese non può conoscerlo nessuno – disse il bigliettaio come a schermirsi da un complimento.

– E va bene – disse il maresciallo sogghignando – prima io e poi tu: va bene … Ma io sull'autobus non c'ero, ché ricorderei uno per uno i viaggiatori che c'erano: dunque tocca a te, almeno dieci devi nominarmeli.

– Non mi ricordo – disse il bigliettaio – sull'anima di mia madre, non mi ricordo; in questo momento di niente mi ricordo, mi pare che sto sognando.

– Ti sveglio io ti sveglio – s'infuriò il maresciallo – con un paio d'anni di galera ti sveglio … – ma s'interruppe per andare incontro al pretore che veniva. E mentre al pretore riferiva sulla identità del morto e la

40 **l'indolenza:** l'apatia, la pigrizia

43 **svicolare:** sparire, scappare; **la raggera di fuga:** una fuga in tutte le direzioni

46 **l'ozio:** il tempo libero (*lat.* otium), *qui:* troppo tempo, noia

58 **spremere:** *„ausquetschen"*, normalmente detto di arance, ma qui si parla del cervello dell'autista

71 **schermirsi:** proteggersi

79 **il pretore:** *Amtsrichter*

fuga dei viaggiatori, guardando l'autobus, ebbe il senso che qualcosa stesse fuori o mancasse: come quando una cosa viene improvvisamente a mancare alle nostre abitudini, una cosa che per uso o consuetudine si ferma ai nostri sensi e più non arriva alla mente, ma la sua assenza genera un piccolo vuoto smarrimento, come una intermittenza di luce che ci esaspera: finché la cosa che cerchiamo nella mente si rapprende.

– Manca qualcosa – disse il maresciallo al carabiniere Sposito che, col diploma di ragioniere che aveva, era la colonna della Stazione Carabinieri di S. – manca qualcosa o qualcuno ...

– Il panellaro – disse il carabiniere Sposito.

– Perdio: il panellaro – esultò il maresciallo, e pensò delle scuole patrie "non lo danno al primo venuto, il diploma di ragioniere."

Un carabiniere fu mandato di corsa ad acchiappare il panellaro: sapeva dove trovarlo, ché di solito, dopo la partenza del primo autobus, andava a vendere le panelle calde nell'atrio delle scuole elementari. Dieci minuti dopo il maresciallo aveva davanti il venditore di panelle: la faccia di un uomo sorpreso nel sonno più innocente.

– C'era? – domandò il maresciallo al bigliettaio, indicando il panellaro.

– C'era – disse il bigliettaio guardandosi una scarpa.

– Dunque – disse con paterna dolcezza il maresciallo – tu stamattina, come al solito, sei venuto a vendere panelle qui: il primo autobus per Palermo, come al solito ...

– Ho la licenza – disse il panellaro.

– Lo so – disse il maresciallo alzando al cielo gli occhi che invocavano pazienza – lo so e non me ne importa della licenza; voglio sapere una cosa sola, me la dici e ti lascio subito andare a vendere panelle ai ragazzi: chi ha sparato?

– Perché – domandò il panellaro meravigliato e curioso – hanno sparato?

da: Leonardo Sciascia, *Il giorno della civetta*, Torino: Einaudi 1990, p. 9–12

85 **lo smarrimento:** la perdita; **l'intermittenza:** *qui: Aussetzen*
91 **esultare:** essere felice, gioire
92 **diploma di ragioniere:** il diploma dopo una formazione in ragioneria (*Rechnungswesen, Buchhaltung*)

Una scena del film 'Il giorno della civetta' con Claudia Cardinale, 1968, regia di Damiano Damiani, un famoso regista italiano

Lavoro sul testo

1. Descrivete le reazioni immediate dei testimoni (r. 20–62) e paragonatele con quelle descritte da voi prima di leggere.
2. Quali sono i primi passi del lavoro abituale dei carabinieri e perché in questo caso sono abbastanza difficili?
3. Trovate tre esempi dell'ironia con cui viene presentata la scena.
4. Da che cosa capisce il lettore che il romanzo non si svolge in una città, ma in un piccolo paese?

Attività creative

5. Damiano Damiani ha messo in scena *Il giorno della civetta* nel 1968. Guardate la foto. Chi potrebbe essere la donna che il carabiniere tiene per il braccio? E con chi potrebbero parlare? Immaginate un dialogo tra
   - il carabiniere a destra
   - la donna a sinistra
   - e la persona che guardano i due.
6. Adesso guardate le prime scene del film (1. L'agguato, circa 11 minuti) e paragonatele con *l'incipit* del libro. Che cosa ha cambiato completamente Damiani? Secondo voi, perché lo ha fatto?

2.2 Santo Piazzese, *Il soffio della valanga*

> NOTA BENE
> **Santo Piazzese:** biologo "prestato alla scrittura" è nato a Palermo, dove vive e lavora come ricercatore alla Facoltà di Scienze. Ha cominciato a scrivere romanzi gialli ambientati a Palermo nel 1996.

Innamorarsi/innamoramento: Fate una raccolta di parole e idee!

Ad Amalia, la prima volta che lui era entrato nel suo campo visivo, Spotorno aveva fatto un'antipatia appassionata.

Era stato al primo grande festival pop mai organizzato in città, dodici ore filate di musica al giorno, allo stadio di calcio, per tutta una settimana. Si erano incrociati l'ultima sera, la sera del Duca. Anzi, l'ultima notte, perché erano le undici passate quando la grande orchestra si era dispiegata sul palco montato di fronte alla montagna, con il castello in cima illuminato dai riflettori.

Poi era uscito Ellington, e avevano attaccato un pezzo di musica, e ad Amalia erano venuti i brividi. E dato che non capiva niente di jazz non avrebbe saputo spiegarne il motivo, se non retroattivamente, dopo che Lorenzo aveva detto che quella era stata un'esecuzione di Sophisticated Lady da raccontare ai posteri. E poi quell'istrione di Ellington aveva fatto quel gran colpo di teatro, era andato verso le quinte ed era tornato sorreggendo per un braccio un cornettista nero, così vecchio che non riusciva a reggersi in piedi da solo, e il vecchio aveva soffiato gli ultimi refoli della sua anima dentro la cornetta, e a momenti gli applausi non facevano venire giù la montagna.

Quei due eventi, il suo primo sguardo su Spotorno e il cornettista nero, col tempo erano diventati per Amalia i catalizzatori di una ineludibile catena di associazioni mentali che le induceva un umore pendolare, che oscillava tra la serenità e un lieve senso di rimpianto sul quale si rifiutava di indagare.

Era stato La Marca a trascinare Vittorio allo stadio. Allora Spotorno ascoltava solo musica classica e per tutti gli anni del liceo aveva mantenuto l'abbonamento agli Amici della Musica. Anno dopo anno non si era perso nessuno dei concerti di Rubinstein perché tutti dicevano che il pianista era troppo vecchio e non sarebbe sopravvissuto fino alla volta successiva, e il concerto di quell'anno sarebbe stato sicuramente l'ultimo. Lui però era meno fragile di quanto apparisse e Spotorno non ricordava più a quanti ultimi concerti di Rubinstein aveva assistito. Cinque? Sei? Sette di seguito, forse. Il jazz invece continuava a non fargli né caldo né freddo.

1 **Amalia:** moglie del commissario Vittorio Spotorno, protagonista del romanzo 7 **la montagna:** il monte Pellegrino, che si trova a Nord di Palermo 10 **i brividi:** vengono alla pelle quando fa freddo o quando si è proprio emozionati p. e. 11 **retroattivamente:** retroattivo: *rückwirkend* 12 **Lorenzo:** un amico 13 **l'istrione:** attore con un atteggiamento esagerato 15 **il cornettista:** uno che suona la cornetta 17 **refolo:** soffio di vento

20 **ineludibile:** *unvermeidbar* 21 **indurre** (induco, indotto): spingere qualcuno a (fare) qualcosa, *qui:* le associazioni provocano in Amalia un umore che cambiava tra la serenità (*Heiterkeit*) e il rimpianto (*Bedauern*) 23 **rifiutarsi:** *sich weigern*; **indagare:** il lavoro di un commissario 24 **La Marca:** un conoscente di Vittorio

> NOTA BENE
> **Duca** ("Herzog") *qui:* Duke Ellington, *29. aprile 1899 in Washington D. C.; † 24. maggio 1974 a New York era un famoso musicista e compositore Jazz americano, pianista

> NOTA BENE
> **Arthur Rubinstein,** (*28. gennaio 1887 a Łódź; † 20 dicembre 1982 a Ginevra) era un pianista polacco di fama mondiale

Amalia lo ricordava inamidato, sulle sue, con quell'improbabile vestito scuro da liceale in libera uscita e la cravatta a tinta unita, che se non fosse stato per l'età e per il colore della pelle l'avrebbero preso per uno dei musicisti del Duca, ma molto meno simpatico. Secondo Amalia proiettava un'intollerabile sensazione di puzza sotto il naso, di labbra arricciate e di presa di distanze dal gruppo in cui stava lei, semiadagiata sopra un plaid disteso sull'erba del campo, a fumare erba di tutt'altro genere. E Spotorno aveva solo l'aria di chiedersi che diamine fosse quella specie di forchetta sghemba, argentata, con i rebbi incapsulati dentro un cerchio, che Amalia portava appesa al collo, e che completava il suo look finto gitano, con la gonna di cotone stampato a colori vivaci, lunga fino alle caviglie.

Dopo le presentazioni di cui si era occupato Lorenzo si erano scambiati una lunga occhiata, e poi basta.

In pizzeria, dopo il concerto, alle tre del mattino, si erano piazzati ai capi opposti della lunga tavolata, mettendo tra loro la massima freddezza lineare possibile.

Lei aveva chiacchierato volubilmente con tutti. Vittorio, non aveva spiccicato una sillaba.

Amalia l'aveva cancellato subito. Così almeno aveva creduto fino al momento del loro secondo incontro, un paio d'anni dopo.

Lei aveva fatto la spesa al Capo e non ricordava più dove aveva lasciato la macchina. A furia di girovagare era finita a piazza Sant'Onofrio. E lì, proprio al centro della piazza, nel poco spazio lasciato libero dalle bancarelle e dalle auto, se lo era ritrovato davanti, immobile, con gli occhi semichiusi e l'aria un po' spiritata.

Ma che fai?, le era scappato di chiedergli, prima di rendersi conto che le parole erano sfuggite al controllo della mente. Era più che altro stupita di averlo riconosciuto a colpo sicuro e di essere stata riconosciuta a sua volta.

Il giovane Spotorno era rimasto immobile ancora per qualche istante, poi aveva scostato appena le braccia dal corpo, con le palme rivolte verso l'alto, quasi a giustificarsi per una mancanza che solo lui sapeva di aver commesso, e aveva sussurrato quella frase assurda: Respiro la città. Solo tre parole, ma pronunciate come se fossero stati gli ultimi tre vocaboli di una lingua in via di estinzione.

Poi doveva essersi reso conto del contesto ed era arrossito fino alle budella. E Amalia era rimasta in piedi davanti a lui, con il suo mazzo di finocchietti selvatici stretti sotto un braccio e il sacchetto con le sarde e le bustine di zafferano appeso all'altro, e si era sentita sciogliere tutta dentro, fino al midollo delle ossa, anche perché si era accorta che lui si era appoggiato alla fiancata di una macchina bianca un po' scassata: la sua Cinquecento perduta e ritrovata.

34 **inamidato:** rigido e (un po' troppo) dignitoso

39 **semiadagiata:** semi-sdraiata (semi = a metà)

42 **sghemba:** storta; **i rebbi di una forchetta:** *Zinken einer Gabel* 44 **il look finto gitano:** da zingara

50 **lineare:** chiaro

53 **cancellato:** *qui:* dimenticato

55 **il Capo:** Quartiere e mercato a Palermo

59 **spiritato:** nervoso, emozionato

69 **in via di estinzione:** che sta per sparire (p. e. detto di specie di animali) 71 **le budella:** l'intestino, *qui:* il più intimo interiore

74 **il midollo delle ossa:** *Knochenmark*

Gli offrì un passaggio che lui accettò, anche se era già quasi arrivato a casa e non sapeva dove lei fosse diretta. Poi gli toccò una lunga scarpinata a piedi dal quartiere Matteotti fino in via Venezia. Una marcia della quale non serbò memoria, una specie di stato di levitazione e di animazione sospesa, un piccolo terremoto emozionale che aveva per epicentro il suo portafoglio, dove palpitava uno scontrino fiscale con il numero di Amalia scarabocchiato sopra. Era stata lei a consegnarglielo, sull'abbrivio di una frase che avrebbe accompagnato Spotorno per tutta la strada fino a casa e anche dopo: Che fai stasera?
Ogni tanto Spotorno riesumava fotogrammi in ordine sparso di quel pezzo di film della sua vita. Ne possedeva un vasto repertorio, sopra tutto silente. Non aveva mai bisogno di mettere una zeppa, per bloccare un ricordo.

da: Santo Piazzese, *Il soffio della valanga*, Palermo: Sellerio Editore 2001, p. 124–128

78 **una lunga scarpinata:** cercate di indovinare il senso!
80 **serbare:** conservare; **la levitazione:** *„freies Schweben"*
82 **palpitare:** battere (normalmente detto del cuore)
83 **scarabocchiare:** scrivere in fretta, in maniera poco bella
84 **sull'abbrivio:** all'inizio
86 **riesumare:** *exhumieren, wieder ausgraben*; **il fotogramma:** *qui:* foto di una serie di immagini di un film
88 **silente:** silenzioso; **la zeppa:** *Keil*

Lavoro sul testo

Leggete il testo fino a riga 52:

1. Raccontate il primo incontro tra Amalia e Vittorio tenendo conto anche delle circostanze.
2. Cercate di trovare dei contrasti tra i due.

Leggete tutto il testo.

3. Analizzate il secondo incontro di Amalia e Vittorio.
4. Secondo voi, esiste l'amore a prima vista?
5. Analizzate la situazione narrativa e lo stile del brano.

Compito di grammatica

6. Quando si è innamorati …
   Ripassate il si impersonale e il si passivante, poi dite che cosa si fa o non si fa quando si è innamorati, per esempio: non dormire di notte, alzarsi presto, ascoltare canzoni romantiche, scrivere migliaia di messaggini, sognare a occhi aperti …

2.3 Gianni Biondillo, *Con la morte nel cuore*

Paragonate queste due edizioni. Quale preferireste e perché? Che cosa vuol dire "avere la morte nel cuore"?

NOTA BENE
Gianni Biondillo
Gianni Biondillo è nato nel 1966 a Milano. I suoi genitori sono immigrati dal Sud: la madre è siciliana, il padre campano. Laureato in architettura comincia a scrivere saggistica. Il suo primo giallo, *Per cosa si uccide*, è apparso nel 2004.

La sera nella zona dei Navigli

Tempo di allacciarsi le scarpe ed era pronto per svolgere il suo compito di cacciatore-raccoglitore al supermercato sotto casa. Ma gli suonarono alla porta. Era Mimmo.
"Sei pronto?"
"Per cosa, scusa?"
"Seguimi, andiamo a prendere un aperitivo."
"Ma non posso, devo fare la spesa."
"La fai domani, voglio compagnia."
"Non ho niente in frigo, se non faccio la spesa stasera salto il pasto."
"Non preoccuparti, ti porto in un posto dove mangerai come un maiale."
Il tono non ammetteva repliche. Era come se Mimmo avesse assoluto bisogno di vederlo, di parlargli di qualcosa, forse. Alla fine Ferraro non obbiettò, aveva anche lui voglia di stare con qualcuno, con un amico, uno di quelli a cui dare la valigetta, per capirci. Il ricordo riaffiorato di Comaschi e di suo fratello l'aveva intristito un po'; la solitudine serale lo spaventava.
Scesi in strada, Mimmo si avvicinò alla macchina.
"Forza, sali."
"Dove mi porti? È lontano?"
"Non preoccuparti, non te ne pentirai."
In macchina non disse nulla. Sembrava quasi ci fosse imbarazzo, o tensione, qualcosa del genere. Superato il Ponte Palizzi Ferraro iniziò a chiedersi cosa cavolo stessero facendo veramente. Era l'aperitivo la loro meta?
"Dove stiamo andando?"
"Te l'ho detto, a prendere un aperitivo."
"E dove cazzo è 'sto posto? A casa di Gesù Bambino?"
Mimmo neppure rispose. Dopo piazzale Accursio prese la circonvallazione, verso Lotto. Bruciò anche un paio di semafori.
"Scusa se insisto, ma non potevamo prenderci l'aperitivo sotto casa?"
"Te l'ho detto, non devi preoccuparti, è un locale nuovo, molto alla moda."
"E da quando ti interessano i locali alla moda?"
"Non sono mica un bifolco come te, Chiodo. Io mi tengo aggiornato sulle mode, le tendenze …"
"Mi prendi per il culo?"
"Certo, ovvio. Con te mi riesce sempre benissimo …"
In via Brunelleschi scavalcarono i Navigli ed entrarono a San Cristoforo. Ora Mimmo si fece più circospetto. Non si capiva se stava cercando un parcheggio o qualcos'altro.
"Siamo arrivati?"
"Un attimo, dovrebbe essere da queste parti."

4 **Mimmo:** un amico del protagonista, l'ispettore Michele Ferraro (chiamato "Chiodo" perché è molto magro)

15 **dare la valigetta a qn:** *qui:* avere la massima fiducia in qn

30 **bruciare un semaforo:** passare quando il semaforo è già rosso

35 **il bifolco:** *qui:* un tipo senza educazione e cultura

"Ma non ci sei mai stato?"
"No, per chi mi hai preso? Mica ci vado in questi locali da stronzi!"
"E ci vuoi portare me? Ma sei scemo?"
"Con te è diverso, almeno mi diverto un po'."
Boh, era inutile cercare di capire, bisognava prenderlo così com'era.
Mimmo parcheggiò, in una via qualunque da quelle parti. Scesero, girato l'angolo furono sul Naviglio Grande, verso Ripa di Porta Ticinese. Era venerdì pomeriggio, sul tardi; tutta una congerie di attoruncoli fuori corso, impiegati artistoidi, nullafacenti modaioli, operai del world-wide-web, pubblicitari stolti, sciurette in pectore, bancari trasgressivi, sciamava verso il dorato mondo dell'happy hour, dell'hora feliz, del magnaebbevi. Quello era il luogo, quello il giorno, quella l'ora. Davanti ad un localuccio di neppure una vetrina su strada, un'assemblea di fedeli, una vera e propria ecclesia di accoliti, assiepava, il marciapiede. Tutti in piedi, in alta uniforme, tutti officianti il rito collettivo dell'autocertificazione della propria esistenza, nell'urbe. Tutti seguaci fedeli della religione dell'apparenza; disciplina spirituale fra le più ardue, che prevede stati di misticismo autentico.
Dentro di te devi riuscire, con pratica indomita, ad ottenere il vuoto assoluto. E poi fare di tutto per evitare di riempirlo di alcunché che non sia vacuo, fatuo, idiota.
[...]
Un po' spintonando entrarono.
"Che prendi? Un mojito, un bloody mary, un margarita, un negroni?" chiese Mimmo.
"Ma come cazzo parli?"
"Dove sei vissuto finora? In un convento?"
"Una birretta va benissimo."
"Occhèi, occhèi ..." Poi, rivolgendosi alla cassa: "Due birre, grazie".
"Messicane? Alla menta? Doppio malto? Lager? Weiss? Ale?"
"Cristo Santo" pensò Ferraro.
Mimmo guardò il cassiere senza dire nulla. Un silenzio eloquente.
"Va bene, ho capito, due chiare alla spina ..."
Computò l'ordinazione sulla tastiera della cassa.
"Bravo ragazzo."

da: Gianni Biondillo, *Con la morte nel cuore*, Milano: TEA 2005, p. 285–287; 289–290

51 **la congerie:** massa di cose confuse; **attoruncoli:** piccoli attori 52 **artistoidi:** una specie di artisti; **modaioli:** *Modefreaks* 53 **stolto:** stupido; **la sciuretta:** forma dialettale di "signora", *qui:* donne che si vestono in modo classico, un po' noioso; **in pectore:** *lat.* nel petto, nel segreto del cuore 54 **sciamare:** partire in massa (detto normalmente delle api) 55 **magnaebbevi:** dialettale per mangia e bevi 57 **accolito:** *qui:* seguace, accompagnatore (in origine chi serve il sacerdote all'altare); **assiepare:** circondare 59 **l'urbe:** letterario per la città (dal latino urbs che significava però solo Roma) 60 **arduo:** difficile (a salire) 62 **indomito:** fiero (non domato) 64 **fatuo:** vuoto 65 **spintonare:** spingere

Lavoro sul testo

1. Perché Mimmo è andato dal protagonista?
2. Analizzate l'atteggiamento che mostra il protagonista a proposito dei bar di moda e del rito dell'aperitivo.
3. In che maniera l'autore descrive il pubblico del bar dove arrivano gli amici? Quale potrebbe essere la sua intenzione? Con quali mezzi stilistici sottolinea la sua opinione? (fino a vacuo, fatuo, idiota, rr. 47–64).

4. Nel passo menzionato sopra l'autore usa vari suffissi (p. e. autor**uncoli**, artist**oidi**, mod**aioli**, ecc.). Cercatene il significato nel dizionario monolingue e trovate altri esempi.

Attività creativa

5. In molti gialli l'investigatore è single, come Michele Ferraro, che ha sempre troppo lavoro e troppo poco tempo per la vita privata. Stasera però, quando meno se lo aspetta, conosce una persona interessante … Scrivete una storia di innamoramento, tenendo conto dello stile di Biondillo.

3. I giovani nella letteratura

3.1 Margherita d'Amico, *Rane*

NOTA BENE
Margherita d'Amico, *1967
scrittrice e giornalista di Roma, scrive saggi, reportage e romanzi

Il lunedì mattina, entrando in classe, Martina fu accolta da un'esultante Caterina: "Oggi, all'uscita, mi viene a prendere Lodovico. È in Italia per qualche giorno, di passaggio da Roma, e viene a colazione da noi. Finalmente te lo presenterò. Non puoi telefonare a casa e dire che mangi da me? Dai, a Mamma farebbe un enorme piacere!"

"Ti ringrazio, ma ho gli allenamenti. Sai, mancano dieci giorni e la mia forma non procede granché bene."

"Appunto. Così ti distrai. Per una volta, sii elastica. Sono sicura che Lodovico ti piacerà moltissimo."

"Il sentimento potrebbe non essere reciproco," le fece osservare Martina.

"È bello il tuo modo di affrontare la vita. Sei sempre così positiva, ottimista … Ma tanto, a che serve insistere con te? Fai come ti pare. Ti avverto, però, che quando lo conoscerai ti pentirai di non aver colto l'occasione al volo." La mattinata regalò a Martina un quattro e mezzo in matematica. Una vera disdetta poiché, a quel punto, la sufficienza finale si staccava dalla banchina e prendeva irrimediabilmente il largo.

L'ultima campanella suonò con cinque minuti di ritardo.

"Sono impresentabile?" chiese Martina all'amica.

"Se continui a essere così lagnosa, sì," rispose l'altra, che dall'alto dei gradini dell'ingresso, spintonata da tutti quelli che uscivano, cercava di individuare il cugino.

"Ah, eccolo!" esclamò puntando il dito verso un'automobile sportiva, al cui cofano era appoggiato un giovane che indossava un paio di occhiali da sole, sebbene fosse una giornata piuttosto grigia.

"Lodovico!" gridò Caterina facendogli cenno, e quando anche l'altro l'ebbe riconosciuta tirò Martina per una manica, ingiungendole: "Andiamo."

"Ciao! Finalmente ti sei deciso a venirmi a trovare!" disse Caterina

6 **mancano dieci giorni:** *cioè:* mancano dieci giorni alla prossima gara di nuoto a cui Martina si prepara

Una rana

Una ranista

slanciandosi fra le braccia del leggendario parente, il quale ricambiò le affettuosità mantenendo però una certa compostezza.

"Non è colpa mia. In America l'università non è mica come qui da voi: lì si fa sul serio."

"Ti trovo benissimo."

"Me la cavo. Faccio molto sport, soprattutto tennis e basket. Tu, piuttosto, monti sempre a cavallo? C'è un mio amico che ha un ranch che ti farebbe letteralmente impazzire."

"Non invitarmi mai, mi raccomando!" lo ammonì Caterina. "Lodovico, ti presento Martina. Martina Bracci."

"Ciao," disse lei porgendogli la mano.

"Molto piacere, Martina. Anche tu sei intrappolata in questo liceo?" replicò lui togliendosi gli occhiali con un gesto che doveva aver studiato con impegno davanti allo specchio.

"Siamo compagne di banco," intervenne Caterina. "Suo padre conosce Mamma; hanno degli amici in comune."

"Come hai detto che ti chiami, di cognome?" s'informò lui.

"Bracci."

"Sei figlia dell'avvocato?"

"Sì."

"Ma certo! Che coincidenza. Proprio il week-end scorso è venuto in campagna dai miei, con la Perrone... sì, insomma, la sua fidanzata."

Per quanto giù di tono, depressa o in superallenamento, una ranista è sempre una ranista. E questa indiscutibile verità non fu smentita dallo scatto fulmineo con cui il braccio di Martina si mosse, né dalla potenza con cui il suo pugno centrò la mascella del cugino Lodovico, che si accasciò istantaneamente al suolo.

Caterina ammutolì, e Martina rimase lì in piedi, orripilata dal proprio gesto, a fissare il giovanotto colpito che si portava una mano alla guancia e sputacchiava sangue.

Un urlo si levò dalla folla: "Che gancio! L'ha sdraiato! Porca miseria, Bracci, un gancio mitico!"

Le sembrò che tutti gli occhi fossero puntati su di lei e sul suo operato. Trascorsero delle ere geologiche in cui le si pararono atroci prospettive: l'onta incancellabile, l'odio di Caterina, una denuncia, la condanna, il carcere. Si scosse infine dal torpore e proferì, con una voce che non era la sua ma quella di un'altra Martina, la criminale:

"Scusa. Posso aiutarti?"

Fece un passo verso di lui ma Lodovico si mise a starnazzare, molto meno calmo e padrone di sé di cinque minuti prima:

"Sta' lontana! Caterina, tieni questa pazza, toglimela di dosso!"

Quasi sorpresa dalla mancata apparizione dei monatti incaricati di portarla via, Martina affrontò lo sguardo di Caterina:

30 **la compostezza:** *qui:* la distanza

54 **la mascella:** l'osso della bocca

59 **il gancio:** un colpo dato con il pugno

64 **si scosse infine dal torpore:** *qui:* si riprese

70 **monatti:** *qui:* chi porta via i malati

"Mi dispiace … perdonami. Non so che mi è preso, devo aver perso la testa."

L'amica, che pure non sapeva da che parte girarsi, col cugino che gemendo e tenendosi un fazzoletto sulla bocca si era rialzato, si dimostrò clemente:

"Non fa nulla, è stata colpa sua. Ha parlato a sproposito. Vai pure, ci penso io."

"Vorrei scusarmi …"

"Lascia perdere, adesso. Ti prometto che sistemerò tutto."

Allontanatasi dalla piazza ancora gremita di gente, e camminando verso la fermata dell'autobus, Martina non si dava pace. "Una bestia, ecco cosa sono. Ma anche lui, le cose che ha detto …" Bugie, nient'altro che bugie. Pettegolezzi da ricchi, da gente che non ha altro di meglio da fare se non sparlare degli altri. Perché, suo padre non poteva trascorrere un fine settimana con gli amici? Venire a Roma era senz'altro più complicato. E quella donna, quella … come si chiamava? Non poteva essere una conoscente? Arrogante e superficiale, il cugino di Caterina. Ma lei, Martina, si era irrimediabilmente macchiata di vergogna; aveva commesso un'azione ignobile.

Dal circolo, tre ore dopo, telefonò a Caterina.

"Parlo piano, perché Lodovico è ancora di là," bisbigliò l'amica. "Gli si è gonfiata la faccia, e ha un taglietto in bocca, ma non è niente di grave."

"Tua madre penserà che sono una delinquente. Speriamo che non lo racconti in giro, che Papà non lo sappia mai."

"Sta' tranquilla. Le ho raccontato come si sono svolti i fatti, e ha detto che Lodovico è stato proprio cafone e indelicato. Devo confessarti che l'ho trovato anch'io un po' montato: secondo me l'America non gli ha fatto bene."

da: Margherita D'Amico, "Rane" in: *Trilogia dell'adolescenza*, Milano: Mondadori 2005, p. 85-89

76 **clemente:** mite, generoso

81 **gremito:** pieno

84 **il pettegolezzo:** *Klatsch, Tratsch*

97 **cafone:** rozzo, maleducato

98 **montato:** arrogante

Lavoro sul testo

1. Riassumete l'incontro tra Martina e Caterina all'inizio del testo.
2. In gruppi a tre persone mettete in scena come Caterina presenta Ludovico a Martina senza parole (freeze-frame) e analizzate i vostri sentimenti.
3. Spiegate come si sviluppa il rapporto di Caterina verso suo cugino.
4. Commentate l'atteggiamento di Martina verso suo padre.

3.2 Giulia Carcasi, *Ma le stelle quante sono*

È il giorno della prima prova.

Mio padre è uscito come niente fosse.

Mia madre invece vuole accompagnarmi a tutti i costi a scuola. Dice che l'ha fatto anche agli esami di quinta elementare e in terza media. Cerco di farle capire che alle elementari e alle medie non avevo ancora la patente e non sapevo prendere l'autobus.

"È una questione di scaramanzia, Carlo!" e lo dice con tanta decisione, che sembrerebbe una questione di onore.

Alla fine, pure se non ci credo, mi lascio accompagnare. Parcheggia davanti all'ingresso principale, mi dà un bacio sulla guancia e mi fa il segno della croce. "Mi raccomando."

Sbuffo e le dico che non serve chiamare Dio per cose così stupide come la maturità, anche se ho il cuore a mille.

Scendo dalla macchina e vado davanti al portone chiuso.

Paolo arriva di corsa: "Escono *I limoni* di Montale, l'ho trovato su Internet stamattina".

Andrea dice che è vero, gliel'ha spifferato un amico suo, uno che sta al Ministero.

"*I limoni* di Montale non l'abbiamo fatta!" e mi arrabbio e penso che il Ministero dovrebbe prima leggere i programmi di tutte le scuole d'Italia e poi scegliere la traccia.

"Io l'ho fatta lo stesso, stamattina" dice Paolo, e Andrea fa subito sì con la testa.

Allora capisco che sono io, sono io quello sbagliato.

Alice mi passa davanti.

"Ciao."

Si siede sul muretto del cortile. È nervosa.

Andrea lascia me e Paolo e la raggiunge, le offre una sigaretta: "Ti calma …".

"No, grazie." Lei non ha mai fumato in vita sua. Io, invece, avevo iniziato per "magia", per essere come gli altri, poi ho smesso.

La guardo seduta sul muretto e il cuore accelera, va a duemila adesso.

"E le altre prove?" chiedo a Paolo, cercando di cambiare discorso e dimenticarmi di Montale e Alice.

"Su Internet ho trovato la traccia sulla Sars, sai, la polmonite, quella che piglia ai cinesi."

"Ma porc…" e mi rendo conto che non saprei fare neanche il tema sulla Sars. Dico a Paolo che, comunque, la Sars non prende solo i cinesi, piglia gli uomini in generale, almeno non scriverà qualche "eresia" sul tema.

E me ne vado, sì, vado ad aspettare da solo perché se sto con gli altri mi

7 **la scaramanzia:** un gesto, un'azione che libera dal malocchio (per superstizione)
15 ***I limoni:*** poesia di Eugenio Montale (1896-1981)
17 **spifferare:** *ausplaudern*
21 **la traccia:** *qui:* titolo, argomento di una prova scolastica

35 **Sars:** *(Severe Acute Respiratory Syndrome)* una forma di polmonite (*Lungenentzündung*) contagiosa apparsa per la prima volta in Cina nel 2002

cresce l'ansia, perché a sentire tutte quelle tracce mi gira la testa.

Basta.

Quello che esce, esce.

Mi rifaccio il segno della croce, così, d'istinto, di nascosto: servirà pure a qualcosa …

Aprono le porte e si comincia a sgomitare e ad accelerare il passo, cercando di raggiungere i banchi più lontani dalla cattedra, quelli in cui il temario si legge bene.

I professori entrano, tutti in tiro, mai così lucidati in cinque anni, mentre noi studenti siamo lì, pallidi, cenciosi, pieni di brufoli, alcuni addirittura con le bolle, gli sfoghi sulla pelle.

Entra la busta.

Non la porta una Velina o una soubrette, come nei programmi televisivi. Ce la porta la presidentessa della commissione, un donna cubica sulla cinquantina, accompagnata da due carabinieri.

Allora Paolo si mette a fare "Ohhhh…" per scherzare, ma nessuno ha voglia di seguirlo.

Alla fine esce Pirandello per analisi del testo, gli affetti familiari, la poesia nella società dei mezzi di comunicazione di massa, e un tema sui regimi politici.

Meno male che c'era Internet!

Tiro un sospiro di sollievo, prendo il foglio e comincio a scrivere e poi cancello e poi riscrivo e poi mi accorgo che voglio fare quello sugli affetti familiari.

Scrivo che in famiglia si instaurano rapporti complicati, parlo di me e di mio padre, di Kafka e del suo, di Pirandello.

E scopro che non voglio male a mio padre, anche se lui me ne fa, mi fa male con la sua invisibilità, coi suoi silenzi.

Il mio tema si chiude con una lettera:

Papà,
i fantasmi sono corpi sbiaditi, come te. Non mi hai spiegato niente: come si nasce, come si muore, come si tiene caldo un amore, come si diventa stupidi quando si aspetta una telefonata, un messaggio, un segno; come si litiga con la vita, quando non ci rispetta.

Non mi hai detto niente di te e io non ti ho detto di me: ho ripagato il silenzio col silenzio, non volevo debiti.

Hai dato tutto per scontato e io ho imparato da solo. Ho imparato da uomini che non sei tu, da case lontane dalla nostra.

42 **l'ansia:** paura

51 **cencioso:** con brutti vestiti

54 **la velina:** giovane donna che accompagna un presentatore televisivo per fare bella figura (→ vedi capitolo 4); **la soubrette:** ballerina o cantante di un teatro di varietà

55 **cubico:** a forma di cubo, *qui* scherzosamente per una donna robusta senza curve

72 **sbiadito:** diventato pallido

81 **dare per scontato:** *etwas als selbstverständlich voraussetzen*

```
Io sono figlio del mondo. E tu chi sei?
Ricordi quell'inverno? Sul lungomare di Ostia tirava la tramontana. Avevo la punta del naso anestetizzata dal freddo e i capelli seminati dal vento. Le mie mani cucciole di bambino cercavano di tenersi al tuo cappotto, mentre la corrente mi soffiava contro. Non vedevi i miei sforzi per raggiungerti e aggrapparmi: camminavi tranquillo, stretto nel tuo loden e attento che il tuo cappello non volasse via.
Sai, ancora oggi mi capita di stare controvento.
E, come quel giorno, non ho un cappotto al quale tenermi, non ho prese. E, come quel giorno, ho paura.
Eccoti la mia storia, senza la tua in cambio. Fa niente. Ti rispondo con la vita al silenzio.
```

86 **la tramontana:** un vento

88 **cucciolo:** *qui:* piccolo

91 **il loden:** cappotto

Usiamo il tempo fino all'ultima goccia: dopo sei ore consegniamo.
Metto il mio foglio protocollo sulla pila di compiti e mi sento già più leggero. Una prova è andata.
Usciamo tutti insieme da scuola: ci vuole solidarietà, almeno agli esami. Solo Silvia Di Giosio ha consegnato dopo due ore e se ne è andata a casa. Se l'aspettava, che usciva Pirandello e se l'era preparato. Ci sono persone che riescono a calcolare proprio tutto.
Mi avvicino a Paolo.
"Paolo, quale hai fatto, quello sulla Sars?" e sorrido delle sue certezze.
Mi spiega che ha fatto l'analisi del testo su Pirandello e ha copiato un po' di "roba" che stava scritta sul Segre.
Siamo tutti nel cortile di scuola, chi a fumare, chi a respirare il fumo degli altri, chi a pensare, chi a non fare niente.

108 **Segre:** Manuale sulla letteratura italiana del Novecento di Cesare Segre

da: Giulia Carcasi, *Ma le stelle quante sono*, Milano: Feltrinelli 2005, p. 82–84 (Carlo)

Lavoro sul testo

1. Riassumete la situazione in cui si trova Carlo, il narratore.
2. Mettete a confronto il rapporto che il protagonista-narratore ha
   a. con sua madre.
   b. con suo padre.
3. Nel testo ci sono alcune informazioni sullo svolgimento di una prova scritta della maturità in Italia e sul comportamento degli studenti. Raccogliete queste informazioni e mettetele a confronto con quello che sapete sulla nostra maturità in Germania.

Ricerc@

4. Chi è Giulia Carcasi, l'autrice del romanzo?

4. Uno sguardo diverso sulla vita degli uomini

4.1 Marco Lodoli, *L'addio del topo*

Un cunicolo stretto, una vena
Dove il mio cuore rimbomba
Poi una cantina che sembra mezzanotte
E dietro l'armadio l'odore del bene
Mescolato a quello del formaggio, e avanzo
Spinto dal vuoto assoluto della fame
Dalla mancanza che non si colma mai
E subito la barra scatta. Mi spacca la schiena
Una molla nascosta dietro la speranza
Un meccanismo semplice come la vita
Un attimo ed è quasi finita
Ora che sono perduto lo posso dire
Non mi aspettavo niente di diverso
Fin dall'inizio sapevo com'era il gioco
Anche se dura un po' dura poco
Il tempo di avere paura ogni momento
Perché un topo ha sempre paura
La impara dagli occhi degli altri
Che provano soltanto schifo, e lo schifo
Diventa guerra, e non si può vincere
Contro ciò che ci è scritto addosso, nel pelo grigio
E ispido, e sporco, incubo delle caviglie
Nella coda arrotolata e lurida come una domanda
Nel muso che trema spaventato, affamato
Io ho sempre fame, esco dal buco e ho fame
Voglio rosicchiare mordere accoppiarmi (...)
Chi nasce topo nasce invisibile
Ruba ciò che può, ruba sempre e spera
Solo che il giorno lo risparmi
Come si risparmia una moneta oggi e una domani
Per spenderle tutte un po' più tardi
Almeno un po' più tardi
Un po' più vecchie, di più, tutte insieme
Per un regalo immenso a chissà chi
Ho avuto mogli e compagni
Luridi topi che mi stavano vicini
E io vicino loro, a fare mucchio
Perché in tanti si ha l'impressione di essere più forti
E in due si genera il mondo nuovo
La stessa identica storia di sempre

1 **il cunicolo:** *unterirdischer Gang*; **la vena:** *Ader*

7 **colmarsi:** riempirsi, saziarsi
8 **la barra scatta:** *die Falle schnappt zu*
9 **la molla:** *qui:* impulso

19 **lo schifo:** Ekel 22 **ispido:** il pelo non è lucido e ben curato, ma irregolare e brutto;
le caviglie: *Fußknöchel*
23 **lurido:** schifoso
26 **rosicchiare:** *nagen*;
accoppiarsi: *sich paaren*
39 **generare:** mettere al mondo piccoli

Una nidiata di minimi sorci
Con gli occhi chiusi e le zampe deboli
Ma già avidi e spaventati nei musi
Già tesi a succhiare il latte del futuro
E a temere che non ce ne sia abbastanza
Perché il latte è contato e le bocche spingono
I corpi spingono per farsi largo tra i fratelli
E chi si stanca, chi cede è perduto
Nessuno ha pietà di nessuno
La paura di morire fa uccidere (...)
Io non mi fido di niente e nessuno
Ho visto sbranare le madri stanche
E rubare il pane ai compagni malati
E poi divorarli, quando iniziavano
A perdere i sensi e la ragione
Io avrei voluto una spiegazione
Che il Dio dei rigagnoli e dei topi
Mi spiegasse perché devo vivere nascosto
Perché ispiro tanta ripugnanza
Perché temo anche il colpo del vento
Che smuove una carta o rotola un barattolo
Perché adesso crepo in questa stanza buia
Sotto lo scatto di una sbarra assassina
Non ho capito niente e mi dispiace
Perché volevo capire ogni cosa (...)
Io odio e ammiro gli uomini e i loro sogni
I loro denti bianchi capaci persino a sorridere
Anche se hanno la morte nel cuore
Ammiro la rete infinita delle fogne
Che hanno intrecciato sotto la città
Li ho visti scavare e collegare tubi di ferro
Milioni di tubi per portare la merda altrove
Dove la puzza non li disturberà
E le case alte, le strade infinite, l'acqua calda
E nelle strade e nelle case tutte quelle luci
Chilometri di cavi sottoterra
Per cancellare il buio che fa male
E accendere qualcosa che incoraggi
Perché è terribile stare soli nel buio (...)
Io odio gli uomini, ammiro la loro intelligenza
Odio le loro voci che parlano sul nulla
Parlano parlano fino a svuotare il mondo
E ordinano cose da mangiare e piangono

41 **la nidiata:** tutti i piccoli nati dagli stessi genitori (*ein Wurf*); **il sorcio:** topo 43 **avido:** molto affamato

48 **cedere:** ritirarsi, arrendersi

52 **sbranare:** *zerfleischen*
54 **divorare:** *verschlingen*

57 **il rigagnolo:** *Rinnsal*

59 **la ripugnanza:** avversione

61 **il barattolo:** una scatola, un recipiente di metallo

66 **ammirare:** *bewundern*

69 **la fogna:** *Abwasserkanal*
71 **scavare:** *ausgraben*; **il tubo:** *Rohr*

76 **il cavo:** *Kabel*

Quando qualcuno si ammala o muore
Come se non sapessero che tutti muoiono
Ma gli uomini si illudono di essere eterni
Comprano case, garage, dicono bugie
Sollevano cattedrali e preghiere
Gli uomini sono pieni di speranze (...)
Ma io che parlo a fare, cosa ragiono
Ora è finita, quello che doveva essere è stato
Ho riempito le fogne della mia prole
E la notte dei barbagianni della mia paura
E ora penso che non ci sarà nient'altro
E mentre muoio rosicchio la crosta gustosa
La più buona che abbia mai gustato
E penso che la mangerò tutta quanta
Penso come può pensare un topo
E non mollo, ancor mangio, godo, crepo
Non ho speranze, non ne ho mai avute
Ma non maledico niente e nessuno
Amo quest'attimo perduto regalato
La vita è questa e non la rivorrei da capo
Quello che ho avuto mi è bastato
Una fuga perenne, un tempo vissuto rasomuro
E ancora odio gli uomini e li ammiro
Loro quel muro lo vogliono spostare
Ci scrivono sopra le parole impossibili d'amore
Rivoluzione, bellezza, pace, libertà, futuro
E il muro non crolla, non si sposta d'un palmo
È sempre lì, invalicabile, ma loro insistono
E se non cambia nulla, però quelle parole colorano
Il muro, il mondo, il tempo corto che gli è dato
Dove c'è il muro vedono una vela, e soffiano
Con le palpebre socchiuse e le unghie spezzate
Addio vita, addio uomini e topi
Che vi sia lieve il cielo sui musi e negli occhi.

da: Marco Lodoli, *Bolle*, Torino: Einaudi 2006, p. 173–182 (abbreviato)

92 **la prole:** l'insieme dei figli
93 **il barbagianni:** un tipo di civetta

99 **mollare:** *qui:* smettere

105 **perenne:** eterno; **rasomuro:** vicino al muro

110 **il palmo:** *Handfläche*
111 **invalicabile:** impossibile da sorpassare

115 **le palpebre:** *Augenlider*; **le unghie:** *Fingernägel*; **spezzare:** rompere

Lavoro sul testo

1. Spiegate la situazione del topo riferendovi alle righe 1–11.
2. Come descrive il topo la sua vita? Come la descrivereste voi?
3. Analizzate l'atteggiamento del topo a proposito degli uomini.
4. Quali sono le differenze tra l'atteggiamento del topo e quello degli uomini?
5. Cercate di interpretare la vignetta e spiegate qual è – secondo voi – l'intenzione dell'autore, Marco Lodoli.

4.2 Giuseppe Culicchia, *A spasso con Anselm*

Racconta: l'incontro più strano o la situazione più strana che abbia mai avuto con una persona di un altro paese.

Si esce

È stata dura, ma alla fine l'ho convinto. Dopo lunghissime discussioni, Anselm (il formichiere con cui da dieci anni a questa parte vivo in un appartamento di quaranta metri quadri nel quale il soggiorno contiene le stanze da letto, che a loro volta contengono la cucina, che a sua volta contiene lo studio, anche se poi il tutto è contenuto nel bagno) mi ha autorizzato a raccontarvi di lui e di me. Ovvero, in due parole, di noi. Prima soltanto in pochi erano a conoscenza della nostra amicizia. Poi ho scritto le righe che avete appena letto a proposito della nostra tradizionale passeggiata di Ferragosto, e naturalmente gliele ho mostrate. Lui si è offeso, tenendomi il muso a colazione, pranzo e cena per parecchi giorni. Un formichiere che ti tiene il muso fa sempre una certa impressione, credetemi. E vederlo così abbattuto (non andava più nemmeno a caccia di formiche tra le piante del soggiorno o sui due balconi, se ne stava tutto il tempo in pigiama e trascurava persino di lavarsi, lui che è un maniaco dell'igiene e che vivrebbe sempre sotto la doccia) mi sono davvero sentito in colpa. Così l'altra sera ho aspettato che finisse di guardare *E. R. Medici in prima linea* accovacciato sulla sedia a dondolo dell'Ikea davanti al televisore, e gli ho parlato.

"Anselm, ci conosciamo da dieci anni ormai, e da dieci anni non esci di casa, convinto come sei che se lo facessi tutti per strada ti guarderebbero. Adesso però ho scritto come passiamo il giorno di Ferragosto, e della tua esistenza è al corrente un mucchio di persone. Perché non ne approfitti per fare una vita normale?"

Lui ha continuato a giocare con il telecomando senza dire una parola. Si vedeva benissimo che era ancora offeso per quello che considerava una specie di tradimento.

"In fin dei conti, se ci pensi, che cosa c'è di strano nell'essere un formichiere?" gli ho chiesto.

Lui allora mi ha risposto: "Niente".

Anselm è sempre un po' laconico, quando è di cattivo umore.

"E che cosa c'è di strano se tu e io viviamo insieme?" gli ho domandato.

"Niente", ha ripetuto.

"Quindi che problema c'è se piuttosto che uscire di casa soltanto quando ti senti meno in imbarazzo perché la città è vuota vieni con me al supermercato o dal panettiere, o a prendere l'aperitivo da qualche parte, una sera ogni tanto?"

A quel punto lui è sbottato: "Facile dirlo, per te. Ti rendi conto che tu

3 **il formichiere:** mammifero che si nutre di formiche, vive nell'America centrale e in Sudamerica

9 **le righe che avete appena letto:** Giuseppe Culicchia ha raccontato che Anselm all'inizio voleva uscire di casa solo a Ferragosto, perché la città quel giorno è deserta e lui si sente sempre nel centro dell'attenzione perché è diverso dagli altri

almeno te ne vai in giro con i pantaloni? Sai benissimo che io riesco a indossare camicia, giacca e cravatta, mentre i pantaloni proprio non mi entrano".

Ora, dovete sapere che questa storia dei pantaloni va avanti da un bel po'. Anselm adora i blue jeans e ne ha diverse paia, ma non riesce in nessun modo a infilarseli. Dato che lui si è sempre rifiutato di uscire di casa salvo che a Ferragosto, non abbiamo mai potuto entrare insieme in un negozio, di modo che li potesse provare. Così tutte le volte mi tocca comprarglieli da solo, e quando le commesse o i commessi mi chiedono per chi sono, non so mai bene che cosa rispondere. Alla fine sono costretto a dire la verità.

"Ecco, sarebbero per un fomichiere, ma le cosce mi sembrano troppo strette e il cavallo troppo alto".

Dato che a quella risposta segue un silenzio imbarazzato, cerco di sdrammatizzare.

"Be'", dico, "in fin dei conti esistono i cappotti per cani".

Ma non serve granché. Continuano a guardarmi con un'aria turbata. L'altra sera comunque per l'ennesima volta ho fatto notare ad Anselm che quella dei pantaloni secondo me è più che altro una scusa.

"Chiamala scusa, vorrei vedere te mentre cammini per strada senza niente addosso dalla vita in giù".

"Ma io non sono un formichiere, Anselm", ho ribattuto. "E poi pensa: se vincessi questa tua forma di insicurezza, potresti iscriverti a un corso di tedesco al Goethe Institut".

"Tu credi?" mi ha sorriso lui, speranzoso.

"Ma certo. Non hai sempre desiderato imparare il tedesco per poterti comprare un pastore tedesco con cui andare a caccia di piccioni?"

Per qualche minuto ci ha pensato su, dondolandosi sulla sedia dell'Ikea. Poi l'ho visto alzarsi e dirigersi verso le piante. Ha cominciato a scrutare i vasi alla ricerca di formiche. Stava cambiando umore.

"D'accordo. Dalla prossima settimana ti prometto che uscirò di casa. E tu scrivi quello che ti pare, basta che mi porti a fare l'iscrizione".

Quindi si è sparato un centinaio di formiche e dopo un leggero ruttino è andato a dormire.

71 **il ruttino:** *kleiner Rülpser*

Johann Wolfgang Goethe

Ho capito che Anselm si era davvero deciso a uscire di casa quando l'ho sentito alzarsi alle tre del mattino e mettere su il cd con la colonna sonora di *Heidi*. Nelle grandi occasioni Anselm ascolta sempre la colonna sonora di *Heidi*. La fischietta anche sotto la doccia. E perfino mentre si asciuga il naso con il phon.

"Noi formichieri adoriamo Heidi", sostiene.

Io l'avevo avvertito che non saremmo usciti prima delle nove per andare al Goethe Institut, ma sei ore d'anticipo sono il minimo indispensabile. Altrimenti non si sente tranquillo. In camera sua si intuiva un grande viavai di camicie, cravatte e giacche da e per l'armadio. Ad Anselm piace coordinare la camicia alla cravatta e la cravatta alla giacca, anche se non di rado il risultato è che la giacca e la camicia non sono affatto coordinate. Ma in quel caso preferisco non farglielo notare, in modo da non ferirlo ed evitare che si imbronci per tutta la giornata. Alle nove comunque era pronto. Elegantissimo anche senza pantaloni, mi aspettava nell'entrata, appena un po' nervoso (quando Anselm è nervoso si vede subito: con la lingua tira sciabolate a destra e a manca in cerca di piccioni).

"Andiamo?" gli ho chiesto. Con un colpo di lingua ha decapitato una pianta di ficus.

"Andiamo", ha farfugliato, consapevole del crimine ecologico.

Le scale le ha affrontate dondolandosi, come suo solito. Poi ci siamo ritrovati in strada. Per la prima volta da dieci anni a questa parte, non era il quindici di agosto. Lui naturalmente camminava rasente ai muri, le zampe dietro la schiena, canticchiando il motivo di *Heidi* e fingendosi tranquillo. In realtà, sapevo benissimo che era terrorizzato dalla presenza dei numerosi passanti. Che però, camminando, parlavano tutti ai loro telefoni cellulari. Come avevo immaginato, nessuno badava al fatto che il mio amico formichiere fosse uscito senza pantaloni.

"Prendiamo l'autobus?" gli ho proposto.

Lui mi ha guardato senza dirmi nulla, ma si vedeva che era spaventato. Quando lo è abbassa le orecchie fino a terra, non ci si può sbagliare.

"Va bene", gli ho detto. "Andiamo in macchina".

In dieci minuti abbiamo raggiunto il centro. Un posteggiatore abusivo ci ha fatto segno e abbiamo parcheggiato la Volkswagen proprio sotto il Goethe Institut. Ad Anselm ha anche aperto la portiera.

"Prego, dotto' ", ha esclamato.

Anselm gli ha subito allungato una banconota. È molto sensibile ai complimenti, da qualunque parte provengano. Dopo di che ci siamo avviati sotto i portici. Tutti e due dondolando. Vai col formichiere e impari a dondolare, ho pensato. Nella segreteria del Goethe Insitut ci ha accolti un segretario.

"Buongiorno", gli ho detto, stringendogli la mano. "Le presento il mio caro amico Anselm, che vorrebbe iscriversi a un corso di lingua tedesca per potersi poi comprare un cane pastore tedesco. È un suo vecchio pallino, gli piacerebbe andare a caccia di piccioni".

"Ach so, bene benissimo, questo ci onora. Da quando vanno di moda i pit-bull tutti si iscrivono a corsi di lingua inglese, sa? Una vera iattura per noi. Vuole per favore compilare questo semplice modulo, Herr Anselm?"

90 **la sciabolata**: *Säbelhieb*
91 **il piccione**: *Taube*

94 **farfugliare:** parlare in modo disarticolato, quasi incomprensibile

97 **rasente:** *qui:* vicinissimo

119 **il pallino**: l'idea fissa, la mania

121 **la iattura**: il danno, la disgrazia 122 **compilare**: riempire (*ausfüllen*)

Il segretario gli ha messo sotto il naso una trentina di fogli. Herr Anselm mi ha guardato, in evidente imbarazzo. Con le sue unghiotte fa un po' di fatica a maneggiare, o meglio a zampeggiare, penne e simili.

"Avrei bisogno di un aiutino", mi ha sussurrato.

"Potrei eventualmente compilare io il modulo del mio amico? Sa, per via delle unghiotte", ho chiesto al segretario.

"Mi lasci controllare il Regolamento, sì?" ha borbottato lui, estraendo da sotto la scrivania un enorme volume rilegato in cuoio. Dopo circa un'ora ha chiuso il volumone e l'ha riposto.

"Sono spiacente, ma Herr Anselm dovrà fare da solo. Alla voce 'moduli, compilazione' non viene menzionato alcun aiutino, come dite voi italiani, in caso di unghiotte".

Ad Anselm sono spuntati i lucciconi. Da quando guarda *Beautiful* ha la lacrima piuttosto facile.

"Coraggio", gli ho detto, mettendogli una penna nella zampa destra. "Non c'è nessuna fretta, vero, signor segretario?"

"Nessunissima: fino a che Herr Anselm non avrà ultimato la compilazione, io me ne starò qui, alla mia scrivania".

A mezzanotte lo abbiamo svegliato. Anselm aveva appena messo la sua firma in calce all'ultima pagina.

da: Giuseppe Culicchia, *A spasso con Anselm*, Milano: Garzanti 2009, p. 16–21

125 **le unghiotte:** diminutivo/eufemismo per le unghie (*Fingernägelchen, Krällchen*)

136 **i lucciconi:** *qui:* le lacrime; ***Beautiful:*** soap opera americana

143 **in calce alla pagina:** alla fine della pagina

Lavoro sul testo

1. Chi è Anselm? Raccogliete tutte le informazioni della prima parte (r. 1–72).
2. Analizzate il rapporto tra il narratore e Anselm.
3. Commentate le critiche al comportamento delle persone che non conoscono Anselm.

Attività creativa

4. Anselm, molto portato per le lingue, ha imparato bene la lingua di Goethe e si è comprato un pastore tedesco. Raccontate una passeggiata (con la caccia ai piccioni).

5. Alessandro Baricco, *Novecento*

Che cos'è un duello? Qual è lo scopo di un duello? Ci sono duelli anche oggi?

Quel che aveva in mente era un duello. Si usava, allora. Si sfidavano a colpi di pezzi di bravura e alla fine uno vinceva. Cose da musicisti. Niente sangue, ma un bel po' di odio, di odio vero, sotto la pelle. Note e alcol. Poteva anche durare una notte intera. [...] Il problema era che Novecento, a dire il vero, nei porti non suonava mai, non voleva suonare. Erano già un po' terra, i porti, e non gli andava. Lui suonava dove voleva lui. E dove voleva lui era in mezzo al mare, quando la terra è solo più luci lontane, o un ricordo, o una speranza. Era fatto così. Jelly Roll Morton bestemmiò mille volte, poi pagò di tasca sua il biglietto di andata e ritorno per l'Europa e salì sul *Virginian*, lui che non aveva mai messo piede su una nave che non andasse su e giù per il Mississippi. "È la cosa più idiota che io abbia mai fatto in vita mia," disse, con qualche bestemmia in mezzo, ai giornalisti che andarono a salutarlo, al molo 14 del porto di Boston. Poi si chiuse in cabina, e aspettò che la terra diventasse luci lontane, e ricordo, e speranza.
Novecento, lui, non è che si interessasse molto alla cosa. Non la capiva neanche bene. Un duello? E perché? Però era curioso. Voleva sentire come diavolo suonava l'inventore del jazz. Non lo diceva per scherzo, ci credeva: che fosse davvero l'inventore del jazz. Credo che avesse in mente di imparare qualcosa. Qualcosa di nuovo. Era fatto così, lui. [...]
Alle 21 e 37 del secondo giorno di navigazione, col *Virginian* spedito a 20 nodi sulla rotta per l'Europa, Jelly Roll Morton si presentò nella sala da ballo di prima classe, elegantissimo, in nero. Tutti sapevano benissimo cosa fare. I ballerini si fermarono, noi della band posammo gli strumenti, il barman versò un whisky, la gente ammutolì. Jelly Roll prese il whisky, si avvicinò al pianoforte e guardò negli occhi Novecento. Non disse nulla, ma quello che si sentì nell'aria fu: "Alzati da lì".
Novecento si alzò.
"Lei è quello che ha inventato il jazz, vero?"
"Già. E tu sei quello che suona solo se ha l'Oceano sotto il culo, vero?"
"Già."
Si erano presentati. Jelly Roll si accese una sigaretta, l'appoggiò in bilico sul bordo del pianoforte, si sedette, e iniziò a suonare. Ragtime. Ma sembrava una cosa mai sentita prima. Non suonava, scivolava. Era come una sottoveste di seta che scivolava via dal corpo di una donna, e lo faceva ballando. C'erano tutti i bordelli d'America, in quella musica, ma i bordelli quelli di lusso, quelli dove è bella anche la guardarobiera. Jelly Roll finì ricamando delle notine invisibili, in alto in alto, alla fine della tastiera, come una piccola cascata di perle su un pavimento di

NOTA BENE
Il "monologo teatrale", scritto per l'attore Gabriele Vacis, è apparso nel 1994. Giuseppe Tornatore l'ha messo in scena nel 1998 sotto il titolo *La leggenda del pianista sull'oceano*. Narra la storia del pianista Danny Boodmann T. D. Lemon Novecento, nato su un grande piroscafo, il *Virginian*, che faceva la spola tra l'Europa e l'America negli anni tra le due guerre mondiali. Novecento è orfano, abbandonato nella sala da ballo della prima classe, sul pianoforte, probabilmente da emigranti. Viene trovato e allevato da un marinaio e come per miracolo impara a suonare il pianoforte. Diventa molto famoso, ma rimane sempre modesto e spende tutta la sua vita sulla nave che non lascerà mai. Un giorno arriva Jelly Roll Morton, pianista di fama e conosciuto come "inventore del jazz", che cerca il confronto con Novecento.

24 **posammo gli strumenti:** La voce narrante è di Tim Tooney, trombista della band del *Virginian* e amico per la pelle di Novecento. Nel film si chiama Max.

marmo. La sigaretta era sempre là, sul bordo del pianoforte: mezza consumata, ma la cenere era ancora tutta lì. Avresti detto che non aveva voluto cadere per non far rumore. Jelly Roll prese la sigaretta tra le dita, aveva mani che erano farfalle, l'ho detto, prese la sigaretta e la cenere se ne stette là, non voleva saperne di cadere, forse c'era anche un trucco, non so, certo non cadeva. Sì alzò, l'inventore del jazz, si avvicinò a Novecento, gli mise la sigaretta sotto il naso, lei e tutta la sua cenere bella ordinate, e disse:

"Tocca a te, marinaio".

Novecento sorrise. Si stave divertendo. Sul serio. Si sedette al piano e fece la cosa più stupida che poteva fare. Suonò *Torna indietro paparino*, una canzone di un'idiozia infinita, una roba da bambini, l'aveva sentita da un emigrante, anni prima, e da allora non se l'era più tolta da dosso, gli piaceva, veramente, non so cosa ci trovasse ma gli piaceva, la trovava commovente da pazzi. Certo non era quello che si direbbe un pezzo di bravura. [...] Jelly Roll aveva la faccia di uno a cui avevano rubato i regali di Natale. Fulminò Novecento con due occhi da lupo e si risedette al piano. Staccò un blues che avrebbe fatto piangere anche un macchinista tedesco, sembrava che tutto il cotone di tutti i negri del mondo fosse lì e lo raccogliesse lui, con quelle note. Una cosa da lasciarci l'anima. Tutta la gente si alzò in piedi: tirava su col naso e applaudiva. Jelly Roll non fece nemmeno un accenno di inchino, niente, si vedeva che stava per averne piene le palle di tutta quella storia.

Toccava di nuovo a Novecento. Già partì male perché si sedette al piano con negli occhi due lacrimoni così, per via del blues, si era commosso, e questo si può anche capire. Il vero assurdo fu che con tutta la musica che aveva in testa e nelle mani cosa gli venne in mente di suonare? Il blues che aveva appena sentito. "Era così bello," mi disse poi, il giorno dopo, per giustificarsi, pensa te. Proprio non aveva la minima idea di cosa fosse un duello, non ne aveva la minima idea. Suonò quel blues. Per di più nella sua testa si era trasformato in una serie di accordi, lentissimi, uno dopo l'altro, in processione, una noia micidiale. Lui suonava tutto accartocciato sulla tastiera, se li godeva a uno a uno quegli accordi, anche strani, oltretutto, roba dissonante, lui se li godeva proprio. Gli altri, meno. Quando finì partì perfino qualche fischio.

Fu a quel punto che Jelly Roll Morton perse definitivamente la pazienza. Più che andare al piano, ci saltò sopra. Tra sé e sé ma in modo che tutti capissero benissimo sibilò poche parole, molto chiare.

"E allora vai a fare in culo, coglione."

Poi attaccò a suonare. Ma suonare non è la parola. Un giocoliere. Un acrobata. Tutto quello che si può fare, con una tastiera di 88 tasti, lui la fece. A una velocità mostruosa. Senza sbagliare una nota, senza muovere un muscolo della faccia. Non era nemmeno musica: erano giochi di

50 ***Torna indietro paparino:*** la melodia di *Stille Nacht*

71 **micidiale:** mortale, *qui:* insopportabile

72 **accartocciato:** incurvato

prestigio, era magia bella e buona. Era una meraviglia, non c'erano santi. Una meraviglia. La gente diede di matto. Strillavano e applaudivano, una cosa così non l'avevano mai vista. C'era un casino che sembrava Capodanno. In quel casino, mi trovai davanti Novecento: aveva la faccia più delusa del mondo. E anche un po' stupita. Mi guardò e disse:

"Ma quello è completamente scemo…".

Non gli risposi. Non c'era niente da rispondere.

Lui si piegò verso di me e mi disse:

"Dammi una sigaretta, va'…"

Ero talmente stranito che la presi e gliela diedi.

Voglio dire: Novecento non fumava. Non aveva mai fumato prima. Prese la sigaretta, si girò e andò a sedersi al pianoforte. Ci misero un po', in sala, a capire che si era seduto lì, e che magari voleva suonare. Ci scapparono anche un paio di battute pesanti, e risate, qualche fischio, la gente fa così, è cattiva con quelli che perdono. Novecento aspettò paziente che ci fosse una specie di silenzio, intorno. Poi gettò un'occhiata a Jelly Roll, che se ne stava in piedi, al bar, a bere da una coppa di champagne, e disse sottovoce:

"L'hai voluto tu, pianista di merda."

Poi appoggiò la mia sigaretta sul bordo del pianoforte.

Spenta.

E iniziò.

Così.

Il pubblico si bevve tutto senza respirare. Tutto in apnea. Con gli occhi inchiodati sul piano e la bocca aperta, come dei perfetti imbecilli. Rimasero così, in silenzio, completamente tronati, anche dopo quella micidiale scarica finale di accordi che sembrava avesse cento mani, sembrava che il piano dovesse scoppiare da un momento all'altro. In quel silenzio pazzesco, Novecento si alzò, prese la mia sigaretta, si sporse un po' in avanti, oltre la tastiera, e la avvicinò alle corde del piano.

Leggero sfrigolio.

La ritirò fuori da lì, ed era accesa.

Giuro.

Bella accesa.

113 lo sfrigolio: *Knistern*

Una scena del film *Novecento*

Novecento la teneva in mano come fosse una piccola candela. Non fumava, lui, neanche sapeva tenerla fra le dita. Fece qualche passo e arrivò davanti a Jelly Roll Morton. Gli porse la sigaretta.

"Fumala tu. Io non son buono."

Fu lì che la gente si risvegliò dall'incantesimo. Venne giù una apoteosi di grida e applausi e casino, non so, non si era mai vista una cosa del genere, tutti urlavano, tutti volevano toccare Novecento, un bordello generale, non si capiva più niente. Ma io lo vidi, lì in mezzo, Jelly Roll Morton, fumare nervosamente quella maledetta sigaretta, cercando la faccia da fare, e senza trovarla, non sapeva nemmeno bene dove guardare, a un certo punto la sua mano di farfalla si mise a tremare, tremava proprio, e io la vidi, e non lo dimenticherò mai, tremava così tanto che a un certo punto la cenere della sigaretta si staccò e cadde giù, prima sul suo bell'abito nero e poi, scivolando, fin sulla scarpa destra, scarpa di vernice nera, brillante, quella cenere come uno sbuffo bianco, lui la guardò, me la ricordo benissimo, guardò la scarpa, la vernice e la cenere, e capì, quello che c'era da capire lo capì, si girò su se stesso e camminando piano, passo dopo passo, così piano da non muovere quella cenere da lì, attraversò la grande sala e se ne sparì, con le sue scarpe di vernice nera, e su una c'era uno sbuffo bianco, e lui se lo portava via, e lì c'era scritto che qualcuno aveva vinto, e non era lui.

Jelly Roll Morton passò il resto del viaggio chiuso nella sua cabina. Arrivati a Southampton, scese dal *Virginian*. Il giorno dopo ripartì per l'America. Su un'altra nave, però. Non voleva più saperne, di Novecento e di tutto il resto. Voleva tornare e basta.

da: Alessandro Baricco, *Novecento*, Milano: Feltrinelli 1994, p. 37–43

121 **l'apoteosi:** il trionfo

Lavoro sul testo

1. Fate un breve ritratto
   a. di Novecento
   b. di Jelly Roll Morton.
2. Riassumete le fasi del duello. Chi l'ha vinto e come?
3. Qual è il ruolo della sigaretta? Analizzatelo.
4. Commentate la reazione di Jelly Roll Morton alla fine del duello.
5. In che senso si capisce dallo stile che si tratta di un "monologo teatrale"?

Guardate la scena 7 del film di Tornatore, "la sfida al pianoforte" (circa 25 minuti):

6. Fate un confronto tra il ruolo della sigaretta descritto da Baricco (compito 3) e la realizzazione di Tornatore.
7. Che cosa fa Max, l'amico di Novecento, durante il duello?
8. Qual è il ruolo del pubblico? È importante?
9. Quali angolazioni e inquadrature usa il regista per mettere in scena questo brano? Secondo voi, ci è riuscito bene? (Usate la strategia 4.)

Ricerc@

10. A differenza di Novecento, Jelly Roll Morton è esistito davvero. Che cosa sapete sulla sua vita e sul suo carattere?

Attività creativa

11. Immaginate una situazione in cui venite sfidati. Come reagite? Raccontate la storia.

Strategie

A Leggere, descrivere e analizzare

1. Espressioni utili per parlare di testi letterari e non-letterari

La maggior parte delle espressioni vi è già nota o potete facilmente dedurre il significato se pensate ai termini letterari che avete imparato in tedesco o inglese:

i testi non-letterari
l'articolo
il saggio
l'intervista
il commento

i testi letterari

testi narrativi	testi drammatici	testi lirici
il racconto	la commedia	la poesia
il romanzo	la tragedia	la canzone
il giallo	il dramma	il sonetto
la fiaba		la satira
la favola		

il contenuto di un testo
il tema / la tematica
l'argomento
la trama

le parti di un testo
l'introduzione
la parte / la sezione centrale
la conclusione

il brano
il paragrafo
la colonna
la riga

mezzi stilistici di un testo
la citazione
l'allusione
la metafora
il paragone
l'immagine
l'ironia
l'enumerazione
il parallelismo
la paratassi / paratattico
l'ipotassi / ipotattico
la ripetizione

il linguaggio di un testo
- infantile
- giovanile
- giornalistico
- popolare
- pubblicitario
- ironico

ecc.

verbi per parlare di un testo

utilizzare	rivelare
servirsi (di)	evocare
consistere (in)	suggerire
essere composto (da)	svolgersi
presentare	essere situato (a/in)
sottolineare	contenere
descrivere	suscitare
dimostrare	narrare
trattare	trattare di

Espressioni specifiche per parlare di testi letterari

vari tipi di narratori
l'io narrante
il narratore onnisciente
il personaggio narratore

i personaggi
il / la protagonista
l'eroe / l'eroina
l'antagonista
il personaggio secondario

Alcune espressioni difficili

quello che succede
la vicenda
la trama
l'intreccio
gli avvenimenti
l'azione

le parti di un dramma
l'atto
la scena

la fine
la fine aperta
il lieto fine
la morale

modi di parlare e narrare
il dialogo
il monologo
il discorso diretto / indiretto
il monologo interiore
la retrospettiva
il flashback

le parti di una poesia
la strofa
la rima
il ritornello

Alcune espressioni difficili

Compito
Abbinate le espressioni tedesche a quelle italiane. I colori vi danno orientamento.

der allwissende Erzähler – die Intrige – die Rückblende
der Refrain – die Nebenfigur – die Anspielung – der Abschnitt
die Sprache der Werbung – die Heldin – bestehen aus
spielen in – hervorrufen – wecken

2. Descrivere e analizzare una foto / un'immagine

1. Guardate bene la foto / l'immagine.
   - Descrivete quello che vi colpisce, quello che vedete al centro della foto / dell'immagine.
   - Descrivete poi, sistematicamente, tutti i dettagli (per esempio da sinistra a destra).
   - Cercate di immaginare quale potrebbe essere il tema della foto / dell'immagine.

Queste preposizioni vi possono essere utili per descrivere una foto / un'immagine

2. Quali tecniche usa l'artista (materiale, colori, sfumature …)? Quale importanza hanno la prospettiva, i colori, lo sfondo, l'aspetto fisico e i gesti delle persone, le espressioni del viso ...?
3. Analizzate la foto / l'immagine e provate a rispondere a queste domande:
   Chi? Che cosa? Quando? Dove? Per chi? Perché?
4. Vi servono delle informazioni per capire meglio la foto/l'immagine?
   Svolgete una ricerca sull'artista/sul quadro/sul contesto artistico e storico. Forse le informazioni trovate vi possono aiutare.
5. Qual è il messaggio che l'artista vuole trasmettere con la foto / l'immagine?
   Come interpretate la foto/l'immagine?
6. La vostra opinione/La vostra impressione personale:

La foto/l'immagine
- vi piace/non vi piace perché …
- ha effetti positivi/negativi su di voi.
- desta emozioni (tristezza, felicità, paura …).

Compito

Descrivete e analizzate la foto. Potete cominciare così:
Nell'immagine/nella foto si vede / si vedono ....

Ruth Orkin,
American Girl in Italy, 1951

3. Descrivere e analizzare una vignetta/caricatura

1. Descrivete la vignetta – cosa si vede (cfr. Descrivere una foto/un'immagine)? Esempio: Come sono presentate le persone / le figure (in modo positivo o negativo)?
2. Qual è il tema centrale della vignetta? A che cosa si riferisce la vignetta (persona, evento, oggetto ...)? In quale contesto (evento storico/attuale ...) è nata la vignetta?
3. Quali elementi stilistici usa il vignettista?
   - Potete capire oggetti e simboli nella vignetta (es.: svastica=3° Reich, scettro=re)?
   - Potete capire metafore che sono nascoste nella vignetta (brutto tempo=catastrofe)?
   - Potete identificare personificazioni (es.: angelo = pace)?
   - Potete riconoscere paragoni fra uomini e animali (volpe = furba, lumaca = lenta)?
   - Potete interpretare i colori (verde = ambiente, rosso = amore)?
   - Potete riconoscere personaggi famosi (il Papa, Berlusconi, ...)?
   - Potete riconoscere modi di dire o proverbi (siamo tutti nella stessa barca)?
   - Potete riconoscere altri elementi stilistici (esagerazioni, ...)?
   - Potete identificare ironia? Quale effetto ha?
4. Analizzate il testo – se c'è (la didascalia, il fumetto, i nomi, la fonte ...).
5. Si capisce l'intenzione/l'opinione del vignettista? Cosa/Chi viene criticato? A chi è rivolta la vignetta? Chi è il destinatario? Qual è il messaggio della vignetta?
6. Qual è la vostra opinione/impressione della vignetta? Quali domande vi vengono in mente?

da: http://www.hofmann-online.com/wb/media/download/geschichte/karikaturen-analysieren-interpretieren.doc; Methodenkiste www.bpb.de

Compito
Descrivete e commentate la vignetta.

4. Analisi di film

1. Per analizzare i film chiedetevi prima di tutto …

   - Di che genere di film si tratta?
   - Dove e quando si svolge la storia?
   - Chi sono i personaggi? Come sono (descrizione fisica/personalità/relazione tra i personaggi)?
   - Qual è la storia e la struttura narrativa del film?

2. Fate anche attenzione a …

   - colori
   - suoni e musica
   - atmosfera
   - dialoghi
   - effetti speciali.

Frasi utili
La funzione di … è …
Con l'uso di … il regista vuole suscitare/sottolineare …
In questa scena il regista/l'operatore fa uso di (una serie) di … per …
… mette/mettono in evidenza …
… funge/fungono da …
… crea/creano un effetto …
… sottolinea/sottolineano l'intenzione del regista di …

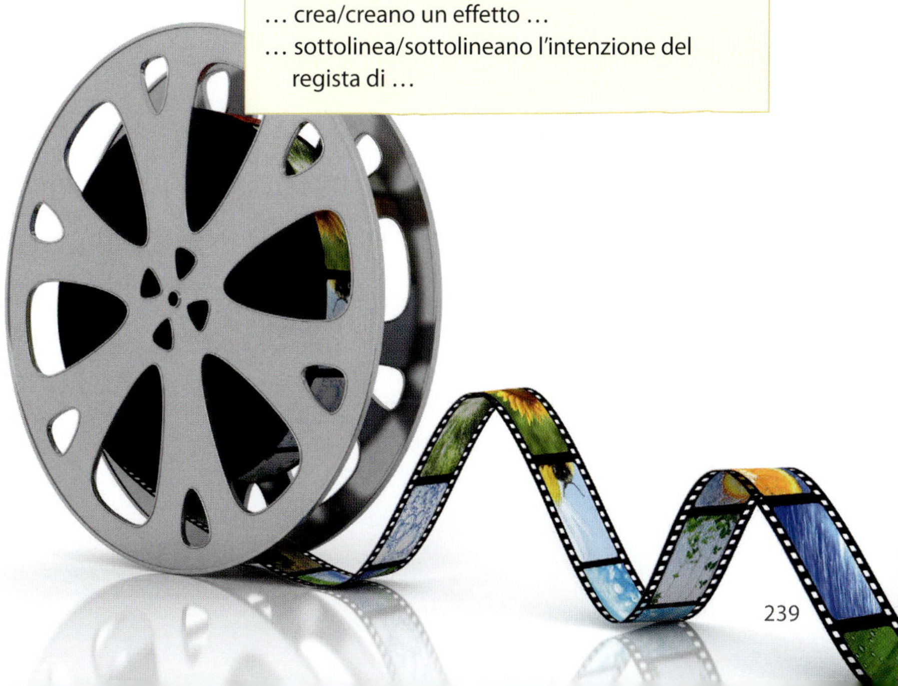

3. Usate le espressioni del glossario cinematografico per parlare delle tecniche usate dal regista e dall'operatore:

Glossario cinematografico

Angolazione – *Kameraperspektive*
Angolazione al livello degli occhi – *Normalsicht*
Angolazione dall'alto – *Vogelperspektive*
Angolazione dal basso – *Froschperpektive*

Inquadratura – *Einstellung:* **campo** (l'ambiente è predominante sulla figura umana) e **piano** (la figura umana è il soggetto principale):
- **campo lunghissimo** – *Panoramaeinstellung/ Supertotale*: si vede un panorama
- **campo lungo** – *Totale*: si vede l'intero di una figura
- **piano medio** – *Halbtotale*: si vede la figura dalla vita in su
- **primo piano** – *Großaufnahme*: si vede la figura dalle spalle in su
- **primissimo piano** – *Detailaufnahme*: si vede solo il volto della figura

Campo-controcampo – *Über-die-Schulter-Einstellung und Gegeneinstellung*: un particolare tipo di montaggio costituito da un'inquadratura che segue a un'altra, alternando le inquadrature dei due soggetti e invertendone il punto di vista (vediamo un personaggio che parla dal punto di vista del suo interlocutore, e viceversa). Si usa per rappresentare il dialogo tra due personaggi.

Carrellata – *Kamerafahrt*:
Movimento o spostamento della macchina da presa che permette di riprendere un'azione in movimento. La macchina da presa viene montata su un carrello o un veicolo o una gru fissa o mobile (dolly).

Panoramica – *Kameraschwenk*:
Movimento orizzontale o verticale ottenuto facendo ruotare la cinepresa attorno al suo asse
- **panoramica verticale** – *vertikaler Schwenk*
- **panoramica orizzontale** – *horizontaler Schwenk*

Dissolvenza – *Überblendung*: Consiste nel passaggio da un'inquadratura all'altra ed è generalmente usata per sospendere la continuità temporale e spesso anche per introdurre un flashback. Esistono vari tipi di dissolvenza:
- **Dissolvenza in apertura** – *Aufblende*: usata all'inizio di una sequenza, consiste nel progressivo emergere di un'immagine sullo schermo.
- **Dissolvenza in chiusura** – *Abblende*: usata alla fine di una sequenza, consiste nel progressivo scomparire di un'immagine dallo schermo, che diventa così nero.
- **Dissolvenza incrociata** – *Bildüberblendung*: si realizza sovrapponendo due immagini, l'ultima di una sequenza con la prima della sequenza successiva, in modo che per un breve periodo si vedono entrambi.

Establishing shot – *erste Einstellung einer Sequenz*: ripresa di un luogo fatta soprattutto all'inizio di una scena per far capire dove si svolge la scena.

Inquadratura – *Einstellung*: L'azione compresa tra l'inizio (ciak) e la conclusione (stop) di una stessa ripresa, senza alcuna interruzione. L'inquadratura può essere in relazione al movimento della macchina da presa:
- **fissa:** quando la macchina da presa è ferma
- **mobile:** quando la macchina da presa è in movimento

Montaggio – *Schnitt*: unione delle varie inquadrature e accostamento di immagini e suoni.

Voce fuori campo – *Off-Stimme*: Parole dette da qualcuno che non è inquadrato.

Zoom – *Zoom*: È l'obiettivo che consente di variare la focale, permettendo di allontanare o avvicinare il soggetto inquadrato senza spostare la macchina da presa.

da: http://www.columbia.edu/itc/italian/noe/glossary.html
(testo abbreviato e modificato)

Angolazione

a.

b.

c.

Inquadratura

a.

b.

Campo/Piano

c.

d.

e.

f.

g.

Movimento della cinepresa

a.

b.

c.

d.

Compito

Abbinate i termini tecnici ai disegni.

5. Il commento personale

I. La struttura generale di un commento personale

Ogni commento personale consiste di tre parti:

1. L'introduzione
2. La parte centrale con due o tre argomenti
3. La conclusione

II. Le parti di un commento personale in dettaglio

1. **L'introduzione**
   Lo scopo dell'introduzione è la presentazione del tema. Una buona introduzione spinge il lettore a continuare la lettura. Perciò vale la pena di essere creativi. Potete cominciare per esempio con:
   - un'esperienza personale
   - un aneddoto
   - una citazione di un personaggio conosciuto
   - un riferimento ad un articolo che avete letto sul giornale
   - un riferimento ad una statistica o ad un'indagine che avete letto

Finite l'introduzione con una frase o con una domanda che collega alla parte centrale. Questa frase/domanda ripete il tema del vostro commento personale. Ma non scrivete frasi come "Nel seguente testo vorrei discutere i vantaggi e gli svantaggi di ..." Non è necessario dirlo perché il lettore sa che si tratta di un commento personale.

2. **La parte centrale**
   Il "cuore" del vostro commento contiene i vostri argomenti. Ogni argomento deve avere una buona struttura:
   - La prima frase dell'argomento è la tesi. È quasi come un riassunto del vostro argomento.
   - Poi dovete aggiungere spiegazioni/dettagli/esempi per rendere l'argomento più consistente (*fundiert*).
   - Finite con una frase conclusiva per sottolineare il vostro argomento.

Dovete tenere in mente che ci sono due tipi di temi/commenti personali perché il "carattere" del tema stabilisce l'ordine degli argomenti:

- Tema dialettico:
  - Se siete pro → Dovete cominciare con un argomento contro e continuare con uno o due argomenti pro.
  - Se siete contro → Dovete cominciare con un argomento pro e continuare con uno o due argomenti contro.
- Tema lineare:
  - Scrivete due o tre argomenti.
  - Mettete l'argomento più forte alla fine.

3. **La conclusione**
   La conclusione è un riassunto degli argomenti. Dovete esprimere chiaramente la vostra opinione. Potete anche proporre un compromesso o offrire soluzioni a un problema. Ma non scrivete frasi come "Ognuno deve decidere per se stesso" perché sono parole vuote e non esprimono la vostra opinione!

III. Frasi utili per scrivere un commento personale

Espressioni utili per esprimere la vostra opinione
- Penso/Credo/Trovo che … (+ congiuntivo)
- Sono dell'opinione/del parere che … (+ congiuntivo)
- Secondo me, … (+ indicativo)
- A mio avviso … (+ indicativo)
- Dal mio punto di vista … (+ indicativo)
- Ho l'impressione che … / Mi sembra che … (+ congiuntivo)

Espressioni utili per finire l'argomentazione
- Tutto sommato si può dire che …
- Concludendo si può dire che …
- Per concludere vorrei dire che …
- In fin dei conti …

Espressioni utili per strutturare e connettere gli argomenti
- per prima cosa/per seconda cosa
- poi/inoltre/oltre a ciò

- da una parte … dall'altra parte
- da un lato … dall'altro lato
- per quanto riguarda …

- contrariamente a
- al contrario di

- quindi/perciò/di conseguenza/conseguentemente

Compito

Un commento personale scritto dalla classe

- Scegliete un tema, raccogliete argomenti e idee e fate una struttura *(Gliederung)*.
- Ogni studente prende uno dei 13 foglietti (se volete scrivere un commento con tre argomenti) o uno dei 10 foglietti (se volete scrivere un commento con due argomenti).
- Seguite le istruzioni sui foglietti.
- Presentate il vostro commento personale.

1 Scrivi una frase introduttiva.
Lavora con lo studente con il numero 2.

2 Scrivi una frase che collega alla parte centrale.
Lavora con lo studente con il numero 1.

3 Scrivi la frase introduttiva del primo argomento.
Lavora insieme con gli studenti con i numeri 4 e 5.

4 Scrivi una frase che spiega e/o dà un esempio per il primo argomento.
Lavora insieme con gli studenti con i numeri 3 e 5.

5 Scrivi una frase che spiega e/o dà un esempio per il primo argomento.
Lavora insieme con gli studenti con i numeri 3 e 4.

6
Scrivi la frase introduttiva del secondo argomento.
Lavora insieme con gli studenti con i numeri **7** e **8**.

7
Scrivi una frase che spiega e/o dà un esempio per il secondo argomento.
Lavora insieme con gli studenti con i numeri **6** e **8**.

8
Scrivi una frase che spiega e/o dà un esempio per il secondo argomento.
Lavora insieme con gli studenti con i numeri **6** e **7**.

9
Scrivi la frase introduttiva del terzo argomento.
Lavora insieme con gli studenti con i numeri **10** e **11**.

10
Scrivi una frase che spiega e/o dà un esempio per il terzo argomento.
Lavora insieme con gli studenti con i numeri **9** e **11**.

11
Scrivi una frase che spiega e/o dà un esempio per il terzo argomento.
Lavora insieme con gli studenti con i numeri **9** e **10**.

12
Scrivi la prima frase della conclusione.
Lavora con lo studente con il numero **13**.

13
Scrivi la seconda frase/la frase finale della conclusione.
Lavora con lo studente con il numero **12**.

6. Sprachregister

Per comporre un testo è importante osservare di quale tipo di testo si deve trattare. Deve essere una lettera privata o ufficiale, un monologo interiore o un dialogo? In ogni caso bisogna adattare il registro della lingua (tu o voi, lingua colloquiale o stile formale) e inserire alcuni elementi (sentimenti, impressioni personali, informazioni neutrali...) che distinguono i testi composti.

Compiti

1. Volete comporre uno dei seguenti tipi di testo:

- articolo di giornale
- pagina sul diario
- storia fantastica
- fiaba
- dialogo
- monologo interiore
- intervista
- seguito di una storia
- discorso in pubblico/ a scuola
- lettera o e-mail privata (a un amico)
- lettera ufficiale

Lavorate in piccoli gruppi e fate una lista di elementi generali, frasi fatte (*Floskeln*) e criteri importanti che riguardano lingua, stile e contenuto del testo scelto.

Esempio: Fiaba

- Frase per cominciare una fiaba: C'era una volta ...
- Frase per finire una fiaba: ... e vissero felici e contenti
- Personaggi che possono apparire in una fiaba: re, regina, principe, fata, suocera, strega ...
- Luoghi adatti per una fiaba: castello, foresta incantata ...
- Animali (dotati di certe capacità) che possono apparire in una fiaba: draghi, volpi, rane ...
- Elementi generali: buoni lottano contro cattivi, lieto fine ...
- Non inserire emozioni o opinioni personali ...
- ...

2. Dopo l'esame di maturità tu sei andato / a un anno a Firenze come ragazzo/a alla pari. Tramite l'agenzia "Au-Pair.Italy" hai trovato un lavoro presso la famiglia Carresi (padre, madre e due figli) e nel tuo tempo libero hai anche frequentato un corso di lingua.

   a. una lettera a un amico italiano / un'amica italiana che vorrebbe avere informazioni perché vuole fare lo stesso in Germania.

Aiuti per scrivere la lettera informale all'amico/a

- Per cominciare la lettera usare: ciao, cara, ...
- Riferirsi alla richiesta dell'amico/a (es.: Grazie della tua lettera. Mi avevi chiesto... Vorrei rispondere…)
- Dare del tu
- Usare uno stile colloquiale, informale
- Inserire sentimenti, emozioni, informazioni "intime"
- Inserire espressioni/interiezioni come: sai bene, non mi crederai, ah, oddio
- Raccontare quello che hai fatto/conosciuto
- Raccontare com'era la famiglia/se avevi tempo libero/quali erano i tuoi compiti da svolgere all'interno della famiglia/il pagamento...
- Inserire esperienze positive/negative
- Raccomandare di fare la stessa cosa o no
- Cose che bisogna sapere se si vuole fare il ragazzo/la ragazza alla pari
- Porre delle domande, offrire aiuto
- Per finire: baci, saluti, un abbraccio, ci sentiamo, a presto, fatti viva

   b. una lettera all'agenzia "Au-Pair.Italy" che vorrebbe avere un resoconto del tuo anno a Firenze presso la famiglia Carresi.

Aiuti per scrivere la lettera formale all'agenzia

- Mettere nome, indirizzo, data
- Per cominciare la lettera usare: Gentile Signora/Signore ... oppure Gentili signore e signori
- Introdurre il tema: resoconto richiesto dall'agenzia
- Dare del Lei/Voi
- Stile e tono elevato, lessico formale
- Usare il condizionale come forma di cortesia, usare il gerundio
- Non inserire informazioni "intime" ma piuttosto neutre
- Raccontare delle esperienze in modo non troppo emozionale
- Parlare delle cose positive/negative
- Usare aggettivi che rafforzano la tua opinione
- Parlare di problemi/lamentarsi di qc. in modo che l'agenzia possa provvedere la prossima volta
- Inserire informazioni utili per l'agenzia per migliorare il servizio
- Raccomandare la famiglia/l'agenzia per un/a futuro/a ragazzo/ragazza interessato/a
- Per finire la lettera: Cordiali saluti / Con distinti saluti/ Porgo i miei più cordiali saluti

7. Come fare una buona presentazione (non il risultato di una breve ricer@)

1. Preparativi

- Cominciate a informarvi sul vostro tema molto prima della presentazione, cercate di farvi un'idea generale e poi trovate più informazioni: se si tratta di un cantante ascoltate la sua musica, se è un regista guardate un suo film, se è un autore leggete un libro o una parte, se è un politico seguite i giornali (anche online).
- Usate **fonti diverse** e non riassumete semplicemente l'articolo che trovate su Wikipedia.
- Scegliete le informazioni **più importanti e interessanti!** Riflettete: è veramente importante ogni dettaglio biografico di un personaggio? O ogni dettaglio storico di una città / un'organizzazione? Meglio scegliere punti chiave e spiegarli bene! Quello che è noioso per voi molto probabilmente lo è anche per i vostri compagni. Se trovate punti che sono interessanti per voi riuscite più facilmente ad entusiasmare il vostro pubblico (anche il prof).
- Se avete fatto una buona ricerca avrete più materiale che potete usare per una presentazione che non deve durare più di venti minuti. Importante fare ancora una volta una **scelta**.
- Non copiate o salvate frasi intere da un sito Internet, ma fate appunti.
- Date una **struttura** alla vostra presentazione:
  approccio: Non cominciate dicendo: "oggi vi racconto qualcosa su ...", ma cercate un'immagine, una citazione, una domanda, anche l'inizio di una canzone per attirare l'attenzione dei vostri compagni. È utile imparare la prima frase a memoria.
  parte principale: Scegliete due o tre punti chiave spiegati bene e messi in relazione.
  conclusione: Non ripetete quello che avete già detto nella parte principale, ma chiudete con una nuova prospettiva o parlate anche del vostro rapporto personale con il tema, dite per esempio che cosa vi ha impressionato.
  handout (di due pagine al massimo): datelo prima al vostro professore. Dovete assolutamente citare le vostre fonti.

2. Durante la presentazione

Non dimenticate mai di:

1. respirare – 2. pensare – 3. parlare

- Spiegate le parole difficili in italiano, anche nomi e abbreviazioni vanno spiegate (quello che voi non sapevate probabilmente anche i vostri compagni non lo sanno).
- Guardate negli occhi i vostri compagni e non parlate troppo velocemente!
- Parlate liberamente, o più liberamente possibile.
- Usate appunti, ma non leggete frasi intere. Non imparate a memoria tutto un testo prefabbricato: diventa troppo complicato e incomprensibile.
- Perfetto se fate una presentazione Power Point: ma non deve essere più raffinata del contenuto: la forma è importante, ma aiuta a trasmettere il contenuto e non viceversa.
- Anche senza PPP: usate immagini, lucidi, manifesti, disegni, carte geografiche, musica ...
- Bisogna coinvolgere i compagni per esempio facendo domande sulla vostra presentazione.
- Alla fine della presentazione rispondete alle domande degli ascoltatori. Se ci sono vuol dire che la vostra presentazione è stata interessante! E voi saprete rispondere senza problemi, perché sapete molto di più sul tema di quello che avete detto nella presentazione ...

Presentazione: 33% di quello che sapete sul tema!

Informazioni generali sul tema 33%	Il vostro rapporto; che cosa pensate voi del tema 33%	Conoscenze dell'opera del personaggio / della storia 33%

Una buona presentazione è come un buon sugo: ci vogliono tanti ingredienti (informazioni) e poi lo si fa cuocere per tre ore, perché:

"Più cuoce meglio è!"

Compito

Preparate una buona presentazione su Gualtiero Marchesi.

8. Mediazione

Der Begriff Sprachmittlung beinhaltet eigentlich jede Art von Übertragung von einer Sprache in die andere, also sowohl die originalgetreue, stilistisch gute Übersetzung in die Muttersprache (Version) als auch jede Art von mehr oder weniger freier Übertragung von ganzen Texten oder einzelnen Informationen von einer **Ausgangssprache** in eine **Zielsprache**.
In den letzten Jahren hat sich der Begriff Sprachmittlung aber vor allem für verschiedene Aufgabenformen einer freieren Übertragung durchgesetzt. Da im praktischen Leben die Version nur selten zum Einsatz kommt, sollen Techniken geübt werden, gezielt Informationen aus einem Text zu entnehmen und für einen **Adressaten** in der Zielsprache zu formulieren: Italienisch → Deutsch oder Deutsch → Italienisch. Dabei ist es sehr wichtig zu beachten:

a. Welche Informationen benötigt der Adressat?
b. Wie spreche ich mit dem Adressaten?

Beispiel: Ein Freund drückt dir eine italienische Broschüre über die Universität in Bologna in die Hand. Sie umfasst zehn eng bedruckte Seiten komplizierten Textes mit vielen Vokabeln, die du nicht kennst. Er sagt: Mein Bruder hat mir das gegeben, übersetz das doch mal schnell … Nach vielen Stunden mühsamer Arbeit gibst du dem Bruder deine Übersetzung. Der sagt: „Vielen Dank, aber eigentlich wollte ich nur wissen, wie man sich immatrikuliert und was es für Sprachkurse an der Uni gibt …"
Du hättest dir also viel Arbeit ersparen können, wenn du gewusst hättest, was für Informationen benötigt werden.

Im wirklichen Leben ist das natürlich meist durch die Situation klar. Bei der Aufgabenstellung in der Schule musst du genau lesen und verstehen, **was** du für **welchen Adressaten** übertragen sollst. Es ist dabei natürlich ein Unterschied, ob du etwas für einen Freund, Eltern, Lehrer, Arbeitgeber oder Polizisten zusammenfassen sollst. Du musst also den richtigen Ton treffen: Ist die Anrede Du, Ihr oder Sie? Wie vertraut ist der Adressat? Kann man umgangssprachlich formulieren oder sollte man sich gewählter ausdrücken? Achte also auf das richtige Sprachregister (→ Strategia 6).

Aufgabenbeispiele:

Economia e lavoro (Kapitel 5, S. 115)
Tra le Alpi e l'Africa (Kapitel 6, S. 130)

9. Come leggere un giornale

Compiti

Come si legge un giornale? Lavorate in piccoli gruppi. Scegliete un quotidiano italiano e rispondete alle domande.

1. Qual è l'ordine delle sezioni in cui sono organizzati i contenuti del giornale? Quali informazioni contengono la Prima, la Seconda e la Terza pagina?

Cronaca esterna | Cronaca cittadina | Spettacoli | Economia e Finanza | Cronaca interna | Pubblicità | Corrispondenza con i lettori | Sport

Prima pagina	Seconda pagina	Terza pagina	–	–	–
–	–	–	–	–	–

2. Leggete le informazioni su come leggere un giornale. Poi scegliete un articolo del vostro giornale, presentatelo in classe e spiegate in che modo vengono realizzate le seguenti regole e caratteristiche di un articolo di giornale.

Leggere un giornale

Come ogni altro mezzo di comunicazione, anche il quotidiano ha le proprie regole, i propri artifici, i propri segreti.

Nessuno legge un giornale dalla prima all'ultima pagina. È stato calcolato che un lettore medio impiegherebbe a leggere tutte le pagine di un giornale come il *Corriere della Sera* dalle cinque alle sei ore. È ovvio che nessuno dispone di tanto tempo. Chi legge il giornale ha bisogno di mezzi che gli consentano di avere un colpo d'occhio sul panorama complessivo delle notizie e di scegliere se leggere un articolo per intero o passare al successivo.

- **La regola delle cinque W.** Per comprendere la strutturazione dei titoli e delle informazioni di un giornale, è bene conoscere la regola delle cinque W, cui molti giornalisti si attengono per dare informazioni esaurienti e complete. Essa fa riferimento alle iniziali delle cinque parole inglesi che indicano il tipo di informazione che occorre dare per essere chiari.

  Bisogna dire
  - che cosa (**what**) è avvenuto
  - chi (**who**) ne è stato protagonista
  - quando (**when**) e
  - dove (**where**) è successo
  - perché (**why**) è accaduto.

2 **l'artificio:** *Kniff*

7 **consentire:** permettere

13 **esauriente:** che tratta in dettaglio un argomento

- **Titolazione.** Lo stile dei titoli è generalmente differente dal linguaggio abituale. Ci sono ellissi di parti del discorso, toni enfatici, ecc. La titolazione è un'arte difficile e non tutti sono in grado di praticarla: occorre richiamare l'attenzione del lettore, fornire le informazioni essenziali, invitare a leggere il resto dell'articolo.

Proprio in funzione di questo tipo di lettura, i titoli sono strutturati generalmente come segue:

24 **enfatico:** che dà particolare importanza a un aspetto

26 **fornire:** dare qualcosa di cui si ha bisogno

Parte del titolo	Funzione informativa	Esempio
Occhiello	Introduce e richiama l'argomento. Rispetto alle cinque W, risponde generalmente alle domande: dove e quando.	*Complotto "nero". Scoperto in Abruzzo un campo paramilitare*
Titolo	Dà la notizia principale o il succo dell'articolo, ma a volte si basa su un particolare di un fatto oppure viene usato per rivolgere un'esortazione ai lettori. Cinque W: chi e cosa.	**FASCISTA UCCISO, CARABINIERE MORENTE NELLO SCONTRO A FUOCO SULLE MONTAGNE**
Sommario	Il sommario riassume il contenuto, e spesso è ampio e analitico per consentire al lettore frettoloso o non interessato particolarmente all'argomento, di conoscerne gli elementi essenziali. Cinque W: perché	Gravissimo un altro carabiniere – Quando i militi si avvicinano all'accampamento vengono colpiti dagli spari: reagiscono e uccidono un giovane – I due arrestati hanno detto di appartenere alle Sam (squadre di azione Mussolini) e ad "Avanguardia nazionale" – In una tenda scoperto un arsenale: mitragliatori, fucili, pistole – È chiaro il collegamento con la strage di Brescia.
Sottotitolo o catenaccio	È quasi un secondo titolo. Contribuisce con nuovi particolari all'efficace presentazione del pezzo. Viene usato quando i particolari sono troppi e si preferisce dedicare il titolo ad uno soltanto di essi, ponendo nel catenaccio altri particolari. Cinque W: perché Da notare che talvolta il catenaccio si trova racchiuso in riquadri all'interno del corpo stesso dell'articolo.	**I terroristi forse organizzavano un attentato per il 2 giugno a Roma.**

- **La regola delle prime venti righe.** La consuetudine da parte dei redattori dei giornali di tagliare gli articoli per ragioni di composizione delle pagine fa sì che questi vengano scritti in modo che le prime venti righe ne contengano tutto il succo, così che anche se essi vengono tagliati, poco importa.

- **La regola del carciofo.** Nel leggere un articolo, è utile ricordare che gli articoli sono generalmente fatti a blocchi.
  - Il primo blocco si chiama *lead* (dall'inglese *to lead*, incominciare) o *cappello* o *attacco*. Esso ha la funzione di introdurre il lettore all'interno dell'articolo e di invitarlo a proseguire nella lettura con informazioni complete e veloci (il primo *lead* dovrebbe contenere le cinque W), chiare ed accattivanti.
  - Il secondo blocco (chiamato anch'esso per estensione *lead*, anche se non è quello iniziale) serve a integrare quello precedente e così via per tutta la durata dell'articolo.

Questo sistema "a blocchi" o "a cascata" segue la cosiddetta regola del carciofo. Il carciofo ha un cuore tenero e, man mano che si procede verso l'esterno, diventa sempre più coriaceo. Così dev'essere l'articolo: il primo *lead* con i dati essenziali (è il cuore del pezzo), il secondo lead integrativo, e via così via continuando con informazioni sempre meno rilevanti (quindi "più dure").

http://www.liceoterragni.it/Come%20si%20legge%20un%20giornale.pdf
(testo abbreviato)

30 **la consuetudine:** l'abitudine

33 **il succo:** *qui:* le informazioni più importanti

41 **accattivante:** affascinante

47 **coriaceo:** duro come il cuoio

3. Scegliete un fatto della cronaca tedesca che vi interessa e scrivete un articolo in italiano. Cercate di mettere in pratica le regole.

10. Ricerc@

1. Certamente avete già fatto tante ricerche per la scuola. Quali motori di ricerca avete usato, di solito?
2. Per quale scopo fate la ricerca?
   a. Per la vostra tesina nel W-Seminar?
   b. Per una presentazione in classe?
   c. Per informarvi in fretta su una persona o una cosa?

Wikipedia è un' enciclopedia on line scritta dal pubblico. Gli articoli sono quindi di qualità molto varia, alcuni sono molto attendibili, altri meno. Comunque Wikipedia può essere molto utile per il caso c.
Se fate una ricerca per un lavoro scientifico (a) è meglio non riferirsi solo a Wikipedia, ma cercare fonti più attendibili. Una fonte è attendibile se

a. c'è scritto l'autore di un testo o una persona responsabile per il contenuto
b. c'è un link al sito
c. c'è un'istituzione che pubblica questo sito (un'università, un giornale, un'istituzione)
d. c'è una data di quando è stato pubblicato o aggiornato il documento.

Se fate una ricerca per una presentazione in classe è anche molto importante usare fonti attendibili e in nessun caso limitarsi solamente a una fonte. Per farsi un'idea generale si possono usare anche siti tedeschi (se esistono per il tema), ma poi bisogna consultare siti italiani, anche per il vocabolario.
Se con una parola che cercate ottenete troppe informazioni inutili per il vostro tema fate una **ricerca avanzata**, per esempio con google. Per esempio volete informarvi sul club calcistico Lazio, ma non vi interessa la regione Lazio. Cliccate su "Ricerca avanzata" e potete scegliere una combinazione di parole ("cerca risultati che contengano tutte le seguenti parole o frasi", per esempio *Lazio/calcio*) oppure escludere delle parole ("cerca risultati che non contengano le seguenti parole", per esempio regione).

Compiti

1. Preparate una piccola presentazione su Roberto Saviano. Regole importanti:
   - Non usate solo siti tedeschi!
   - Non dimenticate di mettere anche qualche foto/immagine!
   - Non fate download, ma scrivete voi un piccolo testo con il materiale trovato!
   - Strutturate la vostra presentazione!
   - Non dimenticate assolutamente di citare le fonti (cioè i siti usati)!
   - Parlate a voce alta con bella pronuncia e ascoltate i vostri compagni!
2. Trovate una serie di trattazioni <u>inattendibili</u> su Roberto Saviano su Internet. Spiegate perché sono inattendibili.

Piccolo glossario Computer e Internet:

la tastiera, il tasto
lo schermo
il mouse; cliccare il pulsante destro/sinistro del mouse
la chiocciola @
navigare su Internet, navigare nella Rete
la chat; ciattare
fare un download
memorizzare o salvare un documento
il sito; la homepage
il motore di ricerca
la stampante/stampare
masterizzare un DVD/CD

11. Il lessico

1. Che cosa fare con vocaboli sconosciuti?

- Se capite il testo senza la parola → Perfetto!
- Se non capite il testo senza la parola → Niente paura! Ci sono strategie per dedurre *(ableiten)* il significato di parole sconosciute.

Strategie per dedurre il significato di una parola

Confrontate con altre lingue	Analizzate la parola	Indovinate dal testo
dignità → latino: *dignitas* *onesto* → francese: *honnête* *esagerare* → inglese: *to exaggerate*	• Ci sono prefissi? Per esempio *dis-* o *s-* come in *disonesto* e *scontento.* • Ci sono suffissi? Per esempio *-ista* o *-ile* come in *barista* e *primaverile.* • È una parola composta? Per esempio *asciugamano.*	• Spesso il contesto vi aiuta a capire il significato delle singole parole.

Compito

Provate a dedurre il significato delle seguenti parole/frasi. Quale strategia avete usato per capire la parola?

sottovalutare | le stelle luccicano | il biancospino | disarmare

"Affonda barca diretta Italia – oltre 140 vittime" | altoparlante | il vagone ristorante

il bullismo | bimensile | "I radar inviano segnali agli alieni"

2. Come arricchire il vostro vocabolario?

- **Campi semantici** *(Wortfelder)*
  È utile imparare i vocaboli all'interno di un campo semantico e non solo parole isolate. Una mappa concettuale vi può aiutare a memorizzare meglio i nuovi vocaboli.

Compito

Lavorate in piccoli gruppi. Usate il dizionario e fate una mappa concettuale per i seguenti campi semantici:

- arte
- moda
- computer
- letteratura
- problemi sociali
- tempo libero
- viaggi e turismo

- **Formazione delle parole**
  Sapere le regole della formazione delle parole aiuta a dedurre il significato delle parole. I prefissi e i suffissi della lingua italiana hanno un proprio significato. Ecco alcuni esempi (Ma ci sono molti di più!):

Suffissi

suffisso	significato	esempio

- Suffissi per formare sostantivi

-aio	professione/occupazione	orologiaio
-ificio	luogo in cui viene prodotto/venduto qualcosa	mobilificio
-aglia	uso collettivo – spesso spregiativo *(verächtlich)*	gentaglia

- Suffissi per formare aggettivi

-ato	avere qualcosa	dentato
-ario	essere in relazione con	ferroviario

- Suffissi che modificano il significato della parola

-one	**accrescitivi** = vergrößernde Suffixe	librone
-ello, -ino, -etto	**diminutivi** = verkleinernde Suffixe	asinello, manina, cassetta
-uccio	**vezzeggiativi** = Koseformen	caruccio
-accio	**peggiorativi** = abwertende Suffixe	libraccio

- Prefissi e suffissi per formare verbi

de-	-inare	decaffeinare
in-	-are	inscatolare
per-	-are	pernottare

Compito
Con l'aiuto dei repertori finali del dizionario monolingue spiegate il significato dei seguenti suffissi. Date anche degli esempi.

- -acchiare
- -ame
- -eggiare
- -eria
- -iccio
- -iera
- -ivo
- -mento
- -morfo
- -otto

Prefissi

Prefissi cambiano sempre il significato della parola.

prefisso	significato	esempio
dis-	negazione	disattento
con-	insieme	connazionale
iper-	grado assoluto	ipersensibile
semi-	mezzo	semicerchio
stra-	troppo	stracotto

Compito

Con l'aiuto del dizionario monolingue spiegate il significato dei seguenti prefissi. Date anche degli esempi.

- arci-
- bi-
- de-
- in-
- oltre-
- ri-
- s-
- sovra-
- retro-
- vice-

I complementi del verbo

Anche la grammatica può aiutare a arricchire il vostro vocabolario. Ci sono dei verbi che richiedono oggetti diretti e indiretti che spesso vengono introdotti dalle preposizioni *a, di, da, in, su, con* e *per*. È utile raggruppare questi verbi perché è più facile memorizzarli.

Verbi con	esempi	complemento
oggetto diretto	aiutare licenziare minacciare	qualcuno
a + oggetto indiretto	credere nuocere somigliare	a qualcuno/qualcosa
di + oggetto	consistere discutere godere	di qualcosa
da + oggetto	astenersi copiare divorziare	da qualcosa da qualcuno
in + oggetto	immischiarsi sperare	in qualcosa in qualcosa/in qualcuno
su + oggetto	basarsi fondarsi influire	su qualcosa su qualcosa/su qualcuno
con + oggetto	arrabbiarsi sposarsi	con qualcuno
per + oggetto	arrabbiarsi lottare	per qualcosa

Compito

Con l'aiuto di una grammatica trovate altri due esempi per ogni categoria. Poi scrivete delle frasi usando i verbi e i loro complementi.

12. Il dizionario monolingue

Una piccola guida al dizionario monolingue

l'accento vi aiuta a pronunciare la parola correttamente

sostantivo maschile

dizionàrio s. m. Opera che raccoglie i vocaboli di una lingua, di una scienza o di una tecnologia, ordinati alfabeticamente, accompagnati da definizioni e spiegazioni e talora dalla traduzione in altra lingua: *d. della lingua italiana; d. di geologia, di musica; d. enciclopedico;* **SIN.** Vocabolario. ♣ dal lat. mediev. *dictionarium*, dal lat. class. *dictio, dictionis* 'dizione' (da *dicere* 'dire').

definizione

Esempi d'uso sono scritti in corsivo.

I sinonimi sono utili quando volete evitare la ripetizione della parola.

Questa parte vi dà informazioni sulla categoria grammaticale della parola. Ogni dizionario monolingue contiene un elenco con abbreviazioni che vengono usati nel vocabolario.

Questa parte spiega l'etimologia, cioè l'origine della parola.

verbo transitivo = verbo che richiede un oggetto

♦**lèggere** v. tr. (**pres.** *io lèggo, tu lèggi*; **pass. rem.** *io lèssi, tu leggésti*; **part. pass.** *lètto*) ***1*** Riconoscere dai segni della scrittura le parole e comprenderne il significato: *imparare, insegnare a l.; l. a voce alta* | (*assol.*) Dedicarsi alla lettura: *trascorro gran parte della giornata leggendo.* ***2*** Interpretare certi segni convenzionali o naturali: *i ciechi leggono con le dita; l. un diagramma* | (*fig.*) ***L. la mano,*** ricavare dati sul carattere e sul destino di qlcu. basandosi sulle linee della mano. ***3*** (*lett.*) Interpretare uno scritto, un passo: *i critici dell'Ottocento leggevano erroneamente questa strofa* | (*est.*) Interpretare, valutare scritti, eventi e sim. secondo particolari criteri: *l. un film in chiave ironica.* ***4*** (*fig.*) Intuire i pensieri e le intenzioni di qlcu.: *gli si legge il terrore sul volto.* ♣ dal lat. *legere*, propr. 'raccogliere', poi 'raccogliere con gli occhi, leggere'.

Potete consultare il dizionario se cercate una forma verbale, per esempio il passato remoto o il participio passato di un verbo.

letterario

Il dizionario dà anche informazioni sui diversi registri *(Sprachebenen)*.

I numeri in grassetto indicano i diversi significati della parola.

Compiti

1. Chi cerca trova …

   1. Trovate il significato delle abbreviazioni

• avv.	• interr.	• ill.
• cong.	• inv.	• scherz.
• v. rifl.	• f.	• suff.
• CONTR.	• v. intr.	

   2. Quali sono i due significati della parola *zucca*?
   3. Trovate tre sinonimi per il verbo *riflettere*.
   4. Che cosa è una *damigiana*? Fate un disegno!
   5. Trovate il contrario di *obbligatorio*.
   6. Qual è la differenza tra *ossa* e *ossi*?
   7. Che cosa significa *essere al verde*?
   8. Come si pronuncia la parola *senape (Senf)*?
   9. Che cosa è un *cannolo alla siciliana*?
   10. Che cosa significa il suffisso *-filia*?

2. Lavorate in piccoli gruppi. Usate il dizionario per preparare un simile quiz per la classe.

Glossario – Chi è chi?

Antonioni, Michelangelo
(*Ferrara 29.09.1912, † Roma 30.07.2007)
Regista italiano, Oscar alla carriera nel 1995. Regista di *Blow up* (1966) e *Zabriskie Point* (1970).

Armani, Giorgio
(*Piacenza 11.07.1934)
Stilista e imprenditore italiano.

Ascoli, Graziadio Isaia
(*Gorizia 16.07.1829, † Milano 21.01.1907)
Linguista italiano, studioso dei dialetti italiani.

Badoglio, Pietro
(*Grazzano Monferrato 28.09.1871, † Grazzano 01.11. 1956)
Militare e politico italiano, capo del governo dal 25 luglio 1943 all'8 giugno 1944.

Baricco, Alessandro
(*Torino 25.01.1958)
Scrittore, critico musicale e regista. Autore di *Novecento. Un monologo* (1994) e *Seta* (1996). Premio Viareggio per *Oceano mare* (1993).

Benni, Stefano
(*Bologna 12.08.1947)
Giornalista, scrittore e poeta italiano. Autore di *Terra!* (1983) e *Il bar sotto il mare* (1987).

Berlusconi, Silvio
(*Milano 29.09.1936)
Tycoon industriale e mediatico. Sceso in politica con il suo partito Forza Italia dopo lo scandalo di Mani Pulite nel 1994. È stato quattro volte Presidente del Consiglio.

Borsellino, Paolo
(*Palermo 19.01.1940, † Palermo 19.07.1992)
Magistrato italiano, ucciso dalla mafia nel centro di Palermo. In onore dei due amici e colleghi l'aeroporto di Palermo oggi si chiama *Borsellino e Falcone*, per far capire a tutti quelli che arrivano a Palermo che si combatte la mafia.

Bossi, Umberto
(*Cassano Magnago, prov. di Varese 19.09.1941)
Politico italiano, leader del partito Lega Nord fino ad aprile 2012. Dal 2008 fino a settembre 2011 è stato per la seconda volta ministro delle riforme sotto il governo di Berlusconi.

Buttitta, Ignazio
(*Bagheria, Sicilia 19.09.1899, † Bagheria 05.04.1997)
Poeta italiano. Scrisse poesie in dialetto siciliano. Nel 1972 vinse il Premio Viareggio.

Calvino, Italo
(*Santiago de Las Vegas 15.10.1923, † Siena 19.09.1985)
Scrittore e intellettuale italiano. Autore di *Marcovaldo, ovvero le stagioni in città* (1963) e *Se una notte d'inverno un viaggiatore* (1979).

Carducci, Giosué
(*Valdicastello 27.07.1835, † Bologna 16.02.1907)
Poeta della fine del XIX secolo in Italia. Nel 1906 ricevette il premio Nobel per la letteratura.

Dante Alighieri
(*Firenze 1265, † Ravenna 14.09.1321)
Poeta italiano. La sua opera più importante è la *Commedia*, soprannominata più tardi *Divina*, un poema allegorico in 100 canti. Dante viene anche chiamato padre della lingua, perché scrisse la *Divina Commedia* in volgare (= dialetto fiorentino) e non in latino.

De Crescenzo, Luciano
(*Napoli 18.08.1928)
Scrittore, regista, attore italiano. Autore di *Così parlò Bellavista* (1979) e *Napoli ti voglio bene* (2008).

De Luca, Erri
(*Napoli 20.05.1950)
Scrittore, traduttore e poeta italiano. Autore di *L'isola è una conchiglia. Racconti* (2008) e *Il giorno prima della felicità* (2009).

De Mauro, Tullio
(*Torre Annunziata, Napoli 31.03.1932)
Linguista italiano e politico. Nel 1963 pubblicò la *Storia linguistica dell'Italia unita*. Attualmente insegna filosofia della lingua ed è direttore del dipartimento di linguistica presso l'Università La Sapienza di Roma.

Falcone, Giovanni
(*Palermo 18.05.1939, † Capaci, Palermo 23.05.1992)
Magistrato italiano, impegnato nella lotta antimafia; morto in un attentato sull'autostrada vicino all'aeroporto di Palermo (strage di Capaci).

Federico II di Aragona
regnò in Sicilia dal 1296 al 1337

Fellini, Federico
(*Rimini 20.01.1920, † Roma 31.10.1993)
Regista italiano, ha vinto quattro premi Oscar, tra i suoi film più famosi: *La strada* e *La dolce vita*.

Gadda, Carlo Emilio
(*Milano 14.11.1893, † Roma 21.05.1973)
Scrittore italiano. Autore di *Quer pasticciaccio brutto de via Merulana* (1957) e *La cognizione del dolore* (1963).

Ginzburg, Natalia
(*Palermo 14.07.1916, † Roma 07.10.1991)
Scrittrice italiana, nel 1963 premio Strega per *Lessico famigliare.*

Giordana, Marco Tullio
(*Milano 01.10.1950)
Regista e sceneggiatore italiano, si occupa di temi attuali e storici in maniera molto profonda e nello stesso tempo appassionante: *I cento passi* (mafia, 2000), *La meglio gioventù* (storia dagli anni 60 a oggi, 2003), *Quando sei nato non puoi più nasconderti* (profughi, 2005).

Goldoni, Carlo
(*Venezia 25.02.1707, † Parigi 06.02.1793)
Commediografo e riformatore del teatro italiano. Autore di *La bottega del caffè* (1750) e *La Locandiera* (1751).

Leonardo da Vinci
(*Vinci, 15.04.1452, † Amboise, Francia 02.05.1519)
Fu chiamato genio universale perché era pittore, architetto, anatomista, letterato, musicista e molto altro ancora. *La Gioconda* (chiamata anche *Monna Lisa*) è il suo quadro più famoso ed è custodito al Louvre di Parigi.

Leopardi, Giacomo
(*Recanati 29.06.1798, † Napoli 14.06.1837)
Poeta e filologo italiano. Autore di *Canti* (1818-1836).

Machiavelli, Niccolò
(*Firenze 03.05.1496, † Firenze 21.06.1527)
Politico, filosofo e poeta. Il più importante pensatore politico del Rinascimento. La sua opera più famosa, *Il principe*, che presenta una teoria del potere, è spesso stata fraintesa come manifesto di una politica senza scrupoli morali.

Manzoni, Alessandro
(*Milano 07.03.1785, † Milano 22.05.1873)
Scrittore significativo del romanticismo italiano. Il suo romanzo storico *I promessi sposi* è un esempio importante della prosa italiana moderna.

Mastracola, Paola
(*Torino 1956)
Scrittrice e insegnante di lettere presso un liceo di Chieri (Torino). Ha vinto diversi premi letterari, tra i quali il Premio Campiello nel 2004.

Medici
Dinastia famosa a Firenze che è stata protagonista della storia italiana ed europea dal Cinquecento fino all'Ottocento. Membri famosi: Lorenzo il Magnifico (1449 – 1492) Signore di Firenze; Caterina de' Medici (1519 – 1589), Regina di Francia, sposò Enrico II di Francia.

Michelangelo Buonarroti
(*Caprese Michelangelo 06.03.1475, † Roma 18.02.1564)
Scultore, pittore, architetto e poeta italiano. Protagonista del Rinascimento italiano, riconosciuto già al suo tempo come uno dei più grandi artisti (opera famosissima: Capella Sistina, Pietà).

Montale, Eugenio
(*Genova 12.10.1896, † Milano 12.09.1981)
Poeta italiano. Nel 1975 ha ricevuto il premio Nobel per la letteratura. La poesia "I limoni" è stata pubblicata nel 1925 nella raccolta *Ossi di seppia*, il suo primo libro.

Montanelli, Indro
(*Fucecchio, Toscana 22.04.1909, † Milano 22.07.2001)
Giornalista, scrittore e storico italiano. Ha pubblicato numerosi articoli e saggi.

Morricone, Ennio
(*Roma 10.11.1928)
Compositore italiano, famoso per le sue colonne cinematografiche (al momento di 496 film). È molto conosciuto per le melodie dei film western di Sergio Leone (*C'era una volta in America*). Ha ricevuto l'Oscar nel 2007 alla carriera, "per i suoi magnifici e multisfaccettati contributi nell'arte della musica per film".

Padre Pio

(*Pietrelcina, Benevento 25.05.1887,
† San Giovanni Rotondo, Foggia 13.09.1968)

Prete cattolico e monaco cappuccino, nato con il nome Francesco Forgione. Nel 1918 si mostrò la prima volta con le stimmate. Beatificato nel 1999 e canonizzato tre anni più tardi da papa Giovanni Paolo II.

Pasolini, Piero Paolo

(*Bologna 05.03.1922, † Ostia 02.11.1975)

Scrittore, poeta, giornalista e regista italiano. Autore di *Ragazzi di vita* (1955) e *Accattone* (1961).

Pirandello, Luigi

(*Agrigento 28.06.1867, † Roma 10.10.1936)

Drammaturgo, poeta e scrittore italiano, premio Nobel per la letteratura nel 1934.

Puccini, Giacomo

(*Lucca 22.12.1858, † Bruxelles 29.11.1924)

Compositore italiano. Le sue opere più famose sono *Tosca* (1900) e *Madama Butterfly* (1904).

Reski, Petra

(*Unna 1958)

Giornalista e scrittrice tedesca, attiva nella lotta contro la criminalità organizzata. Autrice di *Mafia. Von Paten, Pizzerien und falschen Priestern* (2008).

Rossini, Gioacchino

(*Pesaro 29.02.1792, † Parigi 13.11.1868)

Compositore di vari generi musicali, ma soprattutto di opera lirica (*Il barbiere di Siviglia*). Nonostante il suo grande successo smise di comporre opere per il pubblico già all'età di 37 anni e si dedicò alla vita privata e alla buona cucina.

Saviano, Roberto

(*Napoli 22.09.1979)

Scrittore e giornalista italiano. Dal suo bestseller *Gomorra* (2006) è stato tratto l'omonimo film. Premio Viareggio per *Gomorra* (2006).

Sforza, Ludovico Maria

(*Vigevano 27.07.1452, † Loches 27.05.1508)

Detto "il Moro", duca di Milano (1489–1508) protettore di artisti come Leonardo da Vinci. La dinastia degli Sforza fu famosa dalla fine del Quattrocento. L'ultimo membro famoso era Carlo Sforza (1872–1952), diplomatico e politico italiano.

Tabucchi, Antonio

(*Pisa 24.09.1943, † Lisbona 25.03.2012)

Scrittore italiano, i suoi libri sono stati tradotti in 18 paesi. Autore di *Piccoli equivoci senza importanza* (1985). Premio Viareggio per *Sostiene Pereira* (1994).

Tasso, Torquato

(*Sorrento 11.03.1544, † Roma 25.04.1595)

Poeta italiano dell'età della riformazione, diventato famoso per la sua opera *La Gerusalemme Liberata*.

Verdi, Giuseppe

(*Roncole Verdi 10.10.1813, † Milano 27.10.1901)

Compositore di opere liriche e melodrammi che vengono rappresentati nei teatri di tutto il mondo (*Aida, La Traviata, Nabucco* ...) Era molto popolare già nei tempi del Risorgimento e il suo nome era anche un messaggio segreto: Viva Vittorio Emanuele Re d'Italia. Ancora oggi nell'Arena di Verona il pubblico grida Viva Verdi!

Verga, Giovanni

(*Catania 02. 09. 1840, † Catania 27. 01.1922)

Autore di romanzi e novelle che hanno come tematica principale la vita nella campagna siciliana, ma trattano anche i movimenti politici del tempo: la presenza napoleonica in Italia, i movimenti rivoluzionari, infine il Risorgimento.
L'estetica di Verga è quella di descrivere le cose come sono, si orienta al vero. Quindi, insieme con Luigi Capuana, Verga è il rappresentante più importante del cosiddetto 'Verismo', che, contrariamente al fenomeno contemporaneo del 'Naturalismo', rinuncia ad ogni idealizzazione della vita semplice dei contadini o dei lavoratori.
Nel 1920 Verga viene nominato Senatore a vita del Regno d'Italia.

Visconti, Luchino

(*Milano 02.11.1906, † Roma 17.03.1976)

Regista italiano, nel 1963 grande successo con *Il Gattopardo* tratto dal romanzo di Giuseppe Tomasi di Lampedusa. La famiglia Visconti governò Milano durante il Medioevo e l'inizio del Rinascimento, dal 1277 al 1447, fino alla morte senza eredi di Filippo Maria Visconti. A loro subentrarono gli Sforza.

Bildnachweis

Margherita d'Amico, Trilogia dell'adolescenza, Arnoldo Mondadori, Januar 2005 – S. 220; Archiv für Kunst und Geschichte, Berlin – S. 147, 151 (3), 183, 203; Archiv für Kunst und Geschichte / Erich Lessing, Berlin – S. 183 (2), 201; Bildagentur Schapowaldow / SIME, Hamburg – S. 104, 129; Bildarchiv Cinetext, Frankfurt – S. 209 (3); Carpe Diem Sprachreisen – Einband; Gianni Biondillo, Con la Morte nel Cuore, Guanda, Oktober 2010 – S. 215; Gianni Biondillo, Con la Morte nel Cuore, Tea Publishers, Februar 2007 – S. 215; A. Cabanel, Gradara, Francesca da Rimini © Marchi & Marchi, S. Giovanni in Marignano – S. 193; Giulia Carcasi, Ma le Stelle Quante Sono, Feltrinelli, Januar 2009 – S. 221; Giulia Carcasi, Ma le Stelle Quante Sono, Feltrinelli, Januar 2012 – S. 222; Giuseppe Culicchia, A spasso con Anselm, Garzanti Libri, Mailand 2003 – S. 230; ddp-images / dapd, Mark Keppler, Hamburg – S. 78; Gustave Doré, Inferno, La Selva © Coppini, Firenze – S. 193; dpa Picture-Alliance, Frankfurt – S. 212; dpa Picture-Alliance / akg-images – S. 58, 149, 183, 191; dpa Picture-Alliance / akg-images, Rabatti Dominge – S. 192; dpa Picture-Alliance / ANSA – S. 98, 102, 129; dpa Picture-Alliance / ANSA, B1809 – S. 141; dpa Picture-Alliance / ANSA, Matteo Bazzi – S. 53; dpa Picture-Alliance / ANSA, Giorgio Benvenuti – S. 94; dpa Picture-Alliance / ANSA, Daniel Dal Zennaro – S. 63, 126, 174; dpa Picture-Alliance / ANSA, Rosanna Di Bartolomeo – S. 53; dpa Picture-Alliance / ANSA, epa, Danilo Schiavella – S. 120; dpa Picture-Alliance / ANSA, Fiat – S. 109; dpa Picture-Alliance / ANSA, File Str. – S. 99; dpa Picture-Alliance / ANSA, Enrico Oliverio – S. 161; dpa Picture-Alliance / ANSA, Nicola Romani – S. 31; dpa Picture-Alliance / Arco Images GmbH, G. Lenz – S. 129; dpa Picture-Alliance / Bildagentur Huber, Gräfenhain – S. 125; dpa Picture-Alliance / Oliver Berg – S. 43; dpa Picture-Alliance / bifab – S. 30, 183; dpa Picture-Alliance / Oliver Blum – S. 53; dpa Picture-Alliance / DB, Munch Museum Oslo – S. 9; dpa Picture-Alliance / DB, UPI – S. 165; dpa Picture-Alliance / DEA, Alfredo Dagli Orti – S. 199; dpa Picture-Alliance / DEA, M. Leigheb – S. 140; dpa Picture-Alliance / dpa-Film Concorde – S. 233; dpa Picture-Alliance / EPA, Bildfunk – S. 197; dpa Picture-Alliance / EPA, Peter Foley – S. 33; dpa Picture-Alliance / Eventpress Herrmann – S. 189; dpa Picture-Alliance / Everett Collection – S. 147, 158, 159; dpa Picture-Alliance / Robert Haas – S. 9; dpa Picture-Alliance / Rolf Haid – S. 51, 136; dpa Picture-Alliance / IMAGNO – S. 147, 156; dpa Picture-Alliance / Lars Halbauer – S. 58 (2); dpa Picture-Alliance / LaPresse, Roberto Monaldo – S. 53; dpa Picture-Alliance / LaPresse, Federico Tardito – S. 53; dpa Picture-Alliance / LaPresse, Giorgio Perottino – S. 144; dpa Picture-Alliance / Maria Laub – S. 131; dpa Picture-Alliance / LEEMAGNE – S. 183; dpa Picture-Alliance / LUX FILM, Ronald-Grant-Archive – S. 109; dpa Picture-Alliance / Maxpppa, Fabio Frustaci / Eidon – S. 57; dpa Picture-Alliance / Paul Mayall – S. 125; dpa Picture-Alliance / MP, Leemage – S. 147; dpa Picture-Alliance / Ralf Roeger – S. 85; dpa Picture-Alliance / Ronald-Grant-Archive, Mary Evan – S. 109; dpa Picture-Alliance / Patrick Seeger – S. 58; dpa Picture-Alliance / Marc Suski – S. 109; dpa Picture-Alliance / UPI – S. 147; dpa Picture-Alliance / Ingo Wagner – S. 119; dpa Picture-Alliance / www.bildagentur-online.com – S. 135; dpa Picture-Alliance / Zangl – S. 209; Dorothee Fenner-Leeb, München – S. 42, 63 (5), 128, 137 (4), 216; Galleria Uffizi, Florenz – S. 237; Getty Images / WireImage, Rebecca Sapp, München – S. 197; Gradara, Paolo e Francesca da Rimini © pama graphicolor, Rimini – S. 193; Grafik Networking / Paul Bartlett – S. 81; http://www.addiopizzo.org – S. 117; http://www.wikipedia.de – S. 20; http://www.wikipedia.de / Marco Bonavoglia – S. 127; iStockphoto / artur-carlo-franco – S. 33; iStockphoto / Igor Balasanov – S. 9; iStockphoto / BartCo – S. 66; iStockphoto / Don Bayley – S. 26; iStockphoto / Mariya Bibikova – S. 218; iStockphoto / Robert Cocozza – S. 136; iStockphoto / Antonio Ovejero Diaz – S. 104; iStockphoto / Andrea Evangelista – Einband, S. 125; iStockphoto / FotoVoyager – S. 129; iStockphoto / Roberto Gennaro – S. 136; iStockphoto / ginosphotos – S. 79; iStockphoto / Hedda Gjerpen – S. 148; iStockphoto / José Luis Gutierrez – S. 114; iStockphoto / Izabela Habur – S. 35; iStockphoto / Hadel Productions – S.53; iStockphoto / Scott Hallstone – S. 133; iStockphoto / Ralf Hettler – S.54; iStockphoto / JJRD – S. 33; iStockphoto / kizilkayaphotos – S. 84; iStockphoto / lisegagne – S. 181; iStockphoto / maconga – Einband; iStockphoto / mattjeacock – S. 33; iStockphoto / Sherwin McGehee – S. 9; iStockphoto / Tatiana Morozova – S. 208; iStockphoto / muharrem_öner – S. 95; iStockphoto / Kathleen Palnau – S. 33; iStockphoto / Christopher Pattberg – S. 33; iStockphoto / PK-Photos – S. 113; iStockphoto / Leigh Prater – S. 239; iStockphoto / Lorenzo Puzcelli – S. 128; iStockphoto / quavaondo – S. 9; iStockphoto / Roberto A. Sanchez – S. 128; iStockphoto / Shutter Worx – S. 104; iStockphoto / Sisoje – S. 104; iStockphoto / Vetta Stockvector – S. 81; iStockphoto / Willie B. Thomas – S. 218; iStockphoto / Karolina Vyskocilova – S. 128; iStockphoto / Jacob Wackershausen – S. 9; iStockphoto / yanta – Einband; Tomasi di Lampedusa, Il Gattopardo, Verlag Feltrinelli, 1985 – S. 88; Isabella Maurer, Bad Krozingen – S. 70, 76 (3), 179, 182; Ministero per i Beni e el Attivita Culturali, Rom – S. 207 (5); Photo Scala, Florenz – S. 184; Preußischer Kulturbesitz / Alfredo Dagli Orti, Berlin – S. 151; QUINO – Joaquín S. Lavado, Caminito S.a.s. Literary Agency – S. 17; Petra Reski, MAFIA, Verlagsgruppe Droemer Knaur, München – S. 116; Ruth Orkin-Photo Archiv, New York – S. 238; The Munch Museum / The Munch Ellingsen Group, VG Bild-Kunst, Bonn 2012 – S. 9; Thinkstock / iStockphoto – S. 206, 247; Peter Weigelt, Hirschaid – S. 61; Silvia Ziche – S. 33.